Grundwissen
Geschichte

W0074865

Von

Frank Ausbüttel
Peter Böhning
Wolfgang Emer
Uwe Horst
Helga Jung-Paarmann
Peter Lengle
Wolfgang Weismantel

Ernst Klett Schulbuchverlag
Stuttgart Düsseldorf Berlin Leipzig

Autorin und Autoren der Neubearbeitung des
Grundwissen Geschichte

Dr. Frank Ausbüttel (Kap. 2, 3, 4)
Stud.- Prof. Dr. Peter Böhning (Kap. 11.1–4, 14, 16)
Wolfgang Emer (Kap. 9, 10)
Dr. Uwe Horst (Kap. 6.4, 7.1–3, 8)
Dr. Helga Jung-Paarmann (Kap. 15, 18, 19)
Peter Lengle (Kap. 5, 6.1–3, 7.4)
Wolfgang Weismantel (Kap. 11.5–7, 12, 13, 17)

Gedruckt auf Eural PRO
hergestellt von Papeterie du Bourray
aus 100 % Altpapier.

1. Auflage   1 5 4 3 2 1 | 1998 97 96 95 94

Alle Drucke dieser Auflage können im Unterricht nebeneinander benutzt werden, sie sind untereinander unverändert. Die letzte Zahl bezeichnet das Jahr
dieses Druckes.
© Ernst Klett Schulbuchverlag GmbH, Stuttgart 1994
Alle Rechte vorbehalten

Redaktion: Annette Kahr-Ehlert, Aachen

Umschlag: Manfred Muraro
Druck: Röck, Weinsberg
ISBN 3-12-403000-1

Inhaltsverzeichnis

Die frühesten Vorfahren

In Laetoli, im nördlichen Tansania, fand man 4 Millionen Jahre alte Fuß-
spuren, die zeigen, daß die dort lebenden Wesen aufrecht gingen. Der
aufrechte Gang ermöglichte eine vielfältige Nutzung der Hände. Das
Gehirnvolumen dieser Vormenschen war allerdings unwesentlich
größer als das eines Schimpansen. Man bezeichnet diese Gattung als
Australopithecus (= südlicher Affe).

Der „geschickte Mensch"

Ebenfalls in Ostafrika fanden Forscher ca. 2 Millionen Jahre alte Reste
eines Menschen, der über ein größeres Gehirnvolumen und deutlich
weiterentwickelte manuelle Fähigkeiten verfügte. Er stellte scharf-
kantige Steinabschläge her, mit denen Beutetiere zerlegt wurden. Auch
wenn die Werkzeuge noch keine gleichbleibenden Formen hatten,
beweisen sie doch, daß dieser „geschickte Mensch" (Homo habilis) seine Hände wesentlich vielseitiger benutzen konnte als alle seine Vor-
gänger.

Der Frühmensch

Vor etwa 1,6 Millionen Jahren entwickelte sich aus dem Urmenschen
der sogenannte Homo erectus. Er verfügte über eine größere Hirnmasse, war anpassungsfähiger und zahlreicher als Homo habilis. Vermutlich
war er auch langlebiger. Seine Gerätschaften waren technisch ausge-
feilter, und er lernte ein entscheidendes Element zu nutzen: das Feuer.
Homo erectus war ein Sammler und Jäger und lebte in kleineren Familienverbänden.

Die Ausbreitung des Menschen über die Erde

Vor etwa einer Million Jahren breitete sich der Frühmensch über die
Erde aus und gelangte auch nach Europa. Nach dem ersten Fundort bei
Heidelberg wird dieser früheste Europäer Homo heidelbergensis
genannt. Einige Forscher sind der Meinung, daß sich in verschiedenen
Teilen der Welt, unabhängig voneinander, aus der afrikanischen Früh-
form der moderne Mensch entwickelte. Dieser Theorie widersprachen
Funde des Jetztmenschen (Homo sapiens sapiens), deren Alter auf
über 100 000 Jahre geschätzt wurde. Sie erhärteten eine andere Theorie, die davon ausgeht, daß auch der moderne Mensch sich in Afrika entwickelte, um sich anschließend über die Erde auszubreiten.

1.1 Anfänge menschlicher Gesellschaften

Der *Neandertaler* ist nach seinem ersten Fundort bei Düsseldorf benannt worden. Sein Lebensraum umfaßte weite Teile Europas und Westasiens. Er lebte in einem unwirtlichen eiszeitlichen Klima. Obwohl seine Hirnmasse der moderner Menschen entsprach, galt er lange Zeit als primitiv und roh, weil er eine stark fliehende Stirn hatte. Er beherrschte den Umgang mit dem Feuer und stellte Kleidung her. Neandertaler sind die bis heute ersten bezeugten Menschen, die ihre Toten bestatteten und damit einen Jenseitsglauben haben mußten. Gründe und Umstände ihres Verschwindens sind bis heute anthropologisch nicht eindeutig zu erklären.

ca. 120 000–35 000 v.Chr.	Neandertaler in Europa und Asien
ca. 35 000–10 000 v.Chr.	Cro-Magnon-Mensch in Europa
10 000– 6 000 v.Chr.	Neolithische Revolution im Nahen Osten, in China und in Südamerika

1. *Wodurch unterschied sich der Jetztmensch (Homo sapiens sapiens) von seinen Vorgängern?*
2. *Beschreiben Sie die Ausbreitung des Menschen über die Erde.*
3. *Skizzieren Sie die Sozialordnung und Lebensweise des Cro-Magnon-Menschen.*
4. *Nennen Sie Beispiele für die Kunst der Jäger und Sammler.*
5. *Was versteht man unter der Neolithischen Revolution?*

1. In der Mittleren Altsteinzeit, vor etwa 120 000 Jahren, entwickelte sich in Süd- und Ostafrika der Jetztmensch *(Homo sapiens sapiens)*. Er verbesserte die Technik der Werkzeugherstellung und setzte bereits verschiedene Geräte für unterschiedliche Zwecke ein. Die Benutzung von Waffenspitzen und Speeren erhöhte die Ausbeute bei der Jagd. Die Erfindung der Nadel vor etwa 20 000 Jahren ermöglichte es den Menschen, Kleidung herzustellen und in einem kälteren Klima zu überleben. Sie waren in der Lage, Feuer zu entfachen und zu kontrollieren und verstanden es auch, durch Trocknen Nahrung haltbar zu machen. Grabbeigaben und Kunstwerke beweisen, daß ihr Denken über die Bewältigung des alltäglichen Überlebenskampfes hinausging.

2. Im heutigen Nahen Osten fand man ca. 90 000 Jahre alte Spuren des Jetztmenschen. Über die Türkei kommend wird sich Homo sapiens sapiens in weiteren 50 000 Jahren im kalten und größtenteils eisbedeckten Europa niedergelassen haben. Vor 40 000 Jahren erfolgte die Besiedlung Neuguineas und Australiens. Danach breiteten sich die Menschen weiter nach Ostasien und Japan aus. Schließlich besiedelten sie vor etwa 50 000 Jahren auch Amerika.

3. Der *Cro-Magnon-Mensch* lebte in größeren Gemeinschaften, die bereits eine Aufgabenteilung und unterschiedliche Ränge kannten. Beigaben in Gräbern geben Aufschluß über soziale Unterschiede, die durch Alter, Erfahrung und Geschlecht bestimmt waren. Die Jagd wurde in größeren Gruppen betrieben, wodurch die Ausbeute gesteigert werden konnte. Auch lassen zahlreiche, weitverstreute Funde die Annahme zu, daß ein reger Tauschhandel und Kontakt zu Gruppen anderer Regionen bestand. Offensichtlich begannen die Menschen regional unterschiedliche Wirtschaftsformen und kulturelle Eigenarten zu entwickeln.

4. Die Kunstwerke, die in der Zeit zwischen 35 000 und 10 000 in Europa entstanden, spielten vermutlich eine Rolle bei Ritualen, die sich auf die Jagd oder die Fruchtbarkeit bezogen. Das Kunstschaffen läßt sich in Höhlenmalerei, die vorwiegend in Südfrankreich und Nordspanien anzutreffen ist, und bewegliche Gegenstände unterteilen, die überall in Europa gefunden wurden. Kleinkunst fertigten die Menschen oft aus Stein, Lehm, Geweihen und Mammutstoßzähnen an.

5. Vor etwa 10 000 Jahren stiegen die Temperaturen wieder an, große Teile der Eisflächen schmolzen und ermöglichten die Ausbreitung von Wäldern. Damit erhöhte sich die Anzahl der Tiere und Pflanzen, die für den Menschen die Nahrungsgrundlage bildeten. Diese relativ günstigen Lebensbedingungen führten dazu, daß sie als Jäger und Sammler nicht mehr ausreichend Nahrung fanden und gezwungen waren, ihre Nahrungsmittelversorgung umzustellen. Im Zweistromland, in Anatolien und Syrien begannen Menschen, Vorformen des Getreides systematisch anzubauen und Tiere zu halten. Vermutlich ging die Initiative dafür von Frauen aus. Indem sie also von der aneignenden (Sammeln von Nahrung, Fischfang, Jagd) zur produzierenden Wirtschaftsweise (Ackerbau, Viehzucht) übergingen, konten die Menschen seßhaft werden. Dieser jahrhundertelang dauernde Veränderungsprozeß am Übergang zur Jungsteinzeit wird auch als *Neolithische Revolution* (jungsteinzeitliche Revolution) bezeichnet.

Die ersten Städte

Die Neolithische Revolution bildete die Grundlage für die Entstehung von Hochkulturen. Kennzeichnend für eine Hochkultur ist, daß die Menschen ihre Siedlungen zu Städten ausbauen, eine differenzierte Gesellschaft besitzen und Schriftzeichen verwenden.

Wegen der Überschwemmungsgefahr mieden die Menschen die Flußtäler und siedelten eher im Hochland. Das änderte sich vielleicht, als infolge klimatischer Veränderungen die Trockenheit zunahm und die Menschen in die Flußtäler wanderten. Sie mußten nun lernen, Flüsse zu regulieren, um ihre Felder zu bewirtschaften. Diese Aufgabe (Bau von Dämmen, Kanälen, Staubecken) konnten sie nur gemeinschaftlich lösen. Die ersten Hochkulturen entstanden folglich auch an großen Flüssen: in Mesopotamien am Euphrat und am Tigris, in Ägypten am Nil (ab 3000), in Indien am Indus (ab 2500) und in China am Huangho (ab 1500). Am Indus sind in Harappa und Mohenjo-daro die Überreste zwei der eindrucksvollsten Stadtanlagen gefunden worden. Deren geometrischer Grundriß deutet bereits auf eine systematische Stadtplanung hin. Im Zentrum der beiden Städte stand eine Zitadelle, an die sich in Mohenjo-daro noch ein Saal anschloß, in dem sich wahrscheinlich die Priester versammelten. In der Unterstadt waren die Häuser um einen Innenhof herum gebaut und verfügten über Brunnen. In ihnen wohnten wohl begüterte Leute, während es für Sklaven oder Arbeiter armselige Behausungen gab.

Bildung einer differenzierten Gesellschaft

Mit der Entwicklung städtischer Hochkulturen veränderten sich die gesellschaftlichen Strukturen und wurden immer differenzierter. In einer Gesellschaft, die einen Überschuß an Nahrung produzierte und eine Vorratswirtschaft führte, konnte ein Teil der Bevölkerung für andere Aufgaben freigestellt werden. Es bildeten sich so die Schichten der Bauern, Handwerker, Händler, Beamten, Krieger und Priester, die unterschiedliches Ansehen genossen. Daneben gab es noch Unfreie bzw. Sklaven.

Der Aufbau eines Herrschaftssystems ist ein weiteres Kennzeichen von Hochkulturen. An seiner Spitze stand meist ein Fürst. Er nahm oft die Aufgaben eines Priesters wahr, weshalb man auch von Priesterkönigen spricht. Seine Stellung festigte er, indem er sich als Schützling der Götter oder gar als Gott verehren ließ. Religion und Politik bildeten damit eine nicht zu trennende Einheit.

Erfindung der Schrift

Für die Verwaltung des Landes standen den Fürsten *Beamte* zur Verfügung. Für die Überwachung von Abgaben entwickelten sie Schriftzeichen. Die Erfindung der *Schrift* wird gemeinhin den Sumerern in Mesopotamien zugeschrieben, wo die ersten Schriftzeichen Ende des 4. Jahrtausends auftauchen. Es handelte sich um bildhafte Zeichen, die einen bestimmten Gegenstand darstellten, aber auch um schematische Darstellungen. Jeweils ein Zeichen stand für ein Wort. Um Personennamen zu schreiben oder bestimmte Sachverhalte und Ereignisse schildern zu können, wurden Wortzeichen auch als Silbenzeichen verwendet. Da einige Zeichen mehrere Bedeutungen besaßen, fügte man ihnen Deutezeichen zu, um Mißverständnisse zu vermeiden. Das Schreibmaterial verlieh der Schrift ihr eigentümliches Aussehen. Da sich auf Ton schwer gebogene Linien zeichnen ließen, schrieben die Schreiber mit ihrem Rohrgriffel gerade Striche. So entstand die *Keilschrift*. Sie verbreitete sich bis zum 14. Jh. in Kleinasien und Ägypten. Dort war um 2850 bereits eine andere Schrift entwickelt worden – die *Hieroglyphen*. Sie sind ebenfalls keine reine Bilderschrift, sondern bestehen aus Bild-, Laut- und Deutezeichen. In Syrien und Palästina begannen die Menschen, bestimmte Hieroglyphen als Lautzeichen bzw. Buchstaben zu verwenden. Sie schufen damit das erste Alphabet. Das Alphabet der Phönizier, eines Seefahrervolkes an der syrischen Küste, wurde schließlich zur Grundlage für das griechische Alphabet.

Die Hebräer und ihr Glaube

Im Nahen Osten entstand ab 900 auch eines der bedeutendsten religiösen Werke: das *Alte Testament*. Seine Schriften geben Aufschluß über die Geschichte der Hebräer. Diese verehrten im Unterschied zu anderen Völkern in Jahwe nur einen einzigen Gott *(Monotheismus)*. Da sie mit ihm einen ewigen Bund geschlossen hatten, sahen sie sich als sein auserwähltes Volk. Als Nomaden waren sie allmählich nach Palästina eingedrungen und dort seßhaft geworden (13.–11. Jh.). Es bildeten sich zwölf Stämme, die gemeinsam gegen die Philister kämpften, die von Norden über See eingewandert waren. David (um 1000–965) konnte schließlich die Hebräer zu einem Reich mit Jerusalem als Hauptstadt vereinen. Seinem Sohn Salomo (965–932) gelang es, die Herrschaft noch auszubauen. Nach 932 zerfiel sein Reich in die beiden Teilreiche Israel und Juda. Sie gerieten ab dem 8. Jh. immer wieder unter Fremdherrschaft. Die Heilige Schrift bewahrte indes den Zusammenhalt der Hebräer. Ihr Glaube und die Gesetze ihrer Propheten beeinflußten später das Judentum, das Christentum und den Islam.

2.1 Städte und Reiche in Mesopotamien

In dem fruchtbaren Tiefland zwischen Euphrat und Tigris entstanden sehr früh viele unabhängige Stadtstaaten. Aus dem Bergland im Osten und den Steppengebieten im Westen fielen aber immer wieder Völker ein, die in Mesopotamien zahlreiche neue Reiche bildeten.

3200–2800 v.Chr.	**Einwanderung der Sumerer**
2340–2284 v.Chr.	**Reich von Akkad unter Sargon I.**
1792–1750 v.Chr.	**Hammurabi herrscht über Babylon**
884– 612 v.Chr.	**Großreich der Assyrer**

1. *Erläutern Sie die wichtigsten historischen und kulturellen Leistungen der Sumerer.*
2. *Worin liegt die historische Bedeutung Hammurabis?*
3. *Begründen Sie, warum sich das Assyrerreich zu einem Großreich entwickeln konnte.*

1. Die Herkunft der *Sumerer* ist ungeklärt. Sie gründeten mehrere Städte (z. B. Ur, Uruk, Lagasch, Babylon), die unabhängig voneinander waren und um die Vorherrschaft rivalisierten. *Sargon*, dem Herrscher von Kisch, gelang es schließlich, mehrere Stadtstaaten unter seine Herrschaft zu bringen. Folglich nannte er sich als erster „König der Könige". Sein Reich erstreckte sich vom Persischen Golf bis nach Syrien und Kleinasien und gilt als das erste Weltreich. Hauptstadt war Akkad im nördlichen Babylonien, das Semiten seit 3000 besiedelt hatten. Ihre Kultur vermischte sich nun mit der sumerischen, die aber das bestimmende Element blieb. Mit Hilfe der aus dem westiranischen Gebirgsland stammenden Gutäer zerstörten einheimische Fürsten (2233) Akkad. Babylonien geriet dadurch für gut einhundert Jahre unter Fremdherrschaft. Im Zentrum des städtischen Lebens der Sumerer stand ein Tempel (Zikkurat), ein mehrstufiger Terrassenbau, der alle anderen Gebäude überragte. An seiner Spitze befand sich der Kultraum für den Stadtgott (Turm von Babel). Alles Land gehörte dem Tempel. Bauern und Handwerker standen somit in seinen Diensten. Kaufleute handelten vornehmlich in seinem Auftrag. Die Stadtfürsten, *Lugal* genannt, residierten in eigenen Palästen. Sie amtierten gleichzeitig als oberste Priester und hatten die Rechtsprechung inne. Die semitischen Könige des akkadischen Reiches ließen sich sogar als Gott verehren. Neben der Erfindung der Keilschrift gehört die Astronomie zu den dauerhaften Leistungen, die die Sumerer hervorbrachten. Ihre Priester teilten das Jahr bereits in zwölf Monate, den Tag in 24 Stunden und die Stunde in 60 Minuten ein. Auf der Zahl 60 beruhte ihr Zahlensystem.

2. Von Babylon aus konnte König *Hammurabi* Mesopotamien wieder vereinigen. Sein Reich erstreckte sich schließlich bis nach Assyrien. Es zerfiel allerdings bald nach seinem Tod. Bekannt geworden ist Hammurabi vor allem durch seine intensive Fürsorge um die Verwaltung des Landes. So kümmerte er sich um die Verteilung von Land, die Rekrutierung von Soldaten und die Bestrafung korrupter Beamter. Seine größte Leistung vollbrachte Hammurabi auf dem Gebiet der Gesetzgebung. Im Auftrage des Sonnengottes Schamasch veröffentlichte er mehr als 280 Rechtsgrundsätze, die die Rechtsprechung in seinem Reich vereinheitlichen sollten. Sie betrafen die verschiedensten Bereiche des öffentlichen und privaten Lebens und zeichneten sich durch ihre harten Strafandrohungen (Todesstrafe, Verstümmelungen, Prügel) aus.

3. Um 2500 hatten sich am Oberlauf des Tigris die *Assyrer* niedergelassen, aber erst seit der Mitte des 14. Jh. trat ihr Land immer mehr in Konkurrenz zu Babylon. Ab 884 bauten die assyrischen Könige ihr Reich zu einer Großmacht aus. Tiglatpilesar III. (746–727) eroberte Nordsyrien, Damaskus und Gaza und machte sich 729 zum König von Babylonien. Sanherib (705–681) unterwarf Juda mit Jerusalem und Asarhaddon (681–669) schließlich Ägypten. Das von inneren Unruhen geschwächte Reich zerfiel aber rasch, als es (614–608) durch die Könige von Babylonien und Medien angegriffen wurde.
Die Erfolge der Assyrer beruhten auf ihrer militärischen Überlegenheit (Streitwagen, Belagerungsmaschinen). Sie waren das erste Volk, das Reiterverbände einsetzte. Gegen ihre Feinde gingen die Assyrer oft sehr grausam vor. Sie wurden umgebracht, versklavt oder umgesiedelt. Auf diese Weise entvölkerten die Assyrer ganze Landstriche. Ferner forderten sie von den Unterworfenen hohe Tributzahlungen, die sie vor allem für den Ausbau von Königspalästen verwendeten. So baute Sanherib Ninive zur neuen Hauptstadt aus. Da das Heer auf dem Höhepunkt des Reiches einige hunderttausend Mann umfaßte, stand ein großer Teil der Assyrer nicht mehr im Dienste von Städten und Tempeln, sondern im Staatsdienst und kümmerte sich um die Ausrüstung der Soldaten und die Pflege der Pferde.

2.2 Ägypten – Pharaonenreich am Nil

Geschützt durch Steppen und Wüste entwickelte sich am Nil eine eigene Hochkultur. Im Unterschied zu Mesopotamien zeichnete sie sich durch ihre Dauerhaftigkeit und politische Einheit aus.

um 3000 v.Chr.	**Zusammenschluß von Ober- und Unterägypten**
um 1715–1550 v.Chr.	**Ägypten erstmals unter Fremdherrschaft**
1490–1436 v.Chr.	**Thutmosis III. begründet das Ägyptische Weltreich**
ab 1100 v.Chr.	**Zerfall des Ägyptischen Weltreiches**

1. Erläutern Sie die Beziehungen Ägyptens zu seinen Nachbarvölkern.
2. Charakterisieren Sie den ägyptischen Staat.
3. Zeigen Sie den Einfluß der Religion auf die Kunst.

1. Der legendäre König Narmer vereinigte um 3000 Oberägypten, das sich an den schmalen Landstreifen beiderseits des Nils entlangzog, und Unterägypten, welches das weite Marschland des Nildeltas umfaßte. Seine Nachfolger bauten die Einheit des Landes aus und sorgten sich vor allem um die Kultivierung von Land und den Ausbau des Handels. Eine Ausdehnung ihres Reiches strebten sie nicht an. Vielmehr geriet Ägypten in eine zunehmende Isolation zu anderen Völkern. Als die Macht lokaler Fürsten zunahm (um 2155–2040), zerfiel das sogenannte Alte Reich. Jedoch vermochte *Mentuhotep I.* (2061–2010) Ägypten erneut zu einigen (Mittleres Reich).

Um 1715 geriet Ägypten erstmalig unter eine Fremdherrschaft, als die Hyksos aus Asien einfielen. Von deren Herrschaft konnte es sich unter Ahmose (1552–1527) befreien (Neues Reich). Seine Nachfolger unternahmen Strafexpeditionen in den Nahen Osten, um ihr Reich vor weiteren Überfällen zu schützen. *Thutmosis III.* (1490–1436) führte schließlich regelrechte Eroberungskriege. Durch die Besetzung von Palästina, Phönizien und Syrien dehnte er sein Reich bis zum Euphrat aus. Bis ins 12. Jh. konnten die Ägypter ihre Herrschaft in Asien aufrechterhalten. Wiederholte Angriffe von „Seevölkern" und der Westlibyer, innenpolitische Unruhen und Bürgerkriege führten dann den Zerfall Ägyptens herbei. Ab 712 beherrschten immer wieder fremde Völker (Äthiopier, Assyrer, Perser, Makedonen, Römer) das Land.

2. An der Spitze des Staates stand ein Herrscher, der ab der 18. Dynastie (1552–1306) als *Pharao* bezeichnet und bald schon als Gott verehrt wurde. So hielt man ihn seit der 5. Dynastie (um 2465–2325) für einen Sohn des Sonnengottes Re. Jedoch schwankte diesbezüglich die Stellung des Königs. *Amenophis IV.* (= Echnaton 1364–1347) nahm als Pharao menschliche Züge an. Der Glaube an einen Gottkönig war u. a. ein Mittel, um den Zusammenhalt des Landes zu festigen. Die gesamte staatliche Organisation war auf den Pharao ausgerichtet. Ihm gehörte alles Land. Seinen Befehlen war unbedingt Gehorsam zu leisten. Ein Stab von *Beamten*, der sich um die königlichen Bauten und Güter sowie um die Besitzungen der Tempel kümmerte, führte seine Befehle aus. Unter ihnen genossen die Schreiber hohes Ansehen. Die höchsten Ämter lagen in den Händen vornehmer Familien, die dem Pharao nahestanden.

Anfänglich verfügten die Ägypter über kein stehendes Heer. Nur im Bedarfsfall wurden Krieger eingezogen. Dies änderte sich unter Thutmosis III.. Es entstand nun ein Berufsheer, in dem die mit Kampfwagen ausgerüsteten Krieger eine Eliteeinheit bildeten. Der Oberbefehl lag beim Pharao, ging aber später auf hochrangige Offiziere über.

3. Die religiösen Vorstellungen der Ägypter drückten sich in ihrem vielfältigen Kunstschaffen aus. Sie kannten eine mannigfaltige Götterwelt. Für die verschiedenen Orte und Lebensbereiche gab es Götter. Diese wurden zuerst als Tiere (Krokodil-, Löwengott) dargestellt. Zu Beginn des Alten Reiches nahmen die Götter auch menschliche Züge an. Da der Pharao aufgrund seines göttlichen Wesens als unsterblich galt, wurden ihm zu Ehren Pyramiden als ewige Heimstatt errichtet. Deren Bau und Ausstattung erforderte ein hohes Maß an Organisation und Arbeitskräften. Der Pyramidenbau erreichte während der 4. Dynastie (2575–2465) seinen Höhepunkt (Pyramiden von Giseh). Danach nahm er ab, wohl weil andere Götter (z.B. Re) an Bedeutung gewannen. Ab 1550 dominierten dann Tempelanlagen und Felsengräber. Die Ägypter glaubten an ein Leben nach dem Tod, auf das sie sich früh vorbereiteten. Im Neuen Reich kam sogar die Idee eines Totengerichts auf, das über das Schicksal der Seelen entschied. Die Könige und alle reichen Ägypter ließen ihre Leichen mumifizieren und ihre Gräber mit Hausrat und Lebensmitteln ausstatten, um so auf ein Weiterleben im Jenseits vorbereitet zu sein. Wandmalereien schilderten die Taten der Verstorbenen. Sargtexte enthielten magische Formeln für die Reise ins Jenseits. Die arme Bevölkerung hingegen fand oft nicht mehr als ein einfaches Grab im Wüstensand.

Die Griechen, die sich selbst seit dem 8. Jh. v. Chr. als Hellenen bezeichneten, bildeten keine einheitliche politische Nation. Vielmehr zerfielen sie in mehrere Stämme und selbständige, kleinere Stadtstaaten *(Poleis,* Singular: *Polis)*. Trotzdem besaßen die Griechen ein Zusammengehörigkeitsgefühl. Sie sprachen dieselbe Sprache, wenn auch in unterschiedlichen Dialekten, und benutzten dasselbe Alphabet, das sie von dem Handelsvolk der Phönizier übernommen hatten.

Die Religion verbindet die Griechen

Ferner verbanden sie gemeinsame religiöse Vorstellungen. Die *griechische Religion* war polytheistisch ausgerichtet, d.h. es wurden mehrere Götter verehrt. Obwohl sie unsterblich waren und ewige Jugend besaßen, trugen die Götter menschliche Züge und handelten wie Menschen. Die Griechen stellten sich vor, daß die Götter auf dem höchsten Berg Griechenlands, dem *Olymp*, wie in einer Familie zusammenlebten. An deren Spitze standen Zeus und Hera, seine Gemahlin. Die mit ihnen verwandten (olympischen) Götter besaßen bestimmte Aufgabenbereiche: Apoll (Heilung, Wahrsagung, Dichtung), Aphrodite (Liebe), Artemis (Jagd), Ares (Krieg), Poseidon (Meer), Hermes (Götterbote, Gott der Wanderer, Kaufleute und Diebe). Um sie positiv zu stimmen, mußten ihnen Opfergaben dargebracht werden. Die Verehrung der Götter fand unter freiem Himmel vor einem Tempel statt. Einige Heiligtümer erlangten allgemeine Anerkennung. In *Olympia* trafen sich seit 776 v. Chr. Griechen aus verschiedenen Staaten, um sportliche Wettkämpfe zu Ehren von Zeus zu veranstalten. In *Delphi* befragten sie das Orakel des Apoll und nahmen an Spielen zu Ehren des Gottes teil.

Literatur und Geschichtsschreibung

Gesamtgriechische Bedeutung besaßen auch die literarischen und künstlerischen Errungenschaften der Griechen, die maßgeblich die abendländische Kultur beeinflußten und prägten. Die beiden Epen über die Zerstörung Trojas und die Irrfahrten des Odysseus *(Ilias und Odyssee)*, die einem Dichter namens Homer zugeschrieben werden, bestimmten das Bild der Griechen von ihren Göttern und ihren geschichtlichen Anfängen. Mythen und Sagen beherrschten anfänglich auch die griechische Geschichtsschreibung. Mit Herodot (um 485 bis nach 430) und Thukydides (um 460 bis um 400) entstand allmählich eine neue Form historischen Denkens. Beide Geschichtsschreiber bemühten sich, über zeitgenössische Ereignisse möglichst wahrheitsgetreu zu berichten und die Ursachen bedeutender Ereignisse aufzuzeigen.

Aus kultischen Aufführungen zu Ehren von Naturgottheiten entwickelten sich Tragödie und Komödie. Die Tragödiendichter, als deren bedeutendste Vertreter Sophokles (497–406), Aischylos (um 525–456) und Euripides (um 485–406) gelten, benutzten in der Regel Themen der Götter- und Heldensagen als Stoffvorlage. Das Thema der Komödie war hingegen das tägliche Leben, das in oft derben Scherzen wiedergegeben wurde.

Philosophie

Die *griechischen Philosophen* waren anfänglich gelehrte, weise Männer (z. B. Pythagoras, Thales, Anaximander), die sich bemühten, die Welt rational zu erklären und sich mit verschiedenen Disziplinen (z. B. Ethik, Mathematik, Physik, Musik, Dichtung) befaßten. Gegen die Lehren der *Sophisten,* nach denen der Mensch das Maß aller Dinge sei und die Erkenntnisse der Philosophie zu dessen eigenem Nutzen angewendet werden sollten, wandte sich Sokrates (469–399). Er suchte nach festen Maßstäben für das menschliche Wissen und für eine sittliche Lebensführung. Die Lehren des Sokrates schrieb Platon (427–347) in Dialogform auf. Er beschäftigte sich vor allem mit der Frage nach dem idealen Staat, der mit der menschlichen Natur und mit der Unvergänglichkeit der Seele zu vereinbaren sei. Dabei ging Platon davon aus, daß es neben der sich verändernden Welt unveränderliche Urformen aller Dinge gebe, die der Mensch nur durch sein Denken erfassen könne – die Ideen. Platons bedeutendster Schüler Aristoteles (384–322) sammelte das gesamte Wissen seiner Zeit und entwickelte bei der Anlage seiner umfangreichen Materialsammlung maßgebliche Kriterien für wissenschaftliches Arbeiten.

Bildende Kunst

Kennzeichnend für die bildenden Künste war ihre Gleichförmigkeit in den zahlreichen griechischen Staaten. Auftraggeber für die Kunstwerke waren bis in die hellenistische Zeit vornehmlich die Gemeinden, so daß Kunstwerke in erster Linie für die Öffentlichkeit und für religiöse Zwecke geschaffen wurden (z.B. die Akropolis). Zu einer besonderen Kunstfertigkeit brachten es neben den Vasenmalern die Bildhauer (Phidias 5. Jh.). In der klassischen Zeit gelang es ihnen, plastische, lebendig wirkende Skulpturen zu schaffen und sie in Bauwerken (Tempeln, Grabstätten, Palästen) zu integrieren. Auch die ersten Porträtplastiken gehen auf sie zurück.

3.1 Die griechische Frühzeit

Das Gebiet des heutigen Griechenlands wurde in seiner Frühzeit von mehreren Wanderungsbewegungen indo-europäischer Völker erfaßt. Etwa 2000 v. Chr. wanderten frühgriechisch sprechende Menschen ein, die sich mit der einheimischen Bevölkerung vermischten. Um die Mitte des 2. Jahrtausends entstand auf dem Festland eine erste Hochkultur, die Einflüsse der *minoischen Kultur* aufweist.

2000–1450 v.Chr.	**Zeitalter der minoischen Kultur auf Kreta**
1500–1150 v.Chr.	**Blütezeit der mykenischen Kultur**
ab 1200 v.Chr.	**Einwanderung neuer Völker**
800–500 v.Chr.	**Archaische Zeit: Entstehung der Polis,**
	Kolonisation

1. Nennen Sie Kennzeichen der minoischen Kultur.
2. Charakterisieren Sie die mykenische Herrschaft.
3. Erläutern Sie Entstehung und Aufbau der frühen Polis.
4. Nennen Sie Ursachen für die Ausbreitung des Griechentums.

1. Die Hochkultur Kretas wird nach dem legendären König *Minos* als die minoische Kultur bezeichnet. Ihr herausragendes Kennzeichen sind gewaltige Palastanlagen (z.B. in *Knossos, Phaistos)*. In Knossos bedeckte der Palast eine Fläche von 20 000 qm. Die Paläste mit ihren Heiligtümern, Wohnstätten und Speichern dienten sowohl kultischen als auch wirtschaftlichen Zwecken. Eine aus Silbenzeichen bestehende Schrift erleichterte die Verwaltung. An der Spitze eines Palastes stand offensichtlich ein König, der gleichzeitig Priester war. Die Minister verehrten die Große Göttin als Muttergottheit und pflegten später auch den Stierkult. Da man in der Nähe der Palastanlagen Städte ohne Befestigungen fand, ist zu vermuten, daß ihre Einwohner keine Angriffe von außerhalb befürchteten. Die Gründe für das Ende der Hochkultur auf Kreta sind nicht eindeutig geklärt. Einige Forscher sehen in Naturkatastrophen die Ursache, andere glauben, daß griechische Eroberer vom Festland dafür verantwortlich waren.

2. In der Zeit der *mykenischen Kultur* bildeten sich um Burgen herum Fürstentümer, in denen eine Kriegerkaste herrschte mit einem König an der Spitze. Die Burgen waren Verwaltungszentren, von wo die landwirtschaftliche und handwerkliche Produktion kontrolliert wurde. Auf Tontäfelchen hielt man die Höhe der Abgaben fest. Die mykenischen Burgen (z. B. *Mykene, Tiryns*) waren von gewaltigen Mauern umgeben. Ihre Fürsten unternahmen Raubzüge bis nach Kleinasien, Ägypten und Italien. Später wurde einer dieser Raubzüge durch Homers Dichtungen (Ilias) sehr berühmt: die Eroberung Trojas. Konflikte zwischen den Fürstentümern und einfallenden Völkern aus dem Norden führten zu einem abrupten Ende der mykenischen Welt.

3. Mit der neuen Wanderungsbewegung (seit 1200) wandelten sich auch die Herrschafts- und Gesellschaftsstrukturen Griechenlands. In der sogenannten *archaischen Zeit* entwickelte sich eine neue Staats- und Lebensform, die *Polis*. Bei Homer wurde hierunter eine im Schutz des Burgberges gelegene Stadt verstanden. Seit dem 8. Jh. diente dieser Begriff als Bezeichnung für einen selbständigen Staat, dessen Zentrum eine Stadt oder eine stadtähnliche Siedlung war. Die freien Bürger einer Polis fanden sich zu einer Volksversammlung zusammen. Ihre politische Bedeutung nahm zu, als sich seit dem 7. Jh. die Kampfweise der Griechen änderte. Nicht mehr einzelne Adlige kämpften gegeneinander, sondern ganze Schlachtreihen schwerbewaffneter Fußsoldaten *(Hopliten)*. Da die Hopliten ihre Rüstung selbst stellen mußten, konnten nur wohlhabende Bürger Kriegsdienst leisten. Die Geschicke einer Polis bestimmten vornehmlich Adlige. Der Einfluß und die Macht der Könige hatten in den meisten Poleis seit der Wanderungszeit abgenommen. Die Adligen stellten die wählbaren Beamten und Priester. Ein Rat, dem die Führer der Adelsfamilien angehörten, berief die Volksversammlung.

4. Seit der Mitte des 8. Jh. bis in das 6. Jh. v. Chr. gründeten Griechen an den Küsten des Mittelmeeres (insbesondere von Sizilien und Süditalien) und des Schwarzen Meeres *Kolonien*. Die Ursache hierfür waren Überbevölkerung und Hungersnöte im eigenen Land, aber auch die Suche nach neuen Handelsplätzen und Konflikte innerhalb vieler Poleis. Unter der Führung eines Adligen oder einflußreichen Bürgers fanden sich mehrere waffenfähige Männer zusammen und verließen ihre Heimatstadt. Sie erbauten neue Städte nach dem Vorbild ihrer Polis, die rechtlich aber unabhängig von ihr waren. Auf diese Weise trugen die Kolonisten zur Verbreitung der griechischen Kultur und Staatsform bei. Unter den Griechen weckte die Kolonisation das „Nationalgefühl" und förderte durch die Auseinandersetzung mit fremden Kulturen die Entwicklung von Philosophie und Wissenschaften.

3.2 Die klassische Poliswelt: Sparta und Athen

Griechenland mit seinen vielen Bergen und Tälern begünstigte die Ausbildung zahlreicher *Poleis.* Für die klassische Zeit (500–338) lassen sich über 600 Poleis nachweisen, von denen die meisten nicht die Größe einer Dorfmark überschritten. Nur wenige Poleis, wie z. B. *Sparta* und *Athen,* konnten daher eine eigenständige Politik betreiben. Während Sparta und Athen verfassungspolitisch eine besondere Entwicklung nahmen, bestimmten in den meisten Poleis wenige wohlhabende Bürger deren Politik *(Oligarchie).*

7./6. Jh. v.Chr. **Sparta erobert Messenien und entwickelt sich
danach zu einem Kriegerstaat**
594/593 v.Chr. **Solonische Reformen in Athen**
508 v.Chr. **Verfassungsreform des Kleisthenes**
462/461 v.Chr. **Entmachtung des Areopags; Vollendung
der Demokratie in Athen**

1. Charakterisieren Sie die spartanische Verfassung und Lebensweise. Stellen Sie einen Zusammenhang zwischen Außen- und Innenpolitik im klassischen Sparta her.
2. Beschreiben Sie die Entwicklung Athens zur Demokratie.

1. Die *Dorer,* die im 10. Jh. von Argos nach Lakonien eingewandert waren und das Gebiet um Sparta eingenommen hatten, weiteten im 8. Jh. ihre Herrschaft auch auf den südlichen Teil der Halbinsel aus. Als ihre Bevölkerungszahl weiter anstieg, eroberten sie im 7. Jh. in jahrzehntelangen Kriegen das benachbarte Messenien. Die Eroberungen machten Sparta zur größten griechischen Polis. Es zwang die unterworfene einheimische Bevölkerung, als sogenannte *Heloten* weiterhin ihr Land zu bewirtschaften und hohe Abgaben zu entrichten. Da die Heloten den Spartanern zahlenmäßig weitaus überlegen waren, konzentrierten sich die Spartaner seit dem 6. Jh. ganz auf eine Lebensweise als Krieger. Bereits die Erziehung und Ausbildung der Kinder erfolgte allein nach militärischen Notwendigkeiten. Die erwachsenen Männer lebten in Zeltgemeinschaften zusammen. Das Familienleben spielte nur eine untergeordnete Rolle. Neben den Spartanern und Heloten gab es noch als dritte Bevölkerungsgruppe die *Periöken.* Sie wohnten vor allem in den Grenzgebieten. Bei ihnen handelte es sich wohl um Einwanderer, die ihr politisches Mitspracherecht verloren hatten, aber weiterhin Kriegsdienst leisten mußten. An der Spitze des Staates standen zwei Könige, die den Oberbefehl über das Heer hatten. Ihre politischen Entscheidungen trafen sie gemeinsam mit dem Rat der Alten *(Gerusia).* Ihm gehörten 28 *Geronten* an, die die Volksversammlung lebenslänglich in ihr Amt wählte. Geronten durften nur vornehme Spartaner werden, die über 60 Jahre alt waren. Spätestens seit dem 6. Jh. überwachten fünf von der Volksversammlung bestimmte *Ephoren* die Amtsführung der Könige. Die Ephoren mußten ihr Amt nach einem Jahr abgeben.

2. Im 7. Jh. herrschte der Adel in Athen (Aristokratie). Er stellte die führenden Staatsbeamten *(Archonten).* Soziale Unruhen zwangen die Regierung zu Reformen, die 594/593 der Archon *Solon* vornahm. Er verfügte eine allgemeine Schuldentilgung und beseitigte die Schuldknechtschaft, was insbesondere den verarmten Bauern zugute kam. Solon sorgte auch dafür, daß gegen das Urteil adliger Richter vor dem Volksgericht Widerspruch eingelegt werden konnte. An der Stellung des Adels änderte sich nichts, denn Solon teilte die Bürger entsprechend ihrem Steueraufkommen in vier Klassen ein, von denen nur die Mitglieder der obersten Steuerklasse Archonten werden durften. Dagegen waren in der Volksversammlung alle Bürger vertreten, so daß der Zusammenhalt der Bürgerschaft gewahrt wurde. Erst *Kleisthenes* veränderte die Verfassung Solons und schuf die Grundlagen für die spätere Demokratie, indem er (508/507) die vier alten Stammesphylen auflöste und die Bevölkerung in zehn neue *Phylen* (Personenverbände) aufteilte, die zu je einem Drittel aus Stadt-, Land- und Küstenbewohnern bestanden. Jede Phyle entsandte 50 Mitglieder in den *Rat der 500*, der die Regierung der Polis bildete. Auf lokaler Ebene schuf Kleisthenes neue Selbstverwaltungseinheiten mit eigenen Versammlungen und frei gewählten Vorstehern. Im 5. Jh. gewannen die Bürger Athens infolge ihrer militärischen Siege über die Perser weiter an politischem Einfluß. Seit 486 bzw. 458/457 war es auch den Mitgliedern der 2. und 3. Steuerklasse gestattet, das Archontenamt zu bekleiden. Die Versammlung der ehemaligen Archonten, der *Areopag,* verlor 462/461 die Aufsicht über die Beamten an die Volksversammlung. Damit auch die einfachen Bürger politische Aufgaben übernehmen konnten, führten Politiker, wie *Perikles,* die Zahlung von Tagegeldern *(Diäten)* ein und vollendeten so die Demokratie (Volksherrschaft). Diäten wurden zuerst 462/461 für die Tätigkeit als Richter und Ratsherr, später auch für die Teilnahme an der Volksversammlung bewilligt.

3.3 Gesellschaftliche Strukturen der Polis

Nicht alle Einwohner einer Polis waren sozial oder rechtlich einander gleichgestellt. Nur freie und volljährige Bürger durften an der Volksversammlung teilnehmen. Folglich stellten nur sie die Beamten und trafen die wichtigen politischen Entscheidungen. Frauen, auch wenn sie von Bürgern abstammten, nahmen am politischen Leben nicht teil. Neben den Bürgern gab es noch zwei weitere Gruppen: die Unfreien (Sklaven) und die Fremden (Metöken).

1. *Beschreiben Sie die rechtliche Stellung und die wirtschaftliche Bedeutung der Sklaven.*
2. *Vergleichen Sie die Stellung eines Metöken mit der eines Bürgers.*
3. *Charakterisieren Sie das Verhältnis von Mann und Frau im alten Athen.*

1. Bereits bei ihrer Einwanderung hatten griechische Stämme die einheimische Bevölkerung unterworfen und versklavt (z.B. in Lakonien, Thessalien und auf Kreta). Ebenso verfuhren einige griechische Kolonisten, als sie sich an den Küsten des Mittelmeeres niederließen (z.B. auf Sizilien). In der klassischen Zeit brachten Krieg und Schuldknechtschaft viele Menschen in die *Sklaverei*. Die meisten Sklaven waren indes keine Griechen, sie kamen über einen regelrechten Sklavenhandel nach Griechenland. Zeitlich und regional war die Sklaverei unterschiedlich ausgeprägt. In der klassischen Zeit fand sie ihre größte Verbreitung. Jedoch waren in ärmeren, ländlichen Gegenden kaum Sklaven anzutreffen; dagegen traten sie in großen Handelszentren wie Athen häufig auf (80 000–120 000 um 400 v.Chr.). Abgesehen von der Arbeit in den Bergwerken übten Sklaven dieselben Tätigkeiten wie Freie aus. So waren Sklaven im Handel, im Handwerk und im Staatsdienst (als Gefängniswärter, Polizisten, Henker, Folterknechte) tätig. In der Landwirtschaft waren sie allerdings kaum zu finden. Der Unterschied zwischen einem Sklaven und einem Freien bestand darin, daß der Freie für sich selbst arbeitete, während ein Sklave für andere arbeiten mußte. Der Sklave galt zudem als „beseelter Besitz" (Aristoteles) und besaß keine Rechte. In Athen war jedoch seine Mißhandlung verboten. Als Vertraute ihres Herrn oder durch ihre Tätigkeit in Handel und Gewerbe konnten einige Sklaven zu Ansehen und Vermögen gelangen. Dadurch kam weder Solidarität noch ein Gruppendenken zwischen ihnen auf.

Unter bestimmten Bedingungen (z.B. Verpflichtung zu bestimmten Dienstleistungen) war es möglich, daß ein Herr seinen Sklaven freiließ. Der Freigelassene besaß allerdings eine geringere Stellung als ein Fremder

2. Kriege und deren Folgen, aber auch wirtschaftliche Not zwangen oft viele Griechen, ihre Heimat zu verlassen und sich in anderen Poleis niederzulassen. Dort galten sie als Fremde *(Metöken),* denen in der Regel die Aufnahme in die Bürgerschaft versperrt blieb. In Athen war ihnen sogar der Erwerb von Grund und Boden verboten. Indes waren die Metöken bei Rechtsstreitigkeiten vor Gericht den Bürgern gleichgestellt. Für ihr Wohnrecht und den ihnen gewährten Rechtsschutz mußten die Metöken eine Kopfsteuer zahlen. Diese bildete eine gute Einnahmequelle für die Polis. Kamen sie dieser Verpflichtung nicht nach, drohte ihnen die Sklaverei. In Athen wurden die Metöken zu einer wichtigen Stütze in Handel und Gewerbe. Dort dienten sie im Heer oder als Ruderer in der Flotte. Die Spartaner dagegen vertrieben regelmäßig alle Fremden aus Sorge um die Sicherheit im eigenen Land.

3. Im öffentlichen Leben spielte nur der Mann eine Rolle. Das Tätigkeitsfeld der Frau beschränkte sich auf die Familie und den Haushalt *(oikos)* wobei auch hier der Mann die Aufsicht führte. Die rechtliche und soziale Stellung der Griechinnen konnte aber von Polis zu Polis unterschiedlich sein. In Athen, über das die meisten Informationen vorliegen, war die Frau wohl persönlich frei, jedoch vom Mann rechtlich abhängig. Für fast alle Rechtsgeschäfte benötigte sie einen Vormund, der ihr Vater, Bruder oder ihr Ehemann sein konnte. Ihren Ehepartner durfte sich die Athenerin nicht frei wählen. Die Mitgift, die sie bei der Hochzeit einbrachte, stand unter der Verfügung ihres Mannes, diente aber in erster Linie ihrer eigenen Versorgung, so daß sie ihr Vater bei einer Scheidung zurückerhielt. An Theateraufführungen nahmen Athenerinnen nur selten teil, an sportlichen Wettkämpfen überhaupt nicht. In Sparta hingegen beteiligten sich Knaben und Mädchen nackt an sportlichen Übungen, was ihnen in anderen Poleis den Vorwurf der Zügellosigkeit einbrachte. Angeblich sollte die körperliche Ertüchtigung die Spartanerinnen befähigen, gesunden Nachwuchs hervorzubringen. Im Unterschied zu den Athenerinnen waren die spartanischen Frauen erbberechtigt. Ein großer Teil des Landbesitzes gelangte im 4. Jh. in ihre Hände. Dadurch gewannen die Spartanerinnen an politischem Einfluß, zumal ein Spartaner durch eine geschickte Heirat seinen Besitz gehörig vermehren konnte.

3.4 Die Kämpfe mit den Persern

Die Auseinandersetzungen mit den Persern stellten seit dem späten 6. Jh. v. Chr. die größte politische Herausforderung für die Griechen dar. Während einige Poleis bereit waren, sich der persischen Herrschaft zu unterwerfen, kämpften andere um ihre Unabhängigkeit. Unter ihnen befand sich Athen, das aus den Kämpfen mit den Persern siegreich hervorging und zur Vormacht im östlichen Mittelmeer aufstieg.

559–530 v.Chr. Kyros II. errichtet das persische Weltreich
500–494 v.Chr. Aufstand der ionischen Städte in Kleinasien
490 v.Chr.   Niederlage der Perser bei Marathon
480/479 v.Chr. Siege der Griechen bei Salamis und Platää
478/477 v.Chr. Gründung des Delisch-Attischen Seebundes

1. Beschreiben Sie den Aufstieg der Perser zur Weltmacht.
2. Begründen Sie die Niederlage der Perser gegenüber den Griechen.
3. Erläutern Sie Athens Weg zur führenden Macht im Delisch-Attischen Seebund.

1. Um 550 gelang es *Kyros II.*, dem König der *Persis,* sein Land von der Fremdherrschaft der *Meder* zu befreien und deren Nachfolge anzutreten. In weiteren Feldzügen unterwarf er die Lyder unter ihrem König *Krösos* (547) und das neubabylonische Reich (539). Gegen Ende seiner Herrschaft hatte Kyros sein Reich von der Ägäis bis zum Kaukasus und Indus ausgedehnt. Sein Sohn *Kambyses II.* vollendete (525) mit der Eroberung Ägyptens das Werk des Vaters. Die Verwaltung des locker organisierten Weltreiches begann *Dareios I.* (521–486) nach heftigen Thronfolgekämpfen zu systematisieren. Er teilte es in zwanzig Steuerbezirke auf, die genau festgesetzte Tribute zu zahlen hatten. Daneben bestanden als weitere Verwaltungsbezirke die *Satrapien* fort. Ihre mit militärischer und richterlicher Amtsgewalt ausgestatteten Befehlshaber, die *Satrapen,* sorgten für die Aufstellung von Truppen. Der Adel war dem Großkönig zu unbedingtem Gehorsam verpflichtet. Auf der anderen Seite wurde allen Völkern des Reiches vom Großkönig Religionsfreiheit gewährt und auch Kultur und Sprache der unterworfenen Völker ließ er bestehen. Im Unterschied zu den Griechen besaßen die Perser eine monotheistische Religion, als ihren Gott verehrten sie Ahura Mazda.

2. Ein Aufstand der ionischen Städte an der kleinasiatischen Küste gegen den Perserkönig endete 494 mit der vollständigen Vernichtung Milets. Da Athen mit Schiffen die Aufständischen unterstützt hatte und bestimmte politische Gruppierungen in Mittelgriechenland perserfreundlich gesonnen waren, entschloß sich Dareios zu einem Vergeltungszug über die Ägäis. Völlig überraschend schlugen die athenischen Hopliten unter *Miltiades (*490) das persische Heer, das in der Bucht von *Marathon* gelandet war. Der Großkönig nahm diese Niederlage aber nicht hin und rüstete erneut auf. Währenddessen schlossen sich die zum Widerstand bereiten Poleis (481) unter der Führung Spartas zum *Hellenenbund* zusammen. Nachdem *Xerxes I.*(486-464), der Nachfolger des Dareios, seine Herrschaft gefestigt hatte, fiel er von Norden nach Griechenland ein. An den *Thermopylen* überwand er ein griechisches Heer unter dem Kommando des Spartanerkönigs *Leonidas* und drang bis nach Attika vor. Die Athener, die auf Anraten des *Themistokles (*seit 483) ihre Flotte ausgebaut hatten, vernichteten 480 die persische Flotte bei *Salamis.* Im darauffolgenden Jahr unterlag das persische Landheer dem Hellenenbund bei *Platää.*

3. Trotz der Siege beabsichtigten einige griechische Staaten, den Kampf gegen die Perser fortzusetzen, um einen Rachefeldzug abzuwehren und die Freiheit der kleinasiatischen Griechenstädte zu sichern. Daher schlossen die Staaten der ägäischen Inseln und Küsten (478/477) ein Bündnis untereinander und übertrugen Athen die Führung im Kampf gegen die Perser (*Delisch-Attischer Seebund*). Sparta blieb aus Sorge um seine führende Stellung auf dem Peloponnes dem Bündnis fern. *Kimon*, dem Sohn des Miltiades, gelang es, die Perser aus Thrakien zu vertreiben und um 467/466 die neue persische Flotte an der *Eurymedon*-Mündung in Südkleinasien zu schlagen. Allerdings scheiterte (455) der Versuch Athens, Ägypten von der persischen Herrschaft zu befreien. Die militärischen Erfolge stärkten insbesondere Athens Position. Die Mitglieder des Seebundes gerieten in eine immer größer werdende Abhängigkeit, zumal wenn sie auf die Ausrüstung eigener Schiffe verzichteten und dafür Athen einen Tribut zahlten. Athen bestimmte schließlich die Politik des Bundes. Es duldete keine Austritte von Bundesmitgliedern und ließ 454 die Bundeskasse von Delos nach Athen verlegen. Deren Gelder verwendete *Perikles,* der als Feldherr *(Stratege)* die athenische Politik bestimmte, für die Neugestaltung der Akropolis, die die Perser (480) völlig zerstört hatten. Außerdem verdrängten attische Münzen die der Bundesgenossen als Zahlungsmittel.

3.5 Die Krise der Polis

Die Rivalität zwischen Sparta und Athen um die Vorherrschaft mündete in einen fast dreißig Jahre währenden Krieg. Aus ihm ging Sparta siegreich hervor. Jedoch bedurfte es der Unterstützung des Perserkönigs, der daraufhin Einfluß auf die griechische Politik nahm. Das änderte sich erst mit dem Aufstieg Makedoniens unter *Philipp II.*, der die griechischen Staaten unter seiner Führung einigen konnte.

431–404 v.Chr.	**Peloponnesischer Krieg**
404–371 v.Chr.	**Vorherrschaft Spartas über Griechenland**
371 v.Chr.	**Niederlage Spartas bei Leuktra**
359–336 v.Chr.	**Philipp II. herrscht über Makedonien**
338 v.Chr.	**Sieg Philipps bei Chaironeia**

1. Stellen Sie Verlauf und Ergebnis des Peloponnesischen Krieges dar.
2. Skizzieren Sie die spartanische Vorherrschaft über Griechenland.
3. Begründen Sie den raschen Aufstieg Makedoniens.

1. Die Erfolge Athens gegenüber den Persern und seine Stellung innerhalb des Attischen Seebundes brachten es immer mehr in einen Gegensatz zu Sparta, der bedeutendsten Landmacht. Zu einem Krieg zwischen beiden Staaten kam es 431 aufgrund eines Bürgerkrieges in der griechischen Kolonie Epidamnos in der Adria. Die Verbündeten der streitenden Parteien riefen nach einiger Zeit Athen und Sparta zu Hilfe. Weil Sparta befürchtete, daß Athen seine Macht immer weiter nach Westen ausdehnte, fiel es mit seinem Heer mehrmals in Attika ein. Wie es Perikles geplant hatte, zog sich die Bevölkerung hinter die Mauern Athens und seiner Hafenstadt Piräus zurück. Athen griff seinerseits mit seiner Flotte die peloponnesische Küste an. Die Gegner waren jedoch kräftemäßig zu ebenbürtig, als daß einer den anderen hätte empfindlich treffen können. Ein Friedensvertrag stellte daher (421) den ursprünglichen Zustand wieder her. Eine entscheidende Wende nahm die Auseinandersetzung erst, als ein athenisches Expeditionskorps (413) vor Syrakus auf Sizilien scheiterte. Die Spartaner, die sich in Attika festgesetzt hatten, verbündeten sich zudem (412) mit den Persern. Indem sie die Ober-

hoheit des Perserkönigs über die kleinasiatischen Griechenstädte anerkannten, zahlte dieser ihnen Unterstützungsgelder. Schließlich gelang
es der spartanischen Flotte, Athen von der Getreidezufuhr aus dem
Schwarzmeergebiet abzuschneiden. Athen mußte 404 kapitulieren und
dem Peloponnesischen Bund beitreten.

2. Nach seinem Sieg übte Sparta bald eine noch drückendere Herrschaft
als Athen aus. Spartanische Besatzungen oder der Umsturz demokrati-
scher Regierungen sorgten dafür, daß keine antispartanischen Kräfte an
die Macht kamen. Sparta scheiterte aber letztlich, weil es aufgrund der
abnehmenden Zahl an Spartanern seine Vorherrschaft *(Hegemonie)* in
Griechenland auf Dauer nicht aufrechterhalten konnte. Außerdem
unterstützte nun der Perserkönig die Gegner Spartas finanziell, das für
die Freiheit der Griechen in Kleinasien eintrat. Als Sparta dem Großkönig die kleinasiatischen Griechenstädte versprach, verkündete dieser
(386) in einem Friedensvertrag die Unabhängigkeit der griechischen
Staaten. Sparta trat als Garant des sogenannten Königsfriedens auf und
ging daher gegen Theben vor, das seine Macht über die böotischen
Poleis ausgedehnt hatte. Bei Leuktra erlitt es 371 eine vernichtende Niederlage. Mit seinen Bundesgenossen befreite daraufhin Theben 369
Messenien von der spartanischen Herrschaft. Sparta verlor so für immer
seine führende Stellung in Griechenland.

3. Im Unterschied zu den in Poleis lebenden Griechen besaßen die
Makedonen ein Königreich. Dem König standen relativ selbständige
Adlige zur Seite, die die Reiterei stellten. Freie Bauern dienten als Fußsoldaten und waren über die Heeresversammlung an der Bestätigung
des Königs beteiligt. Philipp II. (359-336) gelang es gleich nach seinem
Regierungsantritt seine Stellung als König zu stärken, indem er (358)
sein Land politisch einigte und die feindlichen Nachbarvölker im
Westen und Osten unterwarf. Bei seinen Eroberungen in Thrakien
geriet Philipp in einen Streit mit Athen, das dort Verbündete besaß und
Kolonisten angesiedelt hatte. Athen, das seinen Seebund wieder
gegründet hatte, scheute eine militärische Auseinandersetzung nicht.
Bei Chäronea fügte der Makedonenkönig (338) einem griechischen
Heer unter athenischer und thebanischer Führung eine schwere Niederlage zu. Daraufhin versammelten sich (337) auf sein Geheiß alle griechischen Staaten (mit Ausnahme Spartas) in Korinth, gründeten einen
Bund und wählten Philipp als dessen Oberbefehlshaber. Griechenland
hatte damit endlich Frieden erlangt, aber seine außenpolitische Unabhängigkeit verloren.

3.6 Das Zeitalter des Hellenismus

Mit den Eroberungen *Alexanders des Großen* begann ein neuer Abschnitt in der griechischen Geschichte. Ein Merkmal war die Ausbreitung der griechischen Kultur nach Osten und ihre unterschiedlich starke Vermischung mit orientalischen Einflüssen. Ferner entstanden auf dem Gebiet des besiegten Perserreiches unter der Führung von Griechen neue Großmächte.

334–323 v.Chr.	**Alexander erobert das Perserreich**
323–280 v.Chr.	**Kämpfe um die Aufteilung des Alexanderreiches**
281–148 v.Chr.	**Makedonien, das Ptolemäer- und Seleukidenreich bestimmen die Politik der hellenistischen Staatenwelt**
30 v.Chr.	**Ägypten gerät als letztes hellenistisches Reich unter römische Herrschaft**

1. Schildern Sie die Eroberung des Perserreiches durch Griechen und Makedonen.

2. Durch welche Maßnahme versuchte Alexander, das Makedonen- und Perserreich zu vereinigen? Wie reagierten die Makedonen?

3. Welche Folgen hatte der frühe Tod Alexanders für den Bestand des Reiches?

4. Schildern Sie die griechische Herrschaft in Ägypten und im Seleukidenreich.

1. Nach der Ermordung Philipps II. (336) setzte sein Sohn Alexander dessen Plan fort und griff gemeinsam mit den Griechen das Perserreich an. Dabei ging es den Makedonen wohl nicht so sehr darum, Rache an den Persern zu nehmen, sondern vielmehr um Beute und Ruhm. Alexander zog mit seinem Heer durch Kleinasien an der syrischen Küste entlang bis nach Ägypten. Da das griechische Heer dem persischen taktisch überlegen und das Perserreich durch Aufstände geschwächt war, errang Alexander schnell einen Sieg nach dem anderen (334 am Granikos, 333 bei Issos). Bei Gaugamela fügte er 331 dem Großkönig die entscheidende Niederlage zu und eroberte die Hauptstadt Persepolis. Weitere Eroberungszüge führten die Makedonen bis in den Ostiran und nach Nordwestindien. Bald nach seiner Rückkehr in die Stadt Babylon starb Alexander (323).

2. Alexander ließ während seiner Herrschaft die Verwaltung des Perserreiches größtenteils bestehen. Er selbst trat die Nachfolge des ägyptischen Pharaos, des babylonischen Königs und des ermordeten Großkönigs an. Er heiratete eine Tochter des Großkönigs und zwang engste Gefolgsleute und Soldaten, ebenfalls eine Perserin zu ehelichen. Seine Verschmelzungspolitik stieß auf Widerstand bei den Makedonen. Großes Mißfallen erregte die Aufnahme von Persern in das Heer sowie die Tatsache, daß Alexander persische Königstracht anlegte und von seinen Untertanen den vor dem Großkönig üblichen Fußfall verlangte.

3. Alexander war ohne Erben gestorben. Verschiedene Generäle kämpften als seine Nachfolger *(Diadochen)* um das Reich. Nach vierzigjährigem Krieg konnte sich die Dynastie der *Antigoniden* in Makedonien behaupten. Ägypten fiel an die Familie des *Ptolemäos,* das Gebiet von Kleinasien bis Indien an die Familie des *Seleukos.* Allerdings verlor das Seleukidenreich bald viele seiner Gebiete in Kriegen mit seinen Nachbarn, den Parthern und Indern.

4. Die Diadochenkönige herrschten (außer in Makedonien) nach Siegerrecht in ihren Reichen. Sie genossen kultische Verehrung. Alles Land gehörte prinzipiell dem König. Im Seleukidenreich bestand im 3. Jh. v. Chr. die persische Verwaltung mit ihrer Einteilung in Satrapien fort. Die Ptolemäer übernahmen in Ägypten die zentralistische Wirtschaftsverwaltung der Pharaonen. Führende Positionen in Heer und Verwaltung bekleideten Makedonen bzw. Griechen. Während die Seleukiden zur Sicherung ihrer Herrschaft Militärkolonien anlegten, lebten in Ägypten die griechischen Soldaten über das Land verteilt auf den ihnen zugewiesenen Ländereien. Griechen kamen ferner zu Tausenden als Siedler, Handwerker und Kaufleute nach Ägypten und bildeten bald eine neue Oberschicht, die zu beträchtlichem wirtschaftlichen Einfluß gelangte. Sie lebten vornehmlich in den etwa 300 Städten (z.B. Alexandria), die Alexander und seine Nachfolger nach dem Vorbild der Polis gegründet hatten. Die einheimische Bevölkerung arbeitete als Bauern oder nahm untergeordnete Aufgaben in der Verwaltung wahr. Das griechische Bürgerrecht konnte sie nicht erlangen. Auch nach den Siegen Roms über die Diadochenreiche (2./1. Jh.) änderte sich für die einheimische Bevölkerung wenig.

Im Unterschied zu den Griechen schufen die Römer ein Weltreich, das über mehrere Jahrhunderte hindurch von Spanien bis an den Euphrat und Tigris und von Ägypten bis nach England reichte. Es umfaßte alle bis dahin bekannten Völker und Reiche, weshalb die Römer ihr Reich als grenzenlos ansahen. Unter römischer Herrschaft bildete die Mittelmeerwelt eine politisch-kulturelle Einheit, wie sie danach nicht wieder erreicht wurde. Sie ging mit dem Vordringen des Islam im Nahen Osten und Nordafrika (7. Jh. n. Chr.) verloren.

Romanisierung

Durch die Gründung zahlreicher Städte wurden römische Lebensformen und die lateinische Sprache im gesamten Reichsgebiet verbreitet. Dieser Vorgang, der als *Romanisierung* bezeichnet wird, war kein einseitiger Prozeß. Oft genug identifizierten sich die unterworfenen Stämme und Völker, insbesondere deren Führungsschichten, sehr bald mit den neuen Machthabern. Ein übriges tat die Aufnahme nichtrömischer Bevölkerungsgruppen als Hilfstruppen in das Heer. Gerade in den west- und mitteleuropäischen Regionen, in denen das städtische Leben zuvor nicht sehr verbreitet gewesen war, verdrängte Latein allmählich die einheimischen Sprachen. Aus ihm entwickelten sich dann die romanischen Sprachen (wie z.B. Portugiesisch, Spanisch, Französisch, Rätoromanisch, Rumänisch).

Kulturelle Einflüsse der Griechen

Der Kontakt mit den Griechen beeinflußte nachhaltig das geistige Leben Roms. Schon früh hatte sich die *römische Götterwelt* der olympischen angeglichen. An ihrer Spitze standen Jupiter (= Zeus), Juno (= Hera) und Minerva (= Artemis), die sogenannte kapitolinische Trias. Darüber hinaus standen die Römer der Einführung neuer Kulte aus dem Osten, wie dem des Heilgottes Asklepios (293 v. Chr.) und der Großen Mutter (204 v. Chr.), offen gegenüber, sofern sie nicht die öffentliche Ordnung zu gefährden schienen. Die göttliche Verehrung des Kaisers ist ebenfalls auf hellenistische Einflüsse zurückzuführen.

In der Literatur folgten Dichter wie Plautus (um 250–184) und Terenz (um 195–160, Komödien), Horaz (65–8, lyrische Gedichte), Vergil (70–19, Epos) und Ovid (43 v. Chr.–8 n. Chr., Liebes- und Lehrgedichte) griechischen Vorbildern. Dasselbe trifft auch für die Geschichtsschreibung (Sallust 86–35 v. Chr.; Livius 59 v. Chr.–17 n. Chr.; Tacitus um 60–120 n. Chr.), die Redekunst (Cicero 100–43 v. Chr.) und für die Philosophie zu (Cicero; Seneca 4 v. Chr.–65 n. Chr.). Viele griechische Kunstwerke (Gemälde, Bronze- und Marmorstatuen) sind nicht im Original, sondern als römische Kopie erhalten geblieben. Während bei den Griechen der Tempelbau dominierte, hatten bei den Römern die Nutzbauten (Brücken, Aquädukte, Amphitheater) den Vorrang. Bei ihrer Errichtung wandten sie neue Techniken an (Mörtelbau, Gebrauch von Gußmauerwerk, Verwendung von Bogengewölben). Architektonisch wirkten vor allem die mehrschiffigen Markt- und Gerichtshallen (Basiliken) fort, an denen sich später der christliche Kirchenbau orientierte.

Leistungen im Rechtswesen
Eine besondere Leistung vollbrachten die Römer auf dem Gebiet des Rechts. Bereits um 450 v. Chr. kam es zu einer Veröffentlichung von Gewohnheitsrechten *(Zwölftafelgesetz)*. Danach entwickelte sich das römische Recht weiter durch die Gesetzgebungstätigkeit der Beamten, der Volksversammlung und des Senats. In der Kaiserzeit, als der Kaiser immer mehr zur alleinigen Quelle des Rechts wurde, bildete sich eine regelrechte Rechtswissenschaft aus. Bedeutende Juristen (Gaius, Ulpian, Papinian), die oft auch als Berater des Kaisers tätig waren, kommentierten Rechtsentscheidungen. Ihre Kommentare dienten als Grundlage für Gerichtsurteile. In der Spätantike wurden dann Kaisergesetze systematisch gesammelt und herausgegeben (z. B. 438 der Codex Theodosianus, 529 der Codex Justinianus). Das Juristenrecht ließ Justinian 533 in den Digesten (juristisches Sammelwerk) veröffentlichen. Diese gingen als Teil in das *Corpus iuris* (Reichsgesetzbuch) ein, in dem das gesamte römische Recht zusammengefaßt war und das bis heute das juristische Denken beeinflußt hat.

Die historische Bedeutung der Reichsidee
Die historische Bedeutung des römischen Weltreiches liegt nicht allein in seiner Ausdehnung, sondern auch in seinem Fortwirken. Im politischen Bereich lebte die *Reichsidee* fort. Die mittelalterliche Christenheit ging davon aus, daß die römische Herrschaft fortdauere. Die Päpste sahen sich selbst als Nachfolger der Kaiser und begründeten ihren Anspruch mit der angeblichen Schenkung des Kirchenstaates durch Konstantin. Die fränkischen und nach ihnen die deutschen Könige erhoben seit Karl dem Großen (800 n. Chr.) und Otto dem Großen (962) Erbansprüche auf den römischen Kaiserthron, die erst mit der Auflösung des Heiligen Römischen Reiches Deutscher Nation (1806) erloschen. Nach der Eroberung von Byzanz (1453) galt Moskau als drittes Rom (bis 1917).

4.1 Rom und Italien

Im frühen 1. Jahrtausend v. Chr. lebten in Italien verschiedene Völkerschaften. In der Po-Ebene hatten sich keltische Stämme niedergelassen. Die bergige Landschaft des Apennin bis nach Süditalien bewohnten Stämme indogermanischer Abstammung *(Osker, Marser, Umbrer, Samniten)*. Von ihnen unterschieden sich die *Etrusker* und *Griechen* dadurch, daß sie in der Toskana bzw. an der süditalienischen Küste Städte gegründet hatten. Den Bewohnern der latinischen Stadt Rom gelang es, bis zum Anfang des 3. Jh. Mittel- und Süditalien unter ihre Herrschaft zu bringen.

9. Jh. v.Chr.	**Erste Besiedlung des Palatins**
753 v.Chr.	**Legendäre Gründung Roms**
8.–6. Jh. v.Chr.	**Rom unter etruskischer Königsherrschaft**
seit 470 v.Chr.	**Rom Mitglied des latinischen Bundes**
326–290 v.Chr.	**Unterwerfung der Samniten**
290/272 v.Chr.	**Rom herrscht über Mittel- bzw. Süditalien**

1. Zeigen Sie die Bedeutung der Etrusker für Rom.
2. Erläutern Sie den politischen Aufstieg Roms.
3. Charakterisieren Sie die römische Herrschaft über Italien.

1. Das hügelige Gelände, auf dem Rom entstand, war wegen seiner verkehrsgünstigen Lage schon sehr früh (10./9. Jh.) besiedelt worden. An einer Stelle, die eine bequeme Überquerung des Tibers ermöglichte, kreuzten sich zwei Straßen, die von der Toscana nach Kampanien und von den Salinen an der Tibermündung in das Sabinerland führten. Außerdem war bis hierhin der Tiber schiffbar. Die Etrusker faßten wahrscheinlich um 600 die Siedlungen auf den einzelnen Hügeln (*Palatin, Esquilin, Quirinal*) zu einer Stadt zusammen, entwässerten die Forumssenke und umgaben sie mit einer Mauer. Gleichzeitig ließen sich mehrere etruskische Geschlechter in der Stadt nieder, von denen möglicherweise das der *Ruma* der Stadt ihren Namen gab. Mit einigen latinischen Familien bestimmten sie die Geschicke der Stadt. An deren Spitze stand, wie in anderen etruskischen Städten auch, ein König. Die etruskische Herrschaft beeinflußte nachhaltig das religiöse und kulturelle Leben der Römer (Alphabet; Namengebung; Häuser- und Tempelbau; Portätkunst; Totenkult; Gladiatorenspiele; Schau des Himmels, des Vogelflugs und der Eingeweide).

2. Gegen Ende des 6. Jh. gelang es den Römern nach und nach, sich der etruskischen Königsherrschaft zu entziehen. Um 500 gründeten sie vermutlich einen eigenen Staat, die römische Republik (➜ 4.2). Nach der Niederlage der Etrusker in der Seeschlacht bei Cumac (474) brach deren Herrschaft über Latium und Kampanien zusammen. Die latinischen Städte schlossen sich nun zu einem Bund zusammen, um sich besser gegen die Einfälle benachbarter Bergvölker wehren zu können. Die Römer spielten noch keine führende Rolle im *Latinischen Bund*. Sie mußten 387 sogar hinnehmen, daß die *Kelten (Gallier)* ihre Stadt zerstörten. Als sich später aus nicht mehr erkennbaren Gründen die Latiner gegen Rom wandten, besiegte es 340–338 seine Verbündeten und löste den Latinischen Bund auf. Mit wenigen Ausnahmen gelangten alle latinischen Städte unter römische Herrschaft. Im weiteren Verlauf konnte Rom zahlreiche Kriege in Mittel- und Süditalien, besonders gegen die Samniten (326–290), für sich entscheiden. Nachdem Mittelitalien unter römischer Herrschaft stand, wurde 272 nach der Übergabe der Stadt Tarent auch der griechisch geprägte Süden in das römische Herrschaftsgebiet eingegliedert.

3. Als Stadtstaat verfügte Rom jedoch nicht über einen ausreichend großen Verwaltungsapparat, um Italien zu beherrschen. Mit den besiegten Städten und Stämmen ging es daher einzeln Verträge ein. Die neuen Bundesgenossen waren verpflichtet, Truppen zu stellen und verloren dadurch ihre außenpolitische Selbständigkeit. Im Innern behielten sie aber ihre Selbstverwaltung. Je nach Bedeutung und Treue gegenüber Rom erhielten die Städte verschiedene Vorrechte. Zur Herrschaftssicherung siedelten die Römer an strategisch günstigen Stellen Bürger bzw. Bauern in Wehrsiedlungen *(Kolonien)* an. Ab dem 3. Jh. bauten sie das Straßenwesen in den eroberten Gebieten aus.

4.2 Die Anfänge der römischen Republik

Mit der Verdrängung des Königtums durch die *Patrizier* (Adlige) und der Übertragung ziviler und militärischer Gewalt auf jährlich wechselnde Beamte aus ihrer Mitte begann um 500 v. Chr. die Zeit der römischen Republik. Ihre innenpolitische Entwicklung war bis zum 3. Jh. durch langwierige Auseinandersetzungen der Patrizier mit der Masse der übrigen Bevölkerung (Plebs) bestimmt, deren Angehörige, die *Plebejer*, um eine rechtliche Gleichstellung und die Zulassung zu politischen Ämtern kämpften.

494 v. Chr.	**Einführung des Volkstribunats**
ca. 470–300 v. Chr.	**„Ständekampf" der Patrizier und Plebejer**
um 450 v. Chr.	**Zwölftafelgesetz**
367 v. Chr.	**Zugang der Plebejer zum Konsulat**
287 v. Chr.	**Anerkennung der Beschlüsse der Plebs**

1. Welche Rolle spielten die Patrizier in der frühen Republik?
2. Nennen Sie Ursachen und Ziele der Ständekämpfe.
3. Erläutern Sie die Grundzüge der republikanischen Verfassung.

1. Die Römer hatten mit der *Republik* eine Staatsform geschaffen, in der nicht mehr ein einzelner (z. B. König) die Politik bestimmte, sondern die Gemeinschaft der Bürger (res publica: öffentliche gemeinsame Sache). Die eigentliche Macht lag jedoch zunächst ausschließlich bei den großen *Adelsfamilien* bzw. ihren Oberhäuptern (patres), die auch im Senat, dem wichtigsten Gremium des Staates, vertreten waren. Als Führungsschicht mit ausgedehntem Grundbesitz und politischem Einfluß traten die Patrizier auch als Schutzherren (Patrone) zahlreicher Plebejer auf, für die sie Rechtsgeschäfte abschlossen, die sie als ihre Schutzbefohlenen (Klienten) vor Gericht vertraten und in Notzeiten unterstützten. Im Gegenzug stimmten die Klienten in der Volksversammlung für ihren adligen Herrn und begleiteten ihn als Gefolgschaft in der Öffentlichkeit.

2. *Patrizier* und *Plebejer* bildeten zwei Gruppen, die anfangs trotz gegenseitiger Abhängigkeit streng voneinander abgegrenzt blieben (Stände). Im Unterschied zu den Adligen waren die Plebejer zunächst von der Rechtsprechung und den politischen Ämtern ausgeschlossen.

Wirtschaftliche Not und rechtliche Abhängigkeit der kleinen Bauern und Gewerbetreibenden führten einerseits zu großer Unzufriedenheit. Hinzu kam andererseits, daß Plebejer, darunter auch wohlhabende, in den immer zahlreicher werdenden Kriegen die Masse der Fußsoldaten stellten, aber dennoch keine politischen Rechte erhielten. Darüber kam es zu heftigen Auseinandersetzungen zwischen den Ständen *(Ständekampf)*. In deren Verlauf konnten die Plebejer unter Androhung der Kriegsdienstverweigerung und durch Auszüge aus der Stadt den Patriziern nach und nach wichtige Rechte abtrotzen. 494 durften sie zu ihrem eigenen Schutz Sonderbeamte wählen *(Volkstribunen)*. Sie hielten eigene Versammlungen ab, deren Beschlüsse später für das ganze Volk bindend wurden. Durch die schriftliche Fixierung des Rechts *(Zwölftafelgesetz)* erwirkten sie um 450 ihre rechtliche Absicherung. Schließlich wurden sie 367 auch für das höchste Staatsamt *(Konsulat)* zugelassen und um 300 für die Priesterämter. Schon bald gelang es angesehenen Plebejern, neben den Patriziern höchste Staatsämter zu bekleiden, so daß ein neuer Amtsadel entstand *(Nobilität)*, der sich aber vom übrigen Volk abgrenzte.

3. Die Verfassung der Republik (innere Ordnung) gliederte sich in drei Bereiche. Der *Senat* (1) bestand aus 300 Mitgliedern des Adels und der ehemaligen hohen Staatsbeamten. Ihm oblag die Beratung des Magistrats (regierende Beamte), der sich der Autorität und den Beschlüssen der einflußreichen Senatoren fast immer fügte. An der Spitze des *Magistrats* (2) standen zwei *Konsuln* (Staats- und Kriegsführung). Sie wurden unterstützt von den *Prätoren* (Rechtswesen), *Ädilen* (öffentliche Ordnung), *Quästoren* (Finanzwesen) und *Zensoren* (Steuern, Sitten, Senatsergänzung). Um der Machtanhäufung einzelner vorzubeugen, übertrug man jedes Amt mindestens zwei Männern und begrenzte die Amtsdauer auf ein Jahr, mit Ausnahme der fünfjährigen Amtszeit der Zensoren und der *Diktatur*, die in Notzeiten einer einzigen Person für höchstens sechs Monate übertragen wurde. Eine Sonderstellung nahmen die zehn *Volkstribunen* ein: Sie waren unantastbar und schützten die Plebejer gegen staatliche Willkür, indem sie Einspruch (Veto) einlegten oder diese mit Gewalt verhinderten. In den verschiedenen, von Beamten geleiteten *Volksversammlungen* (3) stimmten erwachsene Männer der politischen Lage entsprechend nach Familienverbänden, Vermögensklassen oder, wie in den Plebejerversammlungen, nach Wohnbezirken ab. In der *Versammlung des ganzen Volkes* wurde über Krieg und Frieden, Todesurteile, die Wahl der Magistrate und Gesetzesvorschläge der hohen Beamten abgestimmt. Frauen und Sklaven waren nicht zugelassen (ohne Stimmrecht).

4.3 Roms Aufstieg zur Weltmacht

Während es Jahrhunderte dauerte, bis Rom Italien beherrschte, genügten nach dem Sieg über Karthago nur einige Jahrzehnte, bis es zur Vormacht im Mittelmeerraum aufstieg. Dabei war es kein zielgerichtetes Machtstreben, das die Expansion (Ausdehnung) bewirkte. Vielmehr veranlaßten erfolgreiche kriegerische Auseinandersetzungen die Römer zu einem weiteren Eingreifen auch in Regionen außerhalb Italiens.

264–241 v.Chr.	**1. Punischer Krieg**
218–201 v.Chr	**2. Punischer Krieg**
197/168 v.Chr	**Siege über die Makedonen**
188 v.Chr	**Niederlage des Seleukidenherrschers Antiochos III.**

1. Schildern Sie Ursachen und Verlauf der Auseinandersetzungen Roms mit Karthago.

2. Analysieren Sie die Gründe für Roms Eingreifen in Griechenland und Kleinasien.

3. Erläutern Sie, was die Römer unter einer Provinz verstanden.

1. Die von den Puniern gegründete Handelsstadt *Karthago* beherrschte die nordafrikanische Küste und den Westen Siziliens. Dort fürchteten die Karthager um ihren Einfluß, als ein römisches Heer 264 den in Messina ansässigen Söldnern (Mamertinern) erfolgreich gegen *Syrakus* zu Hilfe kam. Die Landmacht Rom konnte den sich aus dieser Situation entwickelnden Krieg mit Karthago nur gewinnen, indem sie ihre Flotte erheblich ausbaute. Ihre Schiffe versahen die Römer mit Enterbrücken, über die Legionäre die feindlichen Schiffe stürmen konnten. Nach einem langjährigen Stellungskrieg unterlagen die Karthager schließlich 241 der römischen Flotte bei den Aegatischen Inseln. Die Römer besetzten daraufhin *Sizilien* und vier Jahre später *Sardinien* und *Korsika*. Die Karthager suchten nun neue Handelsgebiete auf der Pyrenäenhalbinsel und unterwarfen ab 237 unter ihrem Feldherren *Hamilkar* die iberische Südküste. Als Hamilkars Sohn *Hannibal* das Gebiet zwischen dem Ebro und den Pyrenäen erobern wollte, fühlte sich Rom bedroht und erklärte 218 Karthago den Krieg. Hannibal gelang es, mit seinen Truppen über die Alpen nach Italien einzudringen und 216 bei *Cannae* ein römisches Heer zu vernichten. Entgegen seinen Erwartungen fielen die meisten italischen Bundesgenossen nicht von Rom ab. Nachdem die Römer ihn erfolgreich von seinem Nachschub abgeschnitten und Spanien angegriffen hatten, kehrte Hannibal nach Afrika zurück. Dort besiegte ihn *Scipio* (202) bei *Zama*. In einem Friedensvertrag mußte Karthago auf alle Besitzungen außerhalb Afrikas verzichten und war gezwungen, fast seine gesamte Flotte auszuliefern. Rom kontrollierte damit das westliche Mittelmeer.

2. Nach seinem Sieg über Karthago engagierte sich Rom im griechischen Osten, obwohl es nicht direkt von den *Diadochenreichen* bedroht war. Eine innenpolitische Krise Ägyptens nutzten indes der makedonische und seleukidische König aus, um sich dessen Außenbesitzungen in der Ägäis und in Kleinasien anzueignen. Durch ihr Vorgehen fühlten sich *Rhodos* und *Pergamon* bedroht und baten Rom um Hilfe. Rom kam dieser Bitte nach, zumal *Philipp V.* von Makedonien sich einst mit Hannibal verbündet hatte. Mit Unterstützung der Griechen gelang es einem römischen Heer unter *Quinctius Flamininus*, die Makedonen (197) bei *Kynoskephalai* zu schlagen und sie zur Aufgabe ihrer Eroberungen zu zwingen. Nach dem Abzug der Römer versuchte der Seleukide *Antiochos III.* die Niederlage Makedoniens für seine eigenen Expansionsbestrebungen auszunutzen. Unter der Führung *Scipios* besiegten die Römer ihn 188 bei *Magnesia* in Kleinasien. Als sich eine Verbindung des Seleukidenreiches mit Makedonien abzeichnete, griffen die Römer erneut ein und gewannen 168 bei *Pydna* die entscheidende Schlacht gegen den Makedonenkönig. Dessen Reich teilten sie daraufhin in vier Bezirke ein, ehe es nach Unruhen (146) römische Provinz wurde.

3. Unter einer *Provinz* verstanden die Römer ursprünglich den Aufgabenbereich eines Magistrats. Seit dem Ende des 1. Punischen Krieges stand dieser Begriff auch für ein neues Untertanengebiet. Während die Römer im Westen sehr bald dazu übergingen, Provinzen (Sizilien, Sardinien, Korsika, Spanien, Oberitalien) einzurichten, versuchten sie im Osten lange Zeit (bis 146) nur indirekt ihre Herrschaft durch Verträge und diplomatische Beziehungen auszuüben. An der Spitze der Provinz stand ein *Statthalter* (ehemaliger Prätor oder Konsul), der die dort stationierten Truppen befehligte, als oberster Gerichtsherr amtierte und die Steuern eintrieb. Gegen Ende der Republik beherrschten die Römer mehr als 20 Provinzen.

4.4 Die innere Krise der späten Republik

Der Aufstieg Roms zur Weltmacht hatte weitreichende soziale und politische Auswirkungen. Insbesondere mit der auf einen Stadtstaat zugeschnittenen Verfassung konnte es nur schwerlich sein Reich verwalten.

133/123 v.Chr	Reformversuche der Gracchen
um 104 v.Chr	Heeresreform des Marius
60 v.Chr	1. Triumvirat von Pompeius, Crassus und Cäsar
49–44 v.Chr	Bürgerkrieg, Cäsar Alleinherrscher

1. *Erläutern Sie den Zusammenhang zwischen der Ausdehnung Roms und seiner innenpolitischen Krise.*
2. *Bewerten Sie die Maßnahmen zur Rekrutierung von Soldaten.*
3. *Begründen Sie den Aufstieg von Pompeius und Cäsar.*
4. *Erklären Sie, warum Cäsar trotz seiner Erfolge letztlich scheiterte.*

1. Von den Eroberungen profitierten vor allem die Senatoren. Von ihren Gewinnen konnten sie Land kaufen. Da es in Italien nur noch wenig Ackerland gab, beanspruchten sie das durch die Kriege gewonnene Staatsland. Auf ihren großen Gütern beschäftigten sie immer mehr Sklaven, mit denen sie billiger wirtschaften konnten. Unter dieser Entwicklung hatten die Kleinbauern zu leiden, die mit den Großgrundbesitzern nicht konkurrieren konnten. Der lange Militärdienst – zumal in Übersee – hinderte sie, ihre Höfe zu bewirtschaften. Da das Heer sich vornehmlich aus den Bauern rekrutierte, die zudem ihre Ausrüstung selbst stellen mußten, geriet das Militärwesen im Laufe des 2. Jh. in eine Krise.

2. Die beiden Brüder *Tiberius* und *Gaius Gracchus* bemühten sich (133 und 123) als Volkstribunen um eine Landreform. Ihre Bestrebungen, Staatsland vor dem Zugriff der Großgrundbesitzer zu schützen und an landlose Bauern zu verteilen, scheiterten am Widerstand des Senats. Einen anderen Weg beschritt um 104 der Konsul *Marius.* Er ermöglichte auch besitzlosen Bürgern *(Proletariern)* den Zugang zum Heer. Sie erhielten freie Verpflegung und Sold. Der Staat sorgte auch für ihre Ausrüstung. Ausgediente Soldaten *(Veteranen)* erhielten ein Stück Land als Altersversorgung. Durch diese *Heeresreform* entwickelte sich das römische Heer von einem *Milizheer* zu einer *Berufsarmee.* Die Abhängigkeiten der Soldaten von ihren Befehlshabern erhöhten deren politischen Einfluß. Gleichzeitig verschärften sich die innenpolitischen Auseinandersetzungen. So marschierte *Sulla,* ein Anhänger der Senatspartei, zweimal mit seinem Heer nach Rom (88, 83–82), um seine Gegner zu vertreiben. Schließlich ließ er sich zum Diktator ernennen. Während seiner Diktatur (82–79) stärkte Sulla den Einfluß des Senats zu Ungunsten der Volkstribunen.

3. Die Ausdehnung des Reiches erforderte es, daß bei größeren Vorhaben entgegen der Verfassung Magistrate eine außerordentliche Befehlsgewalt erhielten. So wurde *Pompeius* (66) mit einem besonderen Kommando beauftragt, um die Seeräuber im östlichen Mittelmeer zu bekämpfen. Ferner unterwarf er in einem großen Siegeszug Kleinasien und den Vorderen Orient (66–63). Als ihm der Senat bei seiner Rückkehr die Versorgung seiner Veteranen versagte, schloß sich Pompeius mit dem sehr reichen *Crassus* und mit *Cäsar* zum *1. Triumvirat* (Dreimännerherrschaft) zusammen (60). Cäsar erlangte durch diesen Bund (59) das Konsulat und erfüllte Pompeius' Forderungen. Seine eigene Machtstellung baute Cäsar aus, indem er sich den Oberbefehl über die gallischen Provinzen in Oberitalien und Südfrankreich geben ließ. Von dort aus eroberte er 58–50 das noch freie Keltenland und drang bis nach Britannien und Germanien vor. Der Rhein wurde zur neuen Reichsgrenze.

4. Mit dem Tod des Crassus (53) zerbrach das 1. Triumvirat. Pompeius verbündete sich nun mit dem Senat, der Anfang 49 Cäsar seines gallischen Kommandos enthob. Es kam daraufhin zu einem erbitterten Bürgerkrieg. Cäsar gelang es, Pompeius (48 bei *Pharsalos)* und seine Anhänger und Söhne (46 bei *Thapsus,* 45 bei *Munda*) in mehreren Schlachten zu besiegen. Ohne jedoch das politische System grundlegend zu ändern, herrschte er über das Reich. Er ließ sich mehrmals zum Konsul wählen und zum Diktator ernennen, seit 45 auf Lebenszeit. Während seiner Amtszeit erwarb er sich Verdienste um den Ausbau Roms und die Versorgung der Proletarier. Indem er massiv in die Wahl der Magistrate eingriff, sich wie ein göttlicher Herrscher verehren ließ und öffentlich den Lorbeerkranz der etruskischen Könige trug, weckte Cäsar bei vielen Senatoren den Verdacht, daß er die verhaßte Königsherrschaft wieder einführen wolle. Am 15. 3. 44 fiel er daher einer Verschwörung zum Opfer.

4.5 Die römische Kaiserzeit

Nach einem Jahrhundert der Bürgerkriege brachte die *Kaiserzeit* dem Römischen Reich eine lange Zeit des inneren Friedens. Unter *Trajan* erreichte es sogar seine größte Ausdehnung. Als das Römische Reich Ende des 2. Jh. zunehmend von außen bedroht wurde, offenbarte sich die innere Krise.

27 v. Chr.	**Octavian legt alle ihm übertragenen Ämter nieder und erhält den Titel Augustus.**
23 v. Chr.	**Augustus wird Volkstribun auf Lebenszeit**
um 117 n.Chr.	**Größte Ausdehnung des Römischen Reiches**
ab 162/167 n.Chr.	**Einfälle der Parther und Markomannen**
193–284 n.Chr.	**Zeit der Soldatenkaiser**
284–305 n.Chr.	**Reichsreform unter Kaiser Diokletian.**

1. Erörtern Sie, inwieweit die republikanische Verfassung unter Augustus fortdauerte.

2. Schildern Sie die Entwicklung des Kaisertums nach Augustus.

3. Beschreiben Sie die Ausdehnung des Kaiserreiches.

4. Erläutern Sie die Reformen Diokletians.

1. Die Ermordung Cäsars löste einen Bürgerkrieg zwischen seinen Gegnern *(Brutus, Cassius)* und seinen Anhängern *(Marcus Antonius, Octavian)* aus. Aus ihm ging Cäsars Adoptivsohn Octavian siegreich hervor, der in der Schlacht bei Actium (31) seinen Rivalen Marcus Antonius besiegte. Octavian hatte aus den Fehlern Cäsars gelernt und legte 27 jegliche von ihm während des Bürgerkrieges usurpierte Militärgewalt ab. Gleichzeitig verlieh ihm der Senat den sakralen Titel *Augustus.* Bis 23 bekleidete er noch das Konsulat. Dann wurde Augustus die Amtsgewalt eines Volkstribunen verliehen, die es ihm erlaubte, gegen alle staatlichen Entscheidungen einzuschreiten. Ferner erhielt er die konsularische Befehlsgewalt über die noch nicht befriedeten Provinzen, in denen der größte Teil der Truppen stand. Nach außen hin blieb somit die republikanische Verfassung gewahrt. Augustus trat offiziell nur als erster Bürger des Staates *(Prinzeps)* auf. Neben den von ihm erworbenen Amtsgewalten sicherte sein umfangreiches Vermögen seine Alleinherrschaft, da es ihm ermöglichte, über Spenden viele Menschen (Klientel) an sich zu binden. Die kultische Verehrung, die ihm vor allem im Osten des Reiches zuteil wurde, betonte seine kaiserliche Stellung.

2. In seiner jahrzehntelangen Herrschaft (bis 14 n. Chr.) schuf Augustus die Grundlagen für das römische Kaisertum. Seine Nachfolger bauten die Macht des Prinzeps weiter aus. Die kaiserliche Verwaltung nahm an Umfang und Einfluß – auch über die senatorischen Provinzen – immer mehr zu. In allen Provinzen wurde der Kaiser seit dem 1. Jh. n. Chr. als Gott verehrt. Jedoch bildeten sich keine dauerhaften Dynastien. Im Laufe des Prinzipats änderte sich die regionale und soziale Herkunft der Kaiser. Augustus und seine Familie, die bis 68 regierte, entstammte noch einem altrömischen Patriziergeschlecht. Bei den nachfolgenden *Flaviern* (69–96) handelte es sich um eine Familie aus Mittelitalien. Mit *Trajan* (98–117) bestieg erstmalig ein Provinziale den Kaiserthron.

3. In der frühen Kaiserzeit kamen der Donauraum, Britannien, Mauretanien, rechtsrheinische Gebiete, Dakien, Arabien, Armenien und Mesopotamien zum Reich. Die Expansion hatte indes ein Ende, als ab der zweiten Hälfte des 2. Jh. germanische und iranische Stämme ständig das Reich bedrohten. 250/280 gingen die germanischen und dakischen Gebiete verloren. 260 geriet Kaiser *Valerian* sogar in die Gefangenschaft des Perserkönigs. Durch die stete Bedrohung von außen hatte das Heer an Macht gewonnen. Seine Befehlshaber bestimmten die Politik und wurden von ihren Soldaten in rascher Folge zu Kaisern ausgerufen *(Soldatenkaiser).*

4. Erst mit *Diokletian (284–305)* erlangte das Kaisertum wieder seine Bedeutung als Ordnungsfaktor. Um das gewaltige Imperium besser regieren zu können, ernannte dieser den Feldherrn Maximianus zum Mitkaiser (Augustus) und zwei Caesaren zu ihren Nachfolgern. Während Maximianus mit Constantius Chlorus im Westreich regierte, herrschte Diokletian mit Galerius im Ostreich. Da die vier Regenten von jeweils eigenen Hauptstädten aus regierten, verlor Rom seine Bedeutung als Reichszentrale. Ferner erneuerte Diokletian die Reichsverwaltung, indem er die Anzahl der Provinzen durch Teilungen auf 101 erhöhte und diese in 12 Diözesen und 4 übergeordneten Präfekturen zusammenfaßte. Durch ein neues Steuersystem sollten alle Bewohner gleichmäßig belastet werden, und es wurde dadurch möglich, einen Haushalt zu erstellen. Durch die Wiedereinführung von Edelmetallmünzen versuchte Diokletian, die Preise zu stabilisieren. Die Festlegung von Höchstpreisen sollte der fortschreitenden Teuerung entgegenwirken.

4.6 Gesellschaftliche Strukturen

Die Bevölkerung des Römischen Reiches läßt sich grob in Freie und Unfreie *(Sklaven)* unterteilen. Die soziale Stellung wurde durch Geld und Landbesitz sowie durch die berufliche Tätigkeit bestimmt. Die rechtlichen Unterschiede zwischen römischen Bürgern und Provinzialen wurden 212 n. Chr. durch die Verleihung des Bürgerrechts an fast alle freien Reichsbewohner beseitigt.

1. Schildern Sie die Entwicklung des Senatorenstandes.
2. Erläutern Sie die Bedeutung der Ritter für die Reichsverwaltung.
3. Vergleichen Sie die Funktion der Dekurionen mit der der Senatoren.
4. Beschreiben Sie die rechtliche und soziale Stellung der Sklaven im Römischen Reich.
5. Stellen Sie den Wandel in der Rechtsstellung der Frau dar.

1. Die *Senatoren* bildeten die führende Schicht der römischen Gesellschaft. Als vermögende Großgrundbesitzer hatten sie mindestens eines der führenden Ämter (von der Quästur aufwärts) bekleidet. Erst in der frühen Kaiserzeit, nachdem Augustus die Zahl der Senatoren auf 600 festgesetzt und für Senatoren ein Mindestvermögen von 1 Million Sesterzen vorgeschrieben hatte, entwickelte sich ein regelrechter Senatorenstand. Die Zugehörigkeit zu ihm war nun vererbbar. Seine Mitglieder besaßen besondere Rangabzeichen (breite Purpurstreifen an der Tunika, rote Schuhe) und seit dem 2. Jh. n. Chr. besondere Titel. Die Senatoren hatten auch unter den Kaisern die höchsten Ämter im Heer und in der Verwaltung inne. Im Laufe des 1. und 2. Jh. n. Chr. nahmen die Kaiser auch angesehene und einflußreiche Personen aus den westlichen und östlichen Provinzen in den Senat auf und sorgten so für eine Eingliederung der sozialen Eliten der ehemals unterworfenen Völker in das Reich.

2. Ursprünglich waren die *Ritter* die zu Pferde kämpfenden Heeresteile. Ihre Bedeutung wandelte sich in republikanischer Zeit, als sie die Geld- und Handelsgeschäfte ausübten, die den Senatoren verboten worden waren. Gegen Ende der Republik übernahmen sie ferner die Leitung der Geschworenengerichte. In der Kaiserzeit änderte sich die Funktion der Ritter. Über die Aufnahme in ihren Stand entschied der

Kaiser. Voraussetzung war u. a. ein Mindestvermögen von 400 000 Sesterzen. Da auf diese Weise nur loyale Bürger Ritter wurden, begünstigten die Kaiser diesen Stand. Seine Mitglieder nahmen wichtige Offiziersstellen ein und kontrollierten die Finanzen der Provinzen, die Getreideversorgung Roms und die Verwaltung Ägyptens. Zu Beginn des 4. Jh. n. Chr. gingen die Ritter dann im Senatorenstand auf, nachdem sie vor allem seit dem 3. Jh. immer häufiger senatorische Ämter (Statthalterschaften) wahrgenommen hatten.

3. Neben den beiden Reichseliten der Senatoren und Ritter gab es auch lokale Eliten, die *Dekurionen*. In der Regel waren sie vermögende Grundbesitzer, die vom Volk gewählt wurden, um die Verwaltung der Städte zu übernehmen. Nach ihrer Amtszeit gehörten sie dem Rat ihrer Stadt an. Durch ihre Stiftungen und Spenden leisteten sie wichtige Beiträge zur Versorgung und Unterhaltung der Stadtbevölkerung.

4. Mit der Expansion des Römischen Reiches (insbesondere seit dem 3. Jh. v. Chr.) hatte die Zahl der *Sklaven* ständig zugenommen. Rein juristisch galten sie als Sache, die der Besitzer behandeln konnte, wie er wollte. Daher war ihre Tötung nicht strafbar. Erst in der Kaiserzeit unterlag dieses Vergehen bestimmten Beschränkungen. Außer ihrer rechtlichen Stellung verband die Sklaven nichts. Zu unterschiedlich waren ihre Lebensumstände (z.B. als Knechte, Bergwerksarbeiter, Köche, Ammen, Lehrer, Angehörige der kaiserlichen Hofverwaltung). Ferner war es ihnen erlaubt, ein eigenes Vermögen zu haben. Sklavenaufstände, wie z.B. der des *Spartakus* (73–71 v. Chr.), konnten daher relativ leicht niedergeschlagen werden. Seit der frühen Kaiserzeit nahm die Sklaverei ab. Eine der Ursachen hierfür war, daß sich viele Sklaven freikauften. Als Freigelassene mußten sie aber weiterhin für ihre ehemaligen Herren sorgen und bestimmte Aufgaben wahrnehmen.

5. Anders als der Mann besaß die römische Frau keine politischen Rechte. In republikanischer Zeit war sie gänzlich der Gewalt des Vaters oder Bruders und bei einer Heirat der des Ehemannes unterworfen. In der Kaiserzeit verbesserte sich die zivilrechtliche Stellung der Frauen. Wie die Männer durften sie über ihr Eigentum verfügen, Geschäfte abschließen und vor Gericht aussagen. Vermögenden Frauen aus der Oberschicht gelang es zudem immer wieder, über ihre Ehemänner indirekt politischen Einfluß zu nehmen.

4.7 Wirtschaftliche Grundlagen

Die wirtschaftlichen Strukturen des Römischen Reiches änderten sich während seines langen Bestehens nicht grundlegend. Es blieb in erster Linie ein Agrarstaat. Die Expansion Roms förderte indes die Ausdehnung des Handels und führte zu Veränderungen in der Bewirtschaftung von Landgütern.

1. *Inwieweit kann man vom Römischen Reich als einem Agrarstaat sprechen?*
2. *Wie wandelte sich die Bewirtschaftung von Landgütern?*
3. *Begründen Sie, warum im Römischen Reich hauptsächlich kleinere Betriebe vorherrschten.*
4. *Charakterisieren Sie den römischen Handel.*

1. Nach modernen Schätzungen arbeiteten 70 bis 80 Prozent der Bevölkerung in der *Landwirtschaft.* Die wichtigsten Agrarprodukte waren Getreide (Weizen, Gerste), Oliven und Wein. Gerade der Weinanbau galt als sehr profitabel und fand durch die Römer eine rasche Verbreitung über den Mittelmeerraum hinaus (z. B. an der Mosel, am Rhein). Hinsichtlich des Anbaus gab es regionale Unterschiede: In Nordafrika lagen bedeutende Olivenplantagen, Sizilien und Ägypten galten als Kornkammern des Reiches, Spanien war für seinen Wein- und Olivenexport bekannt. Neben dem Ackerbau spielte auch die Weide- und Viehwirtschaft (vor allem Schafe, aber auch Rinder und Schweine) eine wichtige Rolle. Der Fischfang lieferte billige Nahrung für die unteren Bevölkerungsschichten. Die Provinzen der griechisch-östlichen Reichshälfte wiesen einen höheren Stand der Kultivierung des Landes auf als die im Norden und Westen des Reichsgebiets gelegenen.

2. Die meisten Bauern bewirtschafteten kleine Höfe (ca. 2–10 ha groß). Deren Erträge reichten oft nur aus, sie und ihre Familien zu versorgen *(Subsistenzwirtschaft).* Die Expansion des Reiches und die mit ihr verbundenen Sklavenimporte und finanziellen Gewinne insbesondere seit dem 3. Jh. v. Chr. förderten die Entstehung großer Landgüter *(Latifundien).* Die wohlhabenden Bürger, vornehmlich Senatoren, investierten ihr Geld in den Landerwerb. In der Landwirtschaft beschäftigten sie vor allem Sklaven, da diese keinen Lohn erhielten und keinen Kriegsdienst zu leisten brauchten. Sklaven als billige Arbeitskräfte förderten wiederum die Anlage von Plantagen. Dennoch bestand das Kleinbauerntum bis in die Kaiserzeit fort. In der Spätantike bewirtschafteten viele Bauern als Pächter *(Kolonen)* Land, das ihnen Großgrundbesitzer überlassen hatten. Die Pachtbedingungen verschlechterten sich jedoch allmählich. Die Kolonen blieben an ihr Land gebunden und mußten zusätzliche Abgaben und Arbeitsleistungen erbringen. Die Ursachen für die Entstehung des Kolonats werden in dem verringerten Sklavenimport seit dem 3. Jh. n. Chr., in einem Bevölkerungsrückgang (4. Jh.), aber auch im römischen Steuersystem gesehen, das viele Kleinbauern zwang, bei mächtigen Herren Schutz zu suchen.

3. Ebenso wie in der Landwirtschaft herrschten auch im *Handwerk* Kleinbetriebe vor. Die Anfertigung eines Produktes lag vollständig in den Händen eines Handwerkers. Wegen der billigen Arbeitskraft der Sklaven gab es kaum Mechanisierungen im Produktionsablauf. Aufgrund des vergleichsweise geringen Geldumlaufs, der hohen Transportkosten und der Erhebung von Zöllen im Reichsgebiet stellten große Unternehmen, wie sie unter den Töpfereien zu finden waren, eine Ausnahme dar. Die Zahl ihrer Handwerker betrug wohl selten mehr als hundert. Großbetriebe besaßen dagegen die Kaiser, denen u. a. die Marmor- und Steinbrüche, Bergwerke und Ziegeleien gehörten. Diokletian veranlaßte ferner die Gründung von staatlichen Waffen- und Kleiderfabriken für die Legionen.

4. Der *Handel* spielte sich vorwiegend auf den Märkten ab, die an festen Tagen in den Städten oder an bestimmten Orten auf dem Lande abgehalten wurden. Angesichts der relativen Ruhe im Innern gewann der Fernhandel im Römischen Reich an Bedeutung. Trotz des gut ausgebauten Straßensystems bevorzugten viele Händler den Wasserweg vor allem entlang der Mittelmeerküste und auf den Flüssen. Münzfunde beweisen, daß die Handelsbeziehungen der Römer über die Reichsgrenzen hinaus bis nach Südrußland (Getreide), China (Gewürze, Seide), Afrika (Elfenbein) und Nordeuropa (Bernstein) reichten. Die Intensivierung des Warenaustausches förderte die Entwicklung von Handelszentren (wie z. B. Ostia, Arles, Alexandria). Außerdem waren Großstädte wie Rom oder später Konstantinopel sehr stark vom Lebensmittelimport aus anderen Reichsgebieten (z. B. Sizilien, Ägypten) abhängig. Mit der Krise im 3. Jh. n. Chr. stagnierte in vielen Provinzen die Warenproduktion oder sie nahm ab. Ferner verringerte sich der Handel infolge von Preissteigerungen und eines Bevölkerungsrückgangs.

4.8 Der Aufstieg des Christentums

Das *Christentum* hatte sich aus dem Judentum entwickelt. Im Gegensatz zu den heidnischen Religionen kannten Juden und Christen nur einen Gott. Anders als die Juden glaubten die Christen daran, daß ihnen der *Messias* (Retter, Erlöser) bereits erschienen sei. Nach langer Verfolgung stieg die christliche Glaubenslehre erst zur tolerierten, dann zur einzig akzeptierten Religion im Römischen Reich auf.

64 n.Chr.	**Brand Roms; erste Christenverfolgung**
249–251 n.Chr.	**Allgemeine Christenverfolgung durch Decius**
311/313 n.Chr.	**Tolerierung des Christentums durch Galerius und Konstantin**
391 n.Chr.	**Verbot nichtchristlicher Kultausübungen**

1. Nennen Sie Gründe für die Ausbreitung des Christentums im Römischen Reich.

2. Stellen Sie Gründe für die Christenverfolgung zusammen.

3. Erläutern Sie das Verhältnis zwischen Kaiser Konstantin und den Christen.

4. Inwieweit veränderte sich das Verhältnis des Kaisers zur christlichen Kirche im 4. Jh.?

1. Seit den Aposteln Petrus (gekreuzigt 64) und Paulus (10–64) fand das Christentum durch die Missionstätigkeit seiner Gemeindemitglieder schnelle Verbreitung (zuerst im Nahen Osten, in Kleinasien und Griechenland, dann in Italien, Nordafrika und Gallien). Seine Heilslehre sowie die Gebote der Nächstenliebe und Brüderlichkeit sprachen insbesondere die unteren Bevölkerungsschichten in den Städten an. Auch der lange Friede im Innern und die Toleranz der römischen Regierung gegenüber anderen Religionen förderten die Ausbreitung der Christengemeinden. Diese erhielten durch ihre *Bischöfe* eine straffe Organisation und Verwaltung nach römischem Vorbild und standen untereinander in Kontakt.

2. Durch ihre Lebensführung riefen die Christen bald den Argwohn vieler Mitmenschen hervor. So feierten sie ihre Gottesdienste nicht in der Öffentlichkeit, sondern in Privathäusern und lehnten Zirkusspiele ab. Die Abendmahlslehre und das Gebot der Nächstenliebe brachten den

Christen Vorwürfe von rituellem Menschenmord und sexuellen Aus-
schweifungen ein. So kam es regional zu Ausschreitungen und Verfolgungen, wie z.B. 64 n. Chr. in Rom. Der römische Staat ergriff von sich
aus keine Initiative zu einer systematischen Verfolgung der Christen,
zumal sie sich zu ihm bekannten. Allerdings wurden Christen bestraft,
wenn sie sich weigerten, wie die übrigen Untertanen dem Kaiser zu
opfern und ihn anzubeten. Die Lage der Christen verschlechterte sich,
als *Decius* (249) allen Bewohnern seines Reiches befahl, den Staatsgöt-
tern zu opfern, und die Christen für die Katastrophen im Reich verantwortlich gemacht wurden. Erst nach der Christenverfolgung durch Diokletian (303/304) besserte sich die Lage und die allgemeinen Verfolgungen hörten auf.

3. *Galerius* (311) und *Konstantin* (313) tolerierten schließlich das Christentum. Konstantin, dem der Legende nach Christus bei dessen Sieg
über seinen Widersacher Maxentius geholfen hatte, gab den Christen
ihre konfiszierten Güter zurück und begünstigte sie auch weiterhin. Die
römische Kirche bekam den Lateranpalast geschenkt. *Bischöfe* wurden
318 als staatliche Richter anerkannt. Der Sonntag war seit 321 offiziell
ein Feiertag. Dafür nahm sich der Kaiser das Recht heraus, auch in
wichtige Kirchenfragen einzugreifen. Als es zum Streit darüber kam,
ob Christus ein Geschöpf Gottes und ihm wesensähnlich *(Arianer)* oder
ob er als Sohn Gottes mit ihm wesensgleich sei *(Athanasianer)*, berief
Konstantin (325) das erste allgemeine Konzil nach *Nikäa* in Kleinasien
ein. In der von ihm festgelegten Glaubensformel *(Glaubensbekenntnis)*
entschied er sich gegen die Auffassung der Arianer.

4. Durch die Konstantinische Wende breitete sich das Christentum
immer schneller aus. Bis auf Julian (361–363), der die heidnischen
Religionen bevorzugte, gingen Konstantins Nachfolger sogar gegen die
Anhänger der traditionellen Kulte vor. Deren Ausübung verbot 391
Theodosius I. Das Christentum war damit zur alleinigen Religion
geworden. Gleichzeitig wuchs das Ansehen und der Einfluß der Bischö-
fe, insbesondere des Bischofs von Rom (Papst). Der Mailänder Bischof
Ambrosius zwang 390 Kaiser Theodosius I. für ein Vergehen zur öffent-
lichen Kirchenbuße. Auf diese Weise demonstrierte Ambrosius, daß der
Kaiser nicht, wie noch Konstantin, „über" der Kirche, sondern als getauf-
ter Christ „innerhalb" der Kirche stehe und damit auch der Autorität des
Papstes und der Bischöfe unterliege.

Schon gegen Ende des zweiten Jahrhunderts vor Christus war es zu militärischen Konflikten zwischen Römern und Germanen gekommen. Im Zuge der Eroberung Galliens stießen die Römer bis an den Rhein vor. Es bereitete ihnen jedoch einige Schwierigkeiten, rechts des Rheines Fuß zu fassen. Die von ihnen dauerhaft kontrollierten Gebiete wurden romanisiert. Die unruhige Grenze zum freien Germanien aber mußte durch eine besondere Grenzbefestigung und durch große Truppenaufgebote gesichert werden.

12 v. Chr.	**Eroberung Germaniens bis zur Elbe**
9 n. Chr.	**Sieg der Cherusker unter Arminius**
260 n. Chr.	**Fall des Limes**
375 n. Chr.	**Beginn der Völkerwanderung**
378 n. Chr.	**Sieg der Goten bei Adrianopel**
410 n. Chr.	**Plünderung Roms durch Alarich**
476 n. Chr.	**Ende des Weströmischen Reiches**

1. Vergleichen Sie die Lebensweise der Germanen und Römer.
2. Schildern Sie den Verlauf kriegerischer Auseinandersetzungen zwischen beiden Völkern.
3. Erläutern Sie, wie sich die Kontakte mit den Römern auf das Leben der Germanen auswirkten.
4. Inwieweit trugen Germanenstämme zum Niedergang der römischen Herrschaft im Westen bei?

1. Die *Germanen* bewohnten anfänglich Skandinavien, Dänemark Schleswig-Holstein sowie das Gebiet zwischen der unteren Weser und unteren Oder. Sie bildeten keinen einheitlichen Staat, sondern zerfielen in mehrere Stämme. Diese waren in Gaue unterteilt, die unter der Führung eines Fürsten standen. Die freien, waffenfähigen Männer trafen sich in Heeresversammlungen. Ein festes Königtum scheint es anfänglich nicht bei allen Germanenstämmen gegeben zu haben. Lediglich bei Kriegszügen schlossen sich Freie der Gefolgschaft eines vornehmen Germanen an. Die Germanen siedelten in Gehöften und kleineren Dörfern. Sie lebten mehr von der Viehzucht als vom Ackerbau. Umweltkatastrophen und unfruchtbar gewordenes Ackerland zwangen einzelne Stämme oft, ihre Wohngebiete zu verlassen.

2. Römische Truppen stießen erstmalig mit Germanen zusammen, als die *Kimbern* und *Teutonen* (113–101 v. Chr.) bis Südfrankreich und Oberitalien vordrangen und ein zweites Mal, als Cäsar die Reichsgrenze bis an den Rhein vorschob (58–53 v. Chr.). *Drusus,* dem Adoptivsohn des Augustus, gelang es dann 12–9 v. Chr. das Gebiet bis zur Elbe zu erobern. Jedoch ging es wieder verloren, als sich 9 n. Chr. die Cherusker unter *Arminius* erhoben und den römischen Feldherrn *Varus* im Teutoburger Wald (vermutlich nördlich des heutigen Osnabrück) vernichtend schlugen. Danach gelang es den Kaisern lediglich, germanische Gebiete zu sichern, indem sie vom Rhein bis an die Donau ab 83 n. Chr. eine besondere Grenzverteidigung *(Limes)* organisierten.

3. In den besetzten germanischen Provinzen entstanden um Legionslager herum Städte. Römischer Einfluß veränderte auch das Leben jenseits des Limes, da sich Warenverkehr und Handel zwischen Römern und Germanen ausweiteten. Römische Einflüsse und eine eigene Eisenproduktion führten auch zu einer besseren Bewaffnung der germanischen Krieger. Verbesserungen im Ackerbau (Inbesitznahme besserer Böden, Düngung, Streichbrettpflug) bewirkten eine Bevölkerungsvermehrung. Siedlungen wuchsen, und soziale Unterschiede innerhalb der Stämme nahmen zu. Das Anwachsen der Bevölkerung verstärkte ab Mitte des 2. Jh. n. Chr. den Druck auf die Reichsgrenze. Einzelne Kaiser versuchten vergeblich, ihn zu lindern, indem sie Stämme auf dem Reichsgebiet ansiedelten und ihnen befahlen, Hilfstruppen zu stellen. Um 260 wurde der Limes schließlich aufgegeben.

4. Als 375 das zentralasiatische Nomadenvolk der *Hunnen* bis nach Europa vorstieß, drängten Germanenstämme verstärkt in das Römische Reich. Bei *Adrianopel* fügte 378 ein Gotenheer den Römern eine schwere Niederlage zu. Die *Goten* blieben indes nicht in dem ihnen zugewiesenen Land, sondern zogen nach Italien weiter. Sie eroberten und plünderten 410 unter ihrem König *Alarich* Rom – ein Ereignis, das die Zeitgenossen als Zeitenwende ansahen. 418 gründeten sie in Aquitanien ihr eigenes Reich. Den Grundbesitz teilten sie mit den Römern und ließen deren Verwaltung fortbestehen. Die weströmischen Kaiser waren zu schwach geworden, um die Gründung weiterer Germanenreiche *(Vandalen* in Nordafrika ab 429, *Burgunder* in Südfrankreich ab 437) zu verhindern. Mit der Absetzung des letzten weströmischen Kaisers Romulus Augustulus durch den Germanenführer *Odoaker* hörte 476 das Westreich auf zu existieren.

Nach dem Ende des Weströmischen Reiches setzten sich die Wanderungsbewegungen innerhalb Europas fort. Zeitlich reicht dieser Bevölkerungsaustausch bis zur Ostsiedlung im 14. Jh. n. Chr. (→ 5.2). Neue Reiche der Germanen und Slawen entstanden im Norden, Osten und in Mitteleuropa. Im Süden und Südwesten Europas gründeten arabische Krieger islamische Reiche. Das Oströmisch-Byzantinische Reich setzte die römische Tradition fort. Die drei Herrschaftsräume Byzanz, die islamischen Reiche und das Abendland wurden zu bestimmenden Mächten in Europa und im Mittelmeerraum.

Die germanischen Reiche
Die Reiche, die bereits bis 476 n. Chr. gegründet worden waren, konnten sich auf Dauer nicht halten. Das Reich der Vandalen in Nordafrika wurde 534 von Byzanz zerstört, das Burgunderreich im gleichen Jahr von den Franken erobert. Das Ostgotische Reich in Italien erreichte unter *Theoderich* (493–526) den Höhepunkt der Macht (→ 4.9). Der Ostgotenkönig hatte im Auftrag von Byzanz Odoaker besiegt. Die gotischen Eroberer und die Römer blieben in Theoderichs Herrschaftssystem getrennt. Nur Goten durften Heeresdienst leisten, es bestand ein Heiratsverbot zwischen Römern und Goten, und beide Bevölkerungsteile hatten getrennte Rechtsordnungen. Nach dem Tod Theoderichs wurde Italien kurzfristig von Byzanz zurückerobert, mit dem Einfall der Langobarden (568) aber in einzelne Machtbereiche aufgeteilt. Norditalien, die Herzogtümer Spoleto und Benevent fielen an die Langobarden, Ravenna, Teile Unteritaliens und Sizilien blieben im Besitz von Byzanz. Italien, einst das Kernland des weströmischen Reiches, blieb bis zum 19. Jh. in verschiedene Herrschaftsbereiche geteilt. Die westgotischen Reichsbildungen in Aquitanien und in Spanien wurden von den Franken (507) (→ 6.1) bzw. von den Arabern (711) erobert. Diese Herrschaftsbildungen waren geprägt durch ein Nebeneinander von germanischen und romanischen Rechtskreisen. Die kleineren germanischen Stämme, u. a. Alemannen, Baiern, Hessen und Thüringer, wurden zwischen dem 6. und 8. Jh. von den Franken abhängig. Im Norden Europas verlegten Teile der Angeln, der Sachsen und der Friesen ihre Wohnsitze auf die keltisch und romanisch besiedelte britische Insel (→ 5.5). Bis ins 11. Jh. dauerte die Ausbreitung und Reichsbildung der skandinavischen Germanen (→ 5.1). Insgesamt übernahmen die Germanen in unterschiedlicher Weise römische Kultur und Verwaltung sowie das Christentum.

Die slawischen Siedlungsgebiete

Die slawischen Völker, wohl ursprünglich an der oberen Weichsel, am Dnjepr und in den Karpaten beheimatet, wurden vom Vorstoß der Awaren aus Innerasien z. T. unterworfen oder vor ihnen nach Westen und Süden abgedrängt. Als die Awaren seit 628 vom Byzantinischen Reich abgewehrt wurden, siedelten slawische Gruppen bis hin zum Peloponnes. Im 7. Jh. erreichte die slawische Besiedlung Ostholstein, zog sich an der mittleren Elbe und Saale hinunter und umfaßte das Obermaingebiet und die Oberpfalz (Westslawen). Im Süden bildeten sich Herrschaftsgebiete der Serben, Kroaten, Slowenen und der türkischsprechenden Bulgaren (Südslawen). Die Ostslawen in Rußland und der Ukraine bildeten ab dem 10. Jh. feste Herrschaften aus.

Der hellenistische Osten: Byzanz

Die neue Hauptstadt Byzanz, Mittelpunkt des Oströmischen Reiches, das sich vom Balkan bis zum Vorderen Orient erstreckte, war als Zentrum des Handels- und Kulturaustausches mit dem Orient bis nach China für die entstehende europäische Kultur von großer Bedeutung. Das antike griechischsprachige Kulturerbe wurde dem Abendland zu einem großen Teil von Byzanz aus vermittelt. Das aus dem Osten kommende Christentum bildete hier allerdings eine von der römisch-katholischen Kirche abweichende Form des Glaubens, die griechisch-orthodoxe Kirche.

Die islamischen Reiche

Die islamische Expansion im 7. Jh. wurde auch von den Zeitgenossen als einschneidende Veränderung empfunden. Nordafrika, Sizilien und Spanien, ehemals die reichsten Provinzen des Römischen Reiches, wurden bis 711 von islamischen Stämmen besetzt. Sie integrierten sich im Gegensatz zu den anderen eindringenden Völkern nie ganz in den europäischen Kulturkreis. Neben ihrem Glauben brachten sie auch ihre Verwaltungsformen in die von ihnen beherrschten Räume. Das Abendland übernahm von ihnen große Teile des antiken Wissens, profitierte von der arabischen Medizin, den Kenntnissen in Naturwissenschaft und Mathematik und ahmte arabische Lebensart und Kunst nach.

Die skandinavischen Völker, die Dänen, Norweger und Schweden bildeten ab dem 10. Jh. Reiche im Norden. Vorher waren sie unter der Führung von einzelnen Fürsten schon in der Normandie, in England, im Osten um Kiew als Eroberer aufgetreten. Die slawischen Reiche (Polen, Böhmen/Mähren) und das Reich der Ungarn entstanden im Osten ab dem 10. Jh. Sie waren wie Böhmen ein Teil des Deutschen Reiches oder standen mit ihm in Kontakt wie Polen und Ungarn.

um 880	**Gründung des Warägerreiches der Rus um Kiew**
911	**Ansiedlung der Wikinger in der Normandie**
um 960	**Mieszko erster Herrscher in Polen; Piastendynastie bis 1138**
ab 967–1306	**Przemysliden Könige in Böhmen/Mähren**

1. Zeigen Sie die Rolle der Normannen in der Geschichte Europas.
2. Geben Sie einen Überblick über die Geschichte der östlichen Reiche.
3. Stellen Sie Grundzüge der Geschichte Rußlands dar.

1. Die *Skandinavier* begannen gegen Ende des 8. Jh. mit Raubzügen in West- und Mitteleuropa, die wie die Ungarneinfälle die Grundlagen des karolingischen Reiches erschütterten. Als Fernhändler hatten sie Beziehungen zu Byzanz und Asien. Norwegische *Wikinger* ließen sich in Schottland, Island und auf den Kanalinseln nieder, Dänen eroberten Teile Englands. Im Jahr 911 siedelten an der Küste Frankreichs Wikinger, die mit einem Lehnseid an den König von Frankreich gebunden waren. Das daraus entstandene Herzogtum Normandie war die erste Herrschaft Europas, die nur nach dem Lehnsrecht organisiert war. Von dort aus erfolgte auch die Besetzung von England und von Unteritalien und Sizilien im 11. Jh. Die Besonderheit dieser Herrschaftsbildungen war, daß Ansätze zu einer Beamtenschaft existierten. In Skandinavien wurden die Großreiche Dänemark, Norwegen und Schweden ab dem 10. Jh. gebildet. Im Osten entstand im 9. Jh. unter Beteiligung der Schweden das Reich von Kiew. Die Normannen gelangten auf ihren

Seereisen bis nach Grönland und Nordamerika, das bis zum 14. Jh. Spuren ihrer Besiedlung zeigt.

2. Das im 9. Jh. gegründete großmährische Reich wurde durch die Ungarn 906 vernichtet. In Böhmen entstand in enger Nachbarschaft das Reich der Przemysliden, das etwa 1029 Mähren mitvereinnahmte. Ab dem 12. Jh. sind Deutsche als Einwanderer nachgewiesen. Der *König von Böhmen* besaß im Deutschen Reich eine herausragende Stellung, denn als Mitglied des Kurfürstenkollegs durfte er den deutschen König wählen. Der erste bekannte Herrscher des späteren Polen war *Mieszko I.* (ca. 960–992), der verschiedene Stammesverbände zusammenfassen konnte. Die Erhebung von Gnesen zu einem Erzbistum ermöglichte einen eigenen Kirchenaufbau in Polen. 1025 wurde *Boleslaw I. Chrobry* vom Papst zum polnischen König erhoben. Nach einem Zerfall in Teilfürstentümer (1138–1306) wurde Polen vom Haus Anjou und seit dem Ende des 14. Jh. von den Jagiellonen regiert. Die *Ungarn* bedrohten Mitteleuropa bis zu ihrer Niederlage (955) bei Augsburg. Danach wurden sie seßhaft und öffneten das Land christlichen Missionaren. Unter *Stefan I.*, dem ersten getauften Herrscher, wurde ein zentrales Königtum errichtet. Das Königreich Ungarn war in der Folgezeit Zielpunkt von kriegerischen Angriffen der Mongolen, aber auch seiner Nachbarn. Im 16. Jh. eroberten die Osmanen weite Teile des Reiches.

3. Nordgermanische Händler trieben mit den slawischen Niederlassungen Handel und ließen sich im Baltikum, aber auch im nördlichen Rußland nieder. Im 9. Jh. eroberten die schwedischen *Waräger* Kiew; sie bildeten die herrschende Oberschicht im Reich der *Rus* (Ruderer), die aber schnell slawisiert wurde. Unter *Wladimir I.* (ca. 978–1015) wurde Rußland von Byzanz aus missioniert. Das russische Gebiet zerfiel im 12. Jh. in drei Zentren (Kiew–Wladimir, Galizisch–Wolhynien und Nowgorod). Diese drei Teile wurden im 13. Jh. eine Provinz des mongolischen Großreiches. Mit der Verlegung des Sitzes des Kirchenoberhauptes nach Moskau (1326) begann der Aufstieg der Großfürsten, die von ihrer Burg aus, dem *Kreml*, gegen die Khane der Tataren kämpften. *Iwan III.* gelang die Vertreibung der Tataren. Er war der erste Großfürst, der den Titel *Zar (Caesar; Kaiser)* annahm. Nachdem Byzanz (1453) von den Türken erobert worden war, sahen die Moskauer Herrscher sich als legitime Nachfolger des byzantinischen Kaisers. Moskau wurde nun als „drittes Rom" bezeichnet.

5.2 Die Ostsiedlung

Seit dem 9. Jahrhundert gab es Versuche, vom Altsiedelgebiet der Sachsen/Thüringer, Franken und Bayern aus Herrschaft und Siedlung nach Osten auszudehnen. Der als deutsche *Ostsiedlung* bezeichnete Vorgang beinhaltete auch militärisches Eingreifen wie z. B. bei der Herrschaftsbildung des Deutschen Ordens. Im wesentlichen verlief die Besiedlung der Gebiete zwischen der Ostsee und dem südlichen Osteuropa aber friedlich und geschah Hand in Hand mit der dort ansässigen slawischen Bevölkerung. Die slawischen Herrscher in Polen, in Böhmen und Mähren sowie die ungarischen Herrscher unterstützten diese Entwicklung. Die Ostsiedlung minderte den Bevölkerungsdruck in den dichtbesiedelten Gebieten des Deutschen Reiches. Sie fand ihr Ende seit Mitte des 14. Jh., als die Pest die Bevölkerung Europas so reduzierte, daß bebaubares Land überall wieder zur Verfügung stand.

12.–14. Jh.	**Hauptzeit der Ostsiedlung**
1226–1309	**Vorgehen des Deutschen Ordens im Osten**
1466	**Staat des Deutschen Ordens auf Ostpreußen beschränkt**

1. Stellen Sie einen idealtypischen Siedlungsvorgang dar.
2. Beschreiben Sie die Kultur im Siedlungsgebiet.
3. Geben Sie einen Überblick über die Geschichte des Deutschen Ordens in Preußen.
4. Erörtern Sie den Wandel der Geschichtsbilder zur Ostsiedlung.

1. Die Initiative zur Gründung von Siedlungen ging von allen Ständen der Gesellschaft aus. Slawische und deutsche Fürsten, Bischöfe und kirchliche Orden (Prämonstratenser, Zisterzienser) waren beteiligt. Die Leitung eines Siedlungsprojekts übernahm für die Grundherren oft ein Fachmann, der *Lokator.* Dieser leitete die Urbarmachung und Parzellierung des Landes durch die Kolonisten; belohnt wurde er mit Landbesitz und oft auch mit dem erblichen Amt des Dorfvorstehers (Dorfschulze). Die Attraktivität für die Siedler lag in der Verleihung des Landes auf Erbrecht, in der Garantie der persönlichen Freiheit und in den anfangs geringen Abgaben auf das neue Land. Die slawischen Grundherren verbesserten durch die Ansiedlung ihre Einkünfte. Die Siedler kamen zum Teil aus dem Deutschen Reich, zu einem großen Teil waren aber auch Slawen beteiligt. So galt z. B. in vielen Neusiedlungen Polens das deutsche Recht, obwohl der Lokator ein Pole war. Die neu entstehenden Städte knüpften meist an bereits vorhandene slawische Siedlungskerne an.

2. Aus der allmählichen Verschmelzung der Neusiedler mit den eingesessenen Volksteilen entstand eine neue Kultur. Die Anteile der Slawen und die der neuen Siedler sind jedoch schwer zu rekonstruieren. Die Namen der Siedler sind für die Herkunft kein hinlängliches Merkmal, da Heiraten zwischen Slawen und Siedlern häufig waren. Wechselseitige sprachliche Anleihen zeigen die kulturelle Nähe: Das deutsche Wort „Ritter" wurde zu „rytir" im Polnischen, das slawische „granitza" wurde zur „Grenze" im Deutschen. Die etwa 200 000 aus dem Deutschen Reich zugewanderten Siedler entwickelten eigene Dialekte, die Sprache der neudeutschen Stämme.

3. Der *Deutsche Orden* war im Auftrag eines polnischen Herzogs, Konrad von Masowien, seit 1226 in Preußen an der Eroberung des Landes beteiligt. Die Pruzzen wurden im 13. Jahrhundert zum Teil christianisert, zum Teil ausgerottet. Eine Erweiterung des Ordens nach Rußland scheiterte 1242. Ab 1309 war die Marienburg der Verwaltungssitz des seit 1291 von Palästina ganz übergesiedelten Ordens. Nach der Niederlage bei *Tannenberg* (1410) gegen ein polnisches Heer war die Macht des Ordens gebrochen. Nach weiteren Kämpfen mit dem polnischen Königtum verlor der Orden 1466 Ostpommern und Westpreußen und blieb auf Ostpreußen um Königsberg beschränkt. Gleichzeitig mußte er die Oberhoheit des polnischen Königs anerkennen.

4. Das Zusammenleben zwischen Slawen und Neusiedlern scheint während des Mittelalters im wesentlichen friedlich verlaufen zu sein. Im 19. Jahrhundert kam eine national-deutsche Sichtweise der Ostsiedlung auf, die den Deutschen alle kulturellen Leistungen (Pflug, Dreifelderwirtschaft, Recht) in den östlichen Gebieten zusprach und die slawische Beteiligung leugnete. Im 20. Jahrhundert betonten östliche Historiker die Unterdrückung der Slawen durch die deutsche Herrscherschicht. Heute wird dagegen die gemeinsame Leistung von Slawen und Neusiedlern an der Urbarmachung des Landes in den Mittelpunkt gestellt.

5.3 Das Byzantinische Reich

Das Oströmisch-Byzantinische Reich bewahrte mit seiner Hauptstadt *Konstantinopel* die griechisch-antike Tradition, verbunden mit orientalischen Elementen. Die Bedeutung des Byzantinischen Reiches beruhte auf seiner geographischen Lage, die es zu einem Vermittler zwischen Okzident (Abendland) und Orient (Morgenland) machte. Seine kulturellen Schätze, seine Wirtschaftskraft und politische Stärke machten es zeitweise zu einer der wichtigsten Mächte in Europa.

395	Teilung des Römischen Reiches
527–565	Größte Ausdehnung des Byzantinischen Reiches unter Kaiser Justinian
1054	Schisma: Trennung der östlichen und westlichen Kirche
1453	Eroberung Konstantinopels durch die Osmanen

1. Geben sie einen kurzen Überblick über die Geschichte des Byzantinischen Reiches.
2. Stellen Sie die staatliche Organisation dar.
3. Erklären Sie die Gesellschafts- und Wirtschaftsstruktur.
4. Erläutern Sie die kulturelle Bedeutung von Byzanz.

1. Die oströmischen Kaiser sahen sich bereits vor, insbesondere aber nach der Absetzung des weströmischen Kaisers (476) als legitime Herrscher des gesamten Reiches. Unter *Kaiser Justinian*, der die Einheit der Mittelmeerwelt wieder herstellen wollte, erreichte das Byzantinische Reich seine größte Ausdehnung. Es umfaßte das gesamte Mittelmeer mit Ausnahme der Gebiete zwischen Ebro und Rhonemündung. Allerdings bestand es nur kurze Zeit. Sein Zentrum lag in Kleinasien und auf dem Balkan. Der kleinasiatische Raum wurde von seldschukischen Türken seit dem 11. Jh. schrittweise erobert. Nach der Plünderung von Byzanz durch die Kreuzfahrer (1204) existierte für 57 Jahre das *Lateinische Kaiserreich* der westeuropäischen Eroberer. Seit dem 13. Jh. bedrängten die Serben auf dem Balkan und die türkischen Osmanen von Kleinasien aus das zerfallende Reich. 1453 wurde Konstantinopel von Sultan Mehmet erobert.

2. An der Spitze des byzantinischen Staates stand der Kaiser, der unumschränkt *(Autokratie)* herrschte. Die Kirche wurde vom geistlichen Oberhaupt, dem *Patriarchen* geleitet. Das Reich wurde zentral von Beamten verwaltet. Die von den Römern eingerichteten Provinzen existierten weiter und wurden später in Bezirke *(Themen)* unterteilt mit einem Beamten *(Strategos)* an der Spitze, der militärische und zivile Gewalt vereinte. Das Heer bestand anfangs aus freien Bauern, später hauptsächlich aus angeworbenen Söldnern.

3. Neben den von den Großgrundbesitzern abhängigen Bauern gab es eine breite Schicht von freien Kleinbauern, die den Militärdienst zu leisten hatten. Gegen Ende des Reiches wurde auch diese Schicht von Großgrundbesitzern abhängig. Die *Oberschicht* in der Stadt stellten Landbesitzer und die Hofbeamten. Die *Mittelschicht* bildeten Kaufleute, Handwerker und der niedere Klerus, die *Unterschicht* bestand aus Tagelöhnern und Sklaven. Die städtische Wirtschaft war zum einen durch den Handel bestimmt, zum anderen durch Kunsthandwerk und metallverarbeitendes Gewerbe sowie durch die Seidenindustrie.

4. Die Bedeutung der *byzantinischen Kultur* liegt in der Verbindung traditionell römischer Bestandteile mit orientalischen Elementen. Sie beeinflußte die Kunst der slawischen Völker bis hin zu den Russen, aber auch den katholischen Westen (Venedig, Ravenna, später Sizilien). Neben der Mosaikkunst gilt die Kuppelbasilika *(Hagia Sophia)*, eine Verschmelzung der griechischen Kuppelbauweise mit der römischen Basilika, als besondere byzantinische Leistung, ebenso wie die Ikonen- und Buchmalerei und die Plastik. In der wissenschaftlichen Entwicklung Europas wurde Byzanz durch die Bewahrung des griechischen Erbes zu einem Mittler zwischen Antike und Neuzeit. Das östliche Christentum weigerte sich, Grundüberzeugungen der westlichen Kirche zu übernehmen, wie die Ehelosigkeit der Priester und die Herkunft des Heiligen Geistes aus dem Vater und dem Sohn. Die unterschiedliche Entwicklung der Kirchen führte zu ihrer Trennung *(Schisma)*, die erst 1965 formal wieder aufgehoben wurde. Von Byzanz aus wurden die Slawen auf dem Balkan bis nach Böhmen und Mähren, im 10. Jh. das Reich von Kiew missioniert. Einigendes Band war die Bibelübersetzung in der gemeinsamen kyrillischen Schrift, die aus dem Griechischen entstanden war. Die Klöster waren Stätten der Wissenschaft und existierten nach der Eroberung durch die Osmanen noch an einzelnen Orten (Athos) weiter.

5.4 Der Islam

Der Religionsstifter *Mohammed,* ein Kaufmann aus Mekka, vereinigte jüdische und christliche Glaubenssätze mit arabischen Anschauungen zu einer neuen Glaubenslehre, dem Islam. Arabische Krieger verbreiteten den Glauben bis nach Afrika und Indien, in Europa besetzten sie Spanien und Sizilien. Die islamischen Staaten wurden zur dritten, das Mittelalter bestimmenden Kraft neben dem Abendland und Byzanz. Heute bekennen sich fast eine Milliarde Menschen weltweit zu dieser Religion.

622	**Übersiedlung (Hedschra) Mohammeds nach Medina; Beginn der islamischen Zeitrechnung**
630–750	**Entstehung des arabischen Weltreiches**
seit dem 14. Jh.	**Aufstieg der türkischen Osmanen**
1492	**Rückeroberung Granadas; Ende der muslimischen Herrschaft in Spanien**

1. Erläutern Sie die Grundsätze des Islam.
2. Welche unterschiedlichen Strömungen im Islam gibt es?
3. Stellen Sie kulturelle Errungenschaften des Islam zusammen.
4. Erklären Sie das Verhältnis zwischen Muslimen und Christen.

1. Der *Islam* (arabisch: Hingabe an Gott) ist eine monotheistische Religion. Der Gläubige hat fünf Grundpflichten zu erfüllen: Das Glaubensbekenntnis (Schahada), täglich fünf Gebete (Salat) zu festgesetzten Zeiten in Richtung Mekka, das Fastengebot (Sauwm) des Monats Ramadan, die Bezahlung einer Almosensteuer (Sakat) und einmal im Leben die Wallfahrt nach Mekka (Haddsch).

2. Der *Koran* (Offenbarungen des Propheten), der nach dem Tode Mohammeds unter seinem dritten Nachfolger *(Kalif)* in 114 Abschnitten (Suren) niedergeschrieben wurde, bildet die Grundlage dieser Religion. Neben dem Koran existieren für die meisten Mohammedaner die *Sunna,* Gebräuche und Aussprüche Mohammeds als weitere Glaubenssätze *(Sunniten).* Von diesen heben sich bis heute die *Schiiten* ab, die die ersten Kalifen nicht anerkennen und erst in Ali, dem Schwiegersohn Mohammeds und vierten Kalifen (ermordet 661), den ersten legitimen Nachfolger sehen. Die Schiiten erkennen die Nachfolger (Imame) nur an, wenn sie aus der Familie Alis stammen. Die Reihe der Nachfolger bricht mit dem verschwundenen 12. Imam ab, auf dessen Rückkehr als *Mahdi,* einer messiasähnlichen Gestalt, die das Reich der ewigen Gerechtigkeit errichten soll, die Schiiten warten. Diese (7% der Moslems) leben heute weitgehend im Iran, z. T. auch noch im Irak. Sunniten und Schiiten unterscheiden sich sonst nur in Kleinigkeiten (Gebetsruf, Ritual) und existieren nebeneinander.

3. Das Arabische, die Sprache des Koran, bildete die Verständigungsbasis der vielen islamisierten Völker. Da der Islam für andere Kulturen offen blieb, wurden viele naturwissenschaftliche und philosophische Werke der Antike aus dem Griechischen, dem Aramäischen und dem Persischen übersetzt. Vom Arabischen ins Lateinische übertragen gelangten so weite Teile des antiken Wissens nach Europa. Die Moslems gaben nicht nur Wissen an das Abendland weiter, sie veränderten und entwickelten dieses praktisch weiter. Mit den übernommenen indischen Zahlen erfanden sie arithmetische und geometrische Verfahren, die zu Oberflächen- und Raumberechnungen eingesetzt wurden. Die verfeinerte Astronomie führte zu genaueren Seekarten, in der Medizin und der Chemie war der Osten führend. Aus dem Orient kommen aber auch Bezeichnungen für Dinge des täglichen Lebens, wie z. B. Zucker, Spinat, Orangen, Reis, auch Wörter wie Mütze, Bluse und Jacke zeigen den Einfluß der arabischen Kultur.

4. Im Jahr 711 eroberten arabische Stämme den größten Teil der iberischen Halbinsel. Das Gebiet bezeichneten sie als *Al Andalus,* das Zentrum der Herrschaft war das *Kalifat von Cordoba.* In Spanien und im ebenfalls besetzten Sizilien lebten Moslems, Christen und Juden nebeneinander. Die Nichtmoslems mußten besondere Steuern entrichten, konnten ihrem Glauben aber nachgehen. Die Christen, *Mozaraber* genannt, paßten sich wie auch die Juden auf Dauer in Sprache und Kleidung den arabischen Lebensgewohnheiten an. Beide Gruppen übersetzten die ins Arabische übertragenen Schriften der Antike. Seit dem 11. Jh. begannen die Herrscher der nordspanischen, christlichen Königreiche, die arabisch besetzten Gebiete zurückzuerobern *(Reconquista);* dieses Unterfangen, auch als Kreuzzug bezeichnet, wurde 1492 mit der Eroberung *Granadas* abgeschlossen.

In Frankreich gelang es den Königen bis zum Ende des Mittelalters die Macht der Fürsten auszuschalten. In England existierte ein starkes Königtum seit der normannischen Eroberung. Im 13. Jh. begannen die Stände (Adel und Bürgertum der Städte) über das Parlament (durch die Ständeversammlung) Rechte vom König einzufordern.

911	**Normannen siedeln in der Normandie**
1066	**Eroberung Englands durch die Normannen**
1215	**Magna Charta; Grundrechte des engl. Adels**
1339–1453	**Hundertjähriger Krieg**

1. Geben Sie einen Überblick über die Geschichte Frankreichs.
2. Stellen Sie die Entwicklung der englischen Verfassung dar.
3. Erläutern Sie die Konflikte zwischen England und Frankreich.

1. Mit dem Aussterben der westfränkischen Karolinger (987) zerfiel deren Reich in mehrere selbständige Fürstentümer (Aquitanien, Normandie, Burgund, Blois Tours Anjou, Flandern). Der Machtbereich der französischen Könige war auf das Pariser Becken begrenzt. Dort konnten sie ihre Lehnshoheit und eine zentrale Verwaltung durchsetzen. In den Albigenserkriegen (1209/1229) erweiterte die Krone ihre Macht auf Südfrankreich. Bis zum 13. Jh. wurde der König zum einflußreichsten Monarchen in Europa, die Päpste hatten sogar eine Zeitlang ihren Sitz in Avignon (1309–1407). Dem französischen König war es auch gelungen, die Untervasallen, die im Deutschen Reich nur den Kronvasallen verpflichtet waren, durch Eid an sich zu binden (Ligesse). Der Krieg gegen England, Pestausbrüche und Bürgerkriege stürzten das Land im 14. und 15. Jh. in Krisen. Der Gewinn des Krieges und die Erweiterung des Besitzes um die Herzogtümer Bourgogne, Anjou, Maine, Provence und der Bretagne führte am Ende des 15. Jh. schließlich zu einer Stärkung seiner Position.

2. England wurde im 4/5. Jh. von den Stämmen der Jüten, Sachsen und Angeln erobert und in sieben Königreiche geteilt. Die keltischen Gebiete wie Wales, Schottland und auch Irland blieben bis zum 12. Jh. selbständig. Ein einheitliches Königreich entstand durch die Besetzung der dänischen Wikinger. 1066 eroberte *Wilhelm*, der *Herzog der Norman-die*, England, um seine Erbansprüche durchzusetzen. Er organisierte die Verwaltung nach angelsächsischen und normannischen Traditionen. Seine wichtigsten Gefolgsleute ernannte er zu Baronen. Die Untervasallen wurden wie in Frankreich durch einen Eid an das Königtum gebunden. Ebenso führten die Normannen eine allgemeine Steuer ein, teilten das Land in Grafschaften (shires) und setzten einen königlichen Finanzbeamten (sheriff) ein. Mit der Machtübernahme der *Planta-genets* (1154) herrschten die englischen Könige zeitweilig über halb Frankreich. Unter *Johann ohne Land* (1199–1216) fielen die französischen Gebiete größtenteils an die französische Krone zurück. Nach der verlorenen Schlacht von Bouvines (1214) mußte der englische König dem Hochadel 1215 die *Magna Charta* (Verfassungsurkunde) zugestehen, in der die Gerichtsbarkeit und die Besteuerung der Barone festgelegt wurde. Ein Rat der Barone wurde eingerichtet, dessen Zusammenkünfte *Parlament* (urspr.: Gespräch, Erörterung) genannt wurden, an dem ab dem Ende des 13. Jh. auch der niedere Adel (gentry) und Vertreter der Städte teilnahmen. Seit dem 14. Jh. gab es die Trennung in Ober- und Unterhaus. Im Unterschied zu Deutschland existierte in England somit eine nationale zentrale Versammlung als Gegenpol zum König, in die mehrere Schichten der Gesellschaft integriert waren.

3. Seit der Eroberung Englands durch den Herzog der Normandie waren beide Länder durch Herrscherfamilien miteinander verbunden. Diese Verbindung wurde durch die Thronbesteigung der Plantagenets noch verstärkt. Die zweite Auseinandersetzung zwischen beiden Ländern entwickelte sich aus einem Streit um die französische Thronfolge und wurde als *Hundertjähriger Krieg* (1339–1453) bekannt. Das siegreiche Frankreich erhielt alle ehemals englischen Besitzungen bis auf Calais. Die Monarchie profitierte später von dem während des Krieges entstandenen Zusammengehörigkeitsgefühl zwischen französischem Volk und König. In England kam es zu Auseinandersetzungen um den Thron (Rosenkriege), die Heinrich VII. aus dem Hause Tudor 1485 für sich entschied. Der in die Bürgerkriege verwickelte Hochadel verlor zugunsten des Königs und des bürgerlichen und adligen Mittelstandes an Einfluß.

Die mittelalterlichen Reiche unterschieden sich von modernen Staaten dadurch, daß sie über keine zentrale Staatsgewalt verfügten. An ihrer Stelle gab es eine Vielzahl von Herrschaftsformen, von denen das einzelne Mitglied der Gesellschaft in unterschiedlicher Weise betroffen war. Charakteristisch für den Begriff Herrschaft im Mittelalter war das persönliche Verhältnis zwischen einem Herrn und dem seinen Anordnungen unterworfenen Untergebenen. Der Untergebene mußte Abgaben, Dienste, Rat und Beistand leisten, während im Gegenzug der Herr Fürsorge und Schutz übernahm.

Herrschaft über Menschen und Boden

Bereits in der Familie kamen dem Haushaltsvorstand erhebliche Rechte zu; er konnte über die Lebensweise der Familienmitglieder und der Bediensteten weitgehend allein bestimmen. Für den größten Teil der Bevölkerung bildete die Grundherrschaft (→ 6.4) – das herrschaftliche Verhältnis zwischen dem Grundherrn und dem Grunduntertan (Grundholde) – die alltägliche Wirtschaftsform. Sie basierte auf Dienstleistungen und Abgaben, die der Bauer dem Grundherren schuldete, dieser wiederum mußte Schutz und Ordnung gewährleisten, meist auch Recht sprechen. Die Bauern erlangten erst im Spätmittelalter Mitbestimmungsrechte in der Dorfgemeinde. Träger der Grundherrschaft waren der König, der Adel und die Kirche. Viele ehemals freie Bauern begaben sich in diese wirtschaftliche Abhängigkeit, um Schutz zu erhalten, bzw. um Schulden abzuzahlen. Eine Steigerung der persönlichen Abhängigkeit bedeutete die Leibeigenschaft, die den Bauern unfrei machte. Zwischen Adel und König gab es ein politisch sehr wirksames Bindeglied, das große Herrschaftsgebiete hervorbrachte, das Lehnswesen (→ 6.4). Die adligen Gefolgsleute der fränkischen Könige übernahmen mit ihren Leuten den Kampf auf den Pferden (Ritter). Sie gelobten in einem Eid dem Lehnsherrn Dienst, Treue und Gehorsam; dafür erhielten sie ein Lehen, das meist aus Ländereien oder aus Rechtsansprüchen bestand, und das die militärische Ausstattung der Kämpfer ermöglichen sollte. Der König sicherte sich so die Unterstützung des Adels und konnte auf diese Weise seine ihm verpflichtete Gefolgschaft vergrößern. Im Hochmittelalter stand der König an der Spitze eines Lehnsverbandes. Er verlieh große Herrschaftsbezirke an die Kronvasallen (Adlige und Bischöfe), die ihrerseits Untervasallen mit diesem Besitz belehnten. Diese waren mit ihrem Lehnseid im Deutschen Reich nur dem Kronvasallen, nicht aber dem König verpflichtet. Das führte langfristig dazu, daß die vom König ausgegebenen Lehen der Krone verloren gingen. In der Normandie, in England und später auch in Frankreich wurden dagegen auch die Untervasallen durch einen Eid an den König gebunden (Ligesse). Die Kirchenherrschaft bestand zum einen aus grundherrschaftlichen und lehnsrechtlichen Beziehungen, denn die Kirche vergab Lehen gegen Kriegsdienst und hatte Grunduntertanen, die ihre Abgaben an die Kirche lieferten. Zum anderen war die päpstliche Kirche eine Organisation mit Ämtern und Amtsbezirken wie den Bistümern. Eine neue aufstrebende Bewegung stellten die ab dem 11. Jh. entstehenden Städte dar. Diese unterlagen zu Beginn immer der Stadtherrschaft eines Königs, Herzogs oder auch eines Bischofs. Der Stadtherr übte mit seinen Beauftragten die Rechtsprechung und Verwaltung aus. Erst im Laufe des 13. und 14. Jh erkämpften sich die Bürger die Selbstverwaltung.

Herausbildung der Landesherrschaft

Die Königsherrschaft erstreckte sich vom Anspruch her auf das gesamte Reich. Die eigentliche Machtgrundlage des Königs war sein Eigenbesitz. Zwar gab es Land, das als Königsgut bezeichnet dem jeweiligen Herrscher zur Verfügung stand, aber im Laufe des Mittelalters erhoben die Fürsten Anspruch auf diese Güter. Seit dem Hochmittelalter stand im Deutschen Reich der Königsherrschaft die Landesherrschaft entgegen. Spätestens seit dem 13. Jh. wurden den Territorialherren vom König Rechte bestätigt oder neu verliehen, die eigentlich als Regalien nur dem König zugestanden hätten. Dabei handelte es sich um die Gerichtshoheit, das Geleit-, Münz- und Zollrecht sowie das Recht, Städte und Burgen zu bauen. Am Ende des Mittelalters waren im Deutschen Reich die Landesherren weitgehend vom König unabhängig. In diesen Gebieten waren bereits Ansätze zu frühmoderner Staatlichkeit vorhanden wie Teile einer Beamtenschaft und eine einheitliche Rechtsprechung. Die Fürsten konnten ihr Land allerdings nicht allein regieren, sondern mußten ihre Landstände, nämlich Adel, Städte und Kirche bei wichtigen Fragen, etwa bei der Erhebung einer Steuer, um Einwilligung bitten.
England und Frankreich entwickelten sich seit dem Hochmittelalter zu geschlossenen Herrschaftsgebieten, da sich dort der König an der Spitze des Lehnsverbandes halten konnte (→ 5.5).

6.1 Das Fränkisch-Karolingische Reich

Die Franken, ursprünglich am Mittelrhein beheimatet, erweiterten ihre Herrschaft seit dem Ende des 5. Jh. Sie erreichten im 8. und 9. Jh. die Vorherrschaft in Europa. Ihre Bedeutung wurde mit der Kaiserkrönung Karls des Großen im Jahr 800 unterstrichen. Nach der Teilung des Frankenreiches (843) entstanden die späteren Staaten Frankreich und das Deutsche Reich.

482–751	**Herrschaft der Merowinger**
751	**Absetzung des letzten Merowingerkönigs durch Pippin**
768–814	**Karl der Große, König der Franken**
800	**Kaiserkrönung Karls des Großen in Rom**
843, 870 und 880	**Reichsteilungen**

1. Geben Sie einen Überblick über die Entstehung des Fränkischen Reiches.
2. Wie beherrschten die Karolinger ihr Reich?
3. Beschreiben Sie die Kultur des Frankenreiches.

1. Die Franken, die aus mehreren Stämmen bestanden, waren ursprünglich Foederaten (Verbündete) der Römer. Nach dem Sieg des Merowingers *Chlodwig I.* über den römischen Statthalter Syagrius (486), weitete er in mehreren Kriegen sein Machtgebiet um Alemannien (496) und Aquitanien (507) aus. Sein Übertritt zum katholischen Glauben öffnete die Möglichkeit eines friedlichen Zusammenlebens zwischen den fränkischen Germanen und den bereits katholischen Romanen. Die vier Söhne Chlodwigs vergrößerten das unter sie aufgeteilte Reich um Burgund (532) und um Thüringen (531). Die Reichsteilung in Austrien (Champagne, Reims), Neustrien (Gebiet um Paris) und Burgund schwächte auf Dauer den Reichsgedanken. An der Spitze der Teilreiche stand der jeweilige Führer des Adels, der *Hausmeier (Maior domus).* Als gegen Ende des 7. Jh. der Karolinger *Pippin d. Ältere* alle drei Hausmeierämter übernahm, hatte er, nicht mehr der merowingische König, die tatsächliche Macht inne. Sein Sohn *Karl Martell* (714–741) besiegte die arabischen Heere bei Tours/Poitiers (732) und konnte dadurch seine Stellung im Reich festigen. *Pippin d. Jüngere* setzte mit dem Einverständnis des Papstes 751 den letzten merowingischen König ab. Er ließ sich zum neuen König wählen und erhielt die Salbung vom Papst, wofür dieser Land geschenkt bekam (756), die Grundlage des späteren Kirchenstaates (Pippinische Schenkung). Sein Sohn, Karl der Große, fügte dem Fränkischen Reich in langen Kriegen Sachsen (785), Teile des heutigen Ungarns (795) und das Langobardenreich in Oberitalien (774) hinzu. Die Kaiserkrönung Karls des Großen durch Papst Leo III. am Weihnachtstag des Jahres 800 in Rom war das Ergebnis dieser Erfolge.

2. An der Spitze des Frankenreiches stand der *König* als oberster Richter (Gerichtsbann) und Heerführer (Heerbann). Er übte seine Macht nicht von einer Hauptstadt aus, sondern zog mit seinen Begleitern von Ort zu Ort und Pfalz zu Pfalz (Reisekönigtum). Der König entschied Rechtsfälle und vergab urkundlich niedergeschriebene Rechte. Die Karolinger beriefen geistliche Berater in ihre Umgebung, die auch Verwaltungsaufgaben erledigten. Aus der hochadligen Schicht um den König kamen die Grafen, die Teile des Reiches verwalteten, Recht sprachen und zum Kriegsdienst aufriefen. Karl der Große richtete die Institution der *Königsboten* ein. Ein geistlicher und ein weltlicher Würdenträger sollten im Auftrag des Königs umherreisen und die Einhaltung der königlichen Erlasse *(Kapitularien)* überwachen. Die Durchsetzung der Rechtssprüche war von der Macht der Amtsträger abhängig. Zur Sicherung des Reiches nach außen richtete Karl *Marken* (Verwaltungsgebiete) an den Grenzen ein.

3. Unter den Merowingern wurde das Lateinische als Sprache der Kirche und in den Urkunden verwendet. Da die Beherrschung dieser Sprache und der Schrift immer schlechter wurde, gründete Karl der Große eine Hofschule. Ein klares Latein, eine neue Schrift *(karolingische Minuskel)* und der Rückgriff auf die antiken und frühchristlichen Schriftsteller sollten Vorbilder für eine neue Kultur werden. Diese sollte nach dem Willen Karls in Schulen, die in jedem Kloster zu errichten waren, gepflegt werden. An der Hofschule waren führende Lehrer *(Alkuin, Einhard)* der damaligen Zeit versammelt. Die karolingische Architektur verkörperte sichtbar den Rückgriff auf antike Formen, aber auch den Willen zu einer Neuschöpfung (Pfalz in Aachen). Diese Bildungsbewegung wurde später auch als *karolingische Renaissance* (Wiedergeburt) bezeichnet.

6.2 Das Deutsche Reich bis zum Investiturstreit

Durch die Teilungen des karolingischen Reiches 843, 870 und 880 waren das Königreich Italien, Burgund, Lothringen, das westfränkische und das ostfränkische Reich entstanden. Im ostfränkisch-deutschen Reich wählten die Fürsten 911 erstmalig den König aus ihrer Mitte. Das Königtum blieb im Deutschen Reich während des gesamten Mittelalters von der Reichsaristokratie abhängig; der Adel wiederum verstand sich mit dem König zusammen als Einheit, die über das Reich herrschte.

911	**Wahl des Franken Konrad I. zum König im ostfränkischen Reich**
962	**Otto I. wird in Rom zum Kaiser gekrönt**
919–1024	**König- und Kaisertum der Liudolfinger/Ottonen**
1024–1125	**König- und Kaisertum der Salier**

1. Stellen Sie die Entstehung des Deutschen Reiches dar.
2. Erläutern Sie Wahl und Machtgrundlagen des deutschen Königtums.
3. Welche Unterschiede gab es zum Kaisertum Karls des Großen?
4. Skizzieren Sie die Grundzüge der Politik unter den Ottonen und Saliern.

1. Im ostfränkischen Reich hatten Grafen bei der Abwehr der Ungarn und bei der militärischen Organisation Macht gewonnen. Sie wurden als *Herzöge* bezeichnet, ohne daß sie vom karolingischen König diesen Titel verliehen bekommen hätten. Die Herzöge von Bayern, Sachsen, Franken und nach 917 auch von Schwaben wählten (911) *Konrad I.* als ersten Nichtkarolinger zum König. *Heinrich I.* (919–936), der Begründer des ottonisch-sächsischen Herrscherhauses, fertigte das ostfränkisch-deutsche Reich, indem er die Gewalt der Herzöge anerkannte und nur einen Treueid von ihnen verlangte. 921 wurde er vom Westfrankenkönig Karl als Herrscher anerkannt. 925 kam Lothringen als fünftes Herzogtum zum entstehenden Deutschen Reich, das in den Quellen bis zum 11. Jh. immer noch ostfränkisch genannt wurde.

2. Die *Einsetzung des Königs* vollzog sich seit der Krönung Ottos I. (936) in mehreren Akten. Die weltlichen Herrscher leisteten in der Pfalz in Aachen den Eid und setzten den König auf den Thron. In der Kirche fand der geistliche Teil der Krönung, die Salbung und Übergabe der Reichsinsignien statt. Es existierte oft ein bindender Wahlvorschlag (Designation) des Vorgängers, der ein Familienmitglied bevorzugte. Daneben gab es die Wahl durch die ersten Familien des Reiches, wenn eine Dynastie (Herrschergeschlecht) ausstarb. Die *Machtgrundlagen des Königs* beruhten zum einen auf seinem Eigenbesitz (Hausgut); daneben gab es noch das Königsgut (Reichsgut), Besitz, den alle Herrscher zu ihrem Unterhalt heranziehen konnten. Diese Besitzungen wurden unter den Saliern ausgebaut, die z. T. ihre *Dienstleute (Reichsministerialen)* mit der Verwaltung der Güter beauftragten.

3. Im Jahr 924 war mit Berengar der letzte karolingische Träger des Kaisertitels gestorben. *Otto I.* ließ sich wie sein Vorbild Karl der Große (962) in Rom zum Kaiser krönen. Anlaß für diese Krönung war ein Hilferuf des Papstes; Otto I. erneuerte das bereits von Karl dem Großen geleistete Schutzversprechen und bestätigte den Bestand des Kirchenstaates. Seit dieser Zeit war die Königsherrschaft über Deutschland mit dem römischen Kaisertum verknüpft. Im Gegensatz zu Karl dem Großen hatte der deutsche Kaiser aber nur einen Ehrenvorrang vor den anderen europäischen Königen, seine Herrschaft war auf Burgund (1033), Italien (951) und das Deutsche Reich beschränkt. *Otto III.* (983–1002) versuchte vergebens, eine Wiedererrichtung des Römischen Kaiserreiches mit dem Herrschaftszentrum Rom durchzusetzen.

4. Das Ansehen der sächsischen Herrscher *Heinrich I.* und *Otto I.* beruhte auf der Abwehr der Ungarn (933 Riade, 955 Schlacht auf dem Lechfeld). Die *Ottonen* erweiterten den Einfluß nach Osten durch die Slawenmission (Gründung des Erzbistums Magdeburg), später erreichten sie trotz einiger Niederlagen die Oberhoheit über Polen und Böhmen. Ottonen und Salier setzten *Bischöfe*, die sie selbst ausgewählt hatten, als Verwalter des Reiches ein. Nach dem *Investiturstreit* (➜ 7.1) wurde die Wahl von Geistlichen vorgenommen, der König hatte noch ein Mitspracherecht. Er verlieh die weltlichen Herrschaftsrechte (Temporalia) an die Bischöfe, die nun als geistliche Fürsten neben den Herzögen standen. Beide Gruppen konnten im Investiturstreit Rechte und Besitzungen der Krone an sich bringen und somit ihre Stellung im Reich gegenüber dem Königtum ausbauen.

6.3 Das Deutsche Reich im Hoch- und Spätmittelalter

Das Königtum gelangte unter den Staufern kurzfristig zu großem Einfluß. Im Spätmittelalter stiegen Frankreich und Spanien als Konkurrenten um die Herrschaft in Italien auf. Im Inneren des Reiches erweiterten die Fürsten ihre Herrschaft, neue soziale Gruppierungen wie die Ministerialen und das Bürgertum in den Städten konnten ihre Rechte ausbauen.

1138–1268	**König- und Kaisertum der Staufer**
1356	**Regelung der Königswahl in der Goldenen Bulle**
seit 1438	**Königstitel bleibt bei den Habsburgern**

1. Geben Sie einen Überblick über die Reichsverfassung.
2. Skizzieren Sie Grundlinien der Reichspolitik.
3. Beschreiben Sie die Kultur des Spätmittelalters.

1. Die *staufischen Könige* versuchten ihre Herrschaft durch Landesausbau zu intensivieren und gaben Land an unfreie *Dienstleute (Ministeriale)*, die jederzeit ersetzbar waren. Trotzdem blieb der Besitz in der Hand der Krone hinter den Besitzungen des sich nun formierenden Reichsfürstenstandes zurück. Die Fürsten erhielten ihr Herrschaftsgebiet als Lehen; durch die Einrichtung neuer Herzogtümer unter *Friedrich I.* (Österreich 1156, Würzburg 1168, Westfalen, Ostsachsen, Steiermark 1180) sollten noch mehr Adlige an den König gebunden werden. Das Königtum war in der Verwaltung des Reiches auf die Fürsten angewiesen, die ihrerseits durch Landesausbau, durch eigene Ministerialen und eigenes Recht ihre Macht steigern konnten. Die Bestätigung königlicher Rechte (*Regalien* → 6) wie das Münz-, Zoll- und Befestigungsrecht brachte den Reichsfürsten eine königsgleiche Stellung (1220/1232). Im Jahr 1356 wurden in der *Goldenen Bulle* zum einen die zur Königswahl berechtigten Kurfürsten festgelegt (Erzbischöfe von Köln, Mainz, Trier, König v. Böhmen, Herzog von Sachsen, Markgraf von Brandenburg, Pfalzgraf bei Rhein). Gleichzeitig bekamen diese die Unteilbarkeit ihrer Länder und die alleinige Gerichtsbarkeit über ihre Untertanen zugesprochen. Das Kaisertum verlor nach den Staufern an Bedeutung, da die

Macht des Kaisers auf das Deutsche Reich beschränkt wurde. Der Titel blieb bis 1806 in der Hand der habsburgischen Herrscher mit dem Deutschen Königtum verbunden.

2. *Friedrich I.* Barbarossa verbrachte ein Drittel seiner Regierungszeit (1152–1190) in Italien im Kampf mit den oberitalienischen Städten und dem Papst. Die Städte wollten durch ihre selbstgewählten Vertreter (Konsuln) Selbstverwaltung ausüben. Der staufische König hingegen beharrte auf seiner alleinigen Herrschaft. Der Streit wurde 1183 mit einem Kompromiß beendet: Die Städte behielten ihre Rechte, wenn sie die Oberhoheit des Kaisers anerkannten. Der Kampf mit dem Papsttum, das sich durch die kaiserliche Politik in Italien bedroht fühlte, endete ebenfalls mit einem Kompromiß. Der Kaiser verzichtete auf die Oberhoheit im Kirchenstaat, der Papst anerkannte das Kaisertum als selbständige, nicht vom Papst abhängige Macht. *Heinrich VI.* (1190–1197) versuchte eine Erbmonarchie einzurichten, ein Plan, der am Widerstand der Reichsfürsten scheiterte. Nach seinem Tod kam es zu Thronstreitigkeiten, die mit der Niederlage des welfischen Thronbewerbers in der Schlacht bei Bouvines (1214) endete. *Friedrich II.* (1212–1250) errichtete in Sizilien einen Staat, der Elemente des frühmodernen Beamtenstaates enthielt, wobei er auch auf langobardische, normannische und römische Rechtstraditionen zurückgriff. Die Gesetzgebung Friedrichs II. nahm zwar Dinge vorweg, die erst in der frühen Neuzeit zur Entfaltung kamen, von seinen Zeitgenossen wurde dies jedoch nicht gewürdigt sondern stattdessen als Unterdrückung und Unrecht empfunden. Die Rechte der deutschen Fürsten erkannte er an. Die *Habsburger,* erstmals 1273 im Besitz der deutschen Königswürde, konzentrierten sich auf die Erweiterung ihres Hausbesitzes in Österreich, Kärnten und Tirol, seit 1477 in den Niederlanden und Burgund.

3. Die sich entfaltende hoch- und spätmittelalterliche Kultur *(Romanik, Gotik)* war international. Die Vorbilder für ritterliche Dichtung und Sprache kamen aus Frankreich, die Baukunst war durch Frankreich und Italien geprägt. Paris hatte eine der berühmtesten Universitäten, Italien verfügte über berühmte Rechtsschulen (Bologna) und medizinische Fakultäten (Neapel). Kaiser Karl IV. gründete 1348 in Prag die erste Universität auf dem Boden des Deutschen Reiches. Die Übernahme antiker Schriften vermittelt durch die Araber und Byzanz ermöglichte seit dem 13. Jh. neues Denken. Künstler und Gelehrte in Italien griffen auf Formen und Wissen der Antike zurück, eine neue Denkrichtung entstand, der *Humanismus* (→ 9.1), der sich über ganz Europa verbreitete.

6.4 Grundherrschaft und Lehnswesen

Grundherrschaft und Lehnswesen waren neben der Kirche die wichtigsten Einrichtungen, die das Leben in der mittelalterlichen Gesellschaft bestimmten: Die große Mehrheit der Bevölkerung (ca. 90 %) unterstand einem Grundherren. Aufbau und Organisation der Herrschaft im Deutschen Reich waren durch das Lehnswesen geprägt, da ursprünglich Adlige gegen die Vergabe von Lehen Kriegsdienst oder Verwaltungsaufgaben übernahmen und später der gesamte Adel durch das Lehnswesen an den König gebunden war.

6.–8. Jh.	**Lehnswesen und Grundherrschaft/Fronhofsystem entstehen**
10.–12. Jh.	**Das Lehnswesen prägt die politische Herrschaftsordnung in den europäischen Königreichen**
12./13. Jh.	**Auflösung des Fronhofsystems**
14./15. Jh.	**Die Landesherrschaft löst das Lehnswesen ab**

1. Charakterisieren Sie die Grundherrschaft.
2. Erklären Sie Aufbau und Funktion des Fronhofsystems.
3. Stellen Sie Entwicklung und Elemente des Lehnswesens dar.
4. Welche Bedeutung hatte das Lehnswesen für die mittelalterliche Herrschaft?

1. Die *Grundherrschaft* entstand aus Elementen des spätantiken Großgrundbesitzes und des persönlichen Abhängigkeitsverhältnisses zwischen germanischem Herrn und Unfreien. König, Adel und Kirche vergaben gegen Abgaben und meist auch gegen Frondienste den Boden an Hörige (abhängige Bauern) zur selbständigen Nutzung. Über ein modernes Pachtverhältnis ging dieses Rechtsverhältnis in mehrfacher Hinsicht hinaus: Der Bauer war an den Boden gebunden, konnte mit ihm z. B. verkauft werden; er war dem Herrn zu Treue und Gehorsam verpflichtet (dingliche Abhängigkeit). Der Herr vermochte den Bauern nur bei gröbster Pflichtverletzung zu vertreiben, schützte ihn bei Kriegen und Mißernten, sprach Recht über ihn und sorgte für die öffentliche Ordnung. Häufig war die Grundherrschaft mit der Leibeigenschaft, einem persönlichen Abhängigkeitsverhältnis, verbunden.

2. Die häufigste Organisationsform der Grundherrschaft bis in das 12. Jh. war das *Fronhofsystem,* benannt nach dem zentralen Wirtschafts- und Verwaltungshof (lat.: villa; daher auch: Villikation). Hier saßen der Grundherr oder sein Verwalter (Meier), Handwerker und das Gesinde, das den direkt zum Fronhof gehörigen Boden (*Salland*) bearbeitete. Das meiste Land war an selbständig wirtschaftende hörige Bauern als *Hufen* ausgegeben. Eine Hufe umfaßte je nach Bodenqualität ca. 10 bis 15 ha, so daß eine bäuerliche Familie (ca. 8 bis 10 Personen) davon leben und die Abgaben bzw. Dienste leisten konnte. Alle Menschen eines Fronhofs bildeten den Fronhofsverband (lat.: familia), dessen Zweck die Selbstversorgung von Herrn und Hörigen war (Subsistenzwirtschaft). Das Fronhofsystem bildete damit die wirtschaftliche Basis der mittelalterlichen Gesellschaft, ihrer Herrschaftsformen und Kultur. Es löste sich mit der Entstehung der Städte zugunsten pachtähnlicher Formen auf.

3. Das ursprünglich aus allen freien Franken bestehende Bauernheer kämpfte zu Fuß und war wenig trainiert. So war es den arabischen Reitertruppen unterlegen, die das Frankenreich bedrohten. Um über ausgebildete Panzerreiter zu verfügen, griffen die fränkischen Könige daher auf ihre adligen Gefolgsleute zurück. Verpflichtung und Ausstattung dieser Berufskrieger basierte auf germanischen und keltischen Vorbildern: Der künftige *Lehnsmann (Vasall)* verpflichtete sich dem Lehnsherrn gegenüber zu Dienst und Gehorsam, zu Hilfe und Beistand (Treu- oder Vasalleneid); der *Lehnsherr* stattete den Vasallen mit einem *Lehen* aus, das meist aus Ländereien oder Rechten bestand, die die Versorgung und Ausstattung sicherten.

4. Durch die enge Bindung zwischen Herrn und Vasall wurde das Lehnswesen zum entscheidenden Mittel der Königsherrschaft und zum prägenden Element der Reichsverfassung. Zunächst (8. bis 10. Jh.) banden die Könige die adligen Amtsträger (z. B. Grafen) durch das Lehnswesen an sich. Die Staufer (1138–1254) verstanden sich als oberste Lehnsherren eines Lehnsverbandes, der das gesamte Reich, einschließlich der Kirche, umfaßte. Da die unmittelbar vom König belehnten Kronvasallen kleinere Lehen an Untervasallen ausgaben, entstand bis zum 12. Jh. eine mehrstufige Lehnspyramide mit festgelegter Rangfolge (Heerschildordnung). Zugleich gefährdete das Lehnswesen die Herrschaft des Königs: Aufgrund der Erblichkeit konnte er nicht frei über die Lehen verfügen; die Untervasallen waren nur ihrem Herrn verpflichtet und so dem Einfluß des Königs entzogen.

Christliches Mittelalter und Christianisierung

Das Christentum als eine der großen Weltreligionen prägte Europa im Mittelalter in allen Lebensbereichen; es förderte durch seine Kultur und Kirchenorganisation die Einheit des Kontinents, aber gleichzeitig auch die Abgrenzung gegenüber dem Islam und seit der Kirchenspaltung (1054) gegenüber der griechisch-orthodoxen Welt. Die Christianisierung Europas erstreckte sich über einen langen Zeitraum: In Gallien und am Rhein existierten bereits in römischer Zeit (3./4. Jh.) einzelne Gemeinden und Bischöfe. Im Frankenreich entstanden derartige Organisationen durch die Mission der irischen und angelsächsischen Mönche vom 6. bis 8. Jh.; Nordeuropa und das Baltikum wurden erst vom 11. bis 14. Jh. christianisiert. Da die Christianisierung meist „von oben", d. h. durch die Taufe der Herrscher geschah, denen die Bevölkerung der zeitgenössischen Auffassung entsprechend zu folgen hatte, blieb die Bekehrung zunächst oberflächlich. Erst seit dem Hochmittelalter (12./13. Jh.) wurden mit dem Bevölkerungswachstum mehr Pfarrstellen eingerichtet, und die kirchliche Versorgung (Seelsorge, Sakramente) konnte intensiviert werden. So prägte das Christentum zunehmend das Denken, Fühlen und Handeln der Menschen.

Die Geistlichkeit (Klerus)

Mit der Kirchenorganisation entwickelte sich der geistliche Stand. Er war durch die Weihe seiner Mitglieder gegenüber allen anderen Menschen (Laien) hervorgehoben. Der Klerus, untergliedert in Weltgeistliche (z. B. Priester, Bischof) und Ordenskleriker (Mönche, Nonnen), war in sich gestuft nach geistlichen und rechtlichen Befugnissen. Im Mittelalter entstammte der Hochklerus (Äbte, Bischöfe) meist dem Adel. Kleriker besaßen besondere Standesvorrechte: Sie waren von der weltlichen Gerichtsbarkeit befreit und unterstanden nur dem geistlichen Gericht. Ebenso waren sie von weltlichen Abgaben und Steuern befreit. Zu den Standespflichten des Klerus zählten das Gebet, ein würdiger Lebenswandel und Ehelosigkeit. Die materielle Grundlage ihrer Lebensführung erhielten Geistliche mit ihrem Amt als sogenannte Pfründe. Sie ging aus dem Zehnt (kirchliche Steuer), aus Opfergaben und vielen Schenkungen der Laien hervor.

Kirche und Welt

Geistliche und weltliche Bereiche durchdrangen sich im Mittelalter, ohne daß eine klare Abgrenzung möglich gewesen wäre. So war das Leben der Menschen von der Geburt (Taufe) bis zum Tod (Sterbesakrament), im Alltag (durch Fastenvorschriften und Kalender) und an Festtagen (Prozessionen, Gottesdienste), im Glauben (Himmel und Hölle) und im Weltverständnis (Gottes Walten in der Natur) durch die geistliche Sphäre geprägt. Andererseits war der Laieneinfluß in der Kirche erheblich: Die meisten Kirchen- und Klöstergründungen gingen darauf zurück, daß Adlige (später auch Bürger) einen Teil ihres Besitzes spendeten (stifteten), so daß Bauten errichtet und Kleriker versorgt werden konnten. Da die Stifter selbst oder andere Familienangehörige häufig Geistliche in den gestifteten Einrichtungen wurden und darüber hinaus kirchliche Erträge an die Gründer flossen, waren diese Eigenkirchen (moderner Fachbegriff) massivem Laieneinfluß ausgesetzt. Die Kirchenreform des 11./12. Jh. mit ihrer Forderung nach Freiheit der Kirche drängte diesen Einfluß erfolgreich, aber keineswegs völlig zurück. In ähnlicher Weise wurde der Einfluß der Könige auf die Kirche beschränkt. Die christlichen Herrscher sahen sich als mit dem heiligen Öl Gottes Gesalbte (sakrales Königtum) und als von Gott unmittelbar eingesetzt (Gottesgnadentum). Als ihren Auftrag betrachteten sie die Durchsetzung der gottgewollten Ordnung in einer christlichen Welt. Aufgrund dieser Auffassung setzten die deutschen Könige und Kaiser Bischöfe ein und sogar Päpste ab. Die Reformpäpste, allen voran Gregor VII., verwehrten ihnen dieses Recht und beanspruchten die oberste Gewalt sogar in weltlichen Dingen (Investiturstreit).

Aufgaben der Kirche

Neben Seelsorge, Gottesdienst und Vermittlung der christlichen Lehre besaß die Kirche im Mittelalter ein weitgefächertes Aufgabenfeld: Nach außen wirkte insbesondere der Missionsauftrag (einschließlich der Kreuzzüge). Innerhalb der christlichen Welt war sie bis zum Hochmittelalter in der Reichsverwaltung (fast nur Kleriker konnten schreiben und lesen) sowie in Kultur und Bildung (Kloster- und Domschulen) führend. Die gesamten, heute als Sozialfürsorge bezeichneten Dienste von der Armenspeisung bis zur Krankenpflege gehörten ebenfalls zu ihrem Wirkungsfeld.

Der Papst ist das Oberhaupt der katholischen Kirche. Nach katholischer Glaubenslehre geht das Papsttum auf eine Stiftung durch Christus zurück. Der damit verbundene Anspruch einer umfassenden Kirchenleitung wurde in der fast 2000jährigen Geschichte dieser Einrichtung nur zeitweise und gegen Widerstände verwirklicht.

5. Jh.	Lehre von der Vorrangstellung des Papstes
um 1100	Reformpapsttum und Investiturstreit
13. Jh.	Höhepunkt päpstlicher Machtentfaltung
1309–1376	Päpste in Avignon
1378–1417	Abendländische Kirchenspaltung

1. Wie wird die päpstliche Vorrangstellung begründet?
2. Stellen Sie die Etappen der päpstlichen Machtentfaltung dar.
3. Welche Ereignisse führten zum Niedergang des Papsttums?

1. Nach katholischer Glaubenslehre hat Christus selbst den Apostel Petrus durch die Worte „Du bist Petrus, und auf diesen Felsen will ich meine Kirche bauen..." (Matthäusevangelium 16,18) mit der obersten Leitung der Kirche beauftragt, die als Binde- und Lösegewalt sowie als Schlüsselgewalt zum Himmel bezeichnet wird. *Petrus* gilt als erster Bischof von Rom, obwohl sein Aufenthalt dort historisch nicht gesichert ist, die Päpste gelten als seine Nachfolger. Roms Vorrang wurde auch durch das Grab eines weiteren Apostels (Paulus) und durch seine Eigenschaft als Hauptstadt des Römischen Reiches gefördert. Auf dieser Grundlage entwickelten die römischen Bischöfe die Lehre von der innerkirchlichen Vorrangstellung des Papstes *(Primat).* Sie umfaßt bis heute die Herrschaft über die gesamte Kirche und die höchste Autorität in Glaubens-, Sitten- und Rechtsfragen.

2. Die Frühgeschichte des *Papsttums* bis in das 3. Jh. ist weitgehend unbekannt. Bereits im 4. Jh. wurde der Primat des Papstes von den römischen Bischöfen gefordert, doch erst von *Leo I.* (440–461) wegweisend formuliert. *Gelasius I.* (492–496) entwickelte darauf aufbauend die sogenannte *Zweigewaltenlehre,* nach der die geistlich-päpstliche Gewalt der weltlich-königlichen übergeordnet sei. Die Durchsetzung dieser Grundprinzipien erfolgte erst im 11. Jh. Vorerst bildeten die allgemeinen Kirchenversammlungen (ökumenische *Konzile*), ähnlich wie im Spätmittelalter, die höchste kirchliche Autorität. Die enge Verbindung zum Frankenreich, später zum Deutschen Reich brachte den Päpsten den Schutz vor ihren Gegnern (z. B. Langobarden, römischen Adelsgruppen) und durch Landschenkungen die Grundlagen des Kirchenstaats. Die Karolinger erlangten dagegen die Absicherung ihrer Herrschaft (durch feierliche Königssalbung) und schließlich das Kaisertum. *Karl d. Gr.* verstand diese Rangerhöhung (Kaiserkrönung am Weihnachtstag 800 in Rom) als unmittelbaren Auftrag Gottes, sah sich selbst als unumschränkten weltlichen und geistlichen Herrscher, den Papst aber lediglich als ersten Reichsbischof. Nach einer Zeit des Niedergangs (9./10. Jh.) setzte ab 1046 Kaiser Heinrich III. als Schutzherr der Kirche unwürdige Päpste ab und schlug eigene Kandidaten vor. Mit ihnen begann die Phase des *Reformpapsttums,* das die „Freiheit der Kirche" forderte: Jeglicher weltliche Einfluß sollte ausgeschaltet werden und die gesamte Kirche der römischen Zentrale untergeordnet sein. Auf der Grundlage dieser Vorstellungen und leidenschaftlich erfaßt von der Idee der unbegrenzten Vorrangstellung des Papstes setzte *Gregor VII.* (1073–1085) Kaiser *Heinrich IV.* ab und bannte ihn, da dieser als weltlicher Herrscher, überzeugt vom eigenen göttlichen Auftrag, Bischöfe im Reich eingesetzt hatte *(Investiturstreit).* Besonders *Innozenz III.* (1198–1216) und *Bonifatius VIII.* (1294–1303) brachten mit Hilfe der Kardinäle, der Zentralverwaltung in Rom *(Kurie)* und des kirchlichen Rechts die Macht des Papsttums zur höchsten Entfaltung.

3. Im Konflikt mit dem französischen König um Kirchenzehnt und Bischofsernennung zeigte sich der grundsätzliche Streit zwischen dem päpstlichen Machtanspruch und dem entstehenden Nationalstaat. Die Päpste verlegten unter französischem Druck ihren Sitz nach Avignon. Diese *„Babylonische Gefangenschaft"* (1309–1376), das anschließende *Große Abendländische Schisma* (Kirchenspaltung unter der gleichzeitigen Herrschaft von zwei Päpsten; 1378–1417), die vom immensen päpstlichen Finanzbedarf bestimmte Kirchenleitung und die gänzlich verweltlichten Renaissancepäpste führten zur Krise des Papsttums und zum Ruf nach Kirchenreformen. Die großen *Konzile von Konstanz (*1414–1418) und *Basel (*1431–1449) scheiterten letztlich an den Reformaufgaben, die erst durch die Reformation und die darauf folgende katholische Erneuerung gelöst wurden.

7.2 Mönchtum und Klöster

Mönche oder Nonnen lebten als Ordensgeistliche abgeschlossen von der Welt im *Kloster* (lat.: claustrum, geschlossener Bereich). Dort suchten sie durch ein vollkommenes christliches Leben in Armut, Keuschheit und Gehorsam, Gottes Nähe zu erlangen. Im Laufe des Mittelalters entstanden sehr unterschiedliche Orden, die in fast allen Lebensbereichen auch wichtige weltliche Aufgaben erfüllten.

3. Jh.	**Anfänge des Mönchtums im Vorderen Orient**
ca. 540	**Regel des Benedikt von Nursia (Monte Cassino)**
909/910	**Gründung des Klosters Cluny in Burgund**
11./12. Jh.	**Entstehung der Reformorden**
13. Jh.	**Entstehung der Bettelorden**

1. Stellen Sie die Grundzüge der Geschichte des Mönchtums dar.
2. Welche Funktionen nahmen die Klöster wahr?
3. Schildern Sie die Lebensbedingungen im Kloster.

1. Das *Mönchtum* entstand in Syrien, Palästina und in Ägypten in der Form des einzeln lebenden Eremiten oder als gemeinsames Leben in einem Kloster. Diese zweite Ausprägung erhielt durch die *Regel des Benedikt* von Nursia die für das europäische Mönchtum (bis ins 11. Jh.) allgemeingültige Form. Das benediktinische Mönchtum war geprägt von der Forderung nach persönlicher Armut, Keuschheit, Gehorsam, dauerndem Aufenthalt im Kloster und durch den Wechsel von körperlicher Arbeit und Gebet (lat.: ora et labora, bete und arbeite). Da diese strengen Anforderungen häufig vernachlässigt wurden, kam es in der Geschichte des Mönchtums immer wieder zu Reformen. Die meisten Orden hatten neben Klöstern für Männer (1. Orden) auch Frauenklöster (2. Orden). Mit der Gründung des Klosters *Cluny* begann unter Betonung des feierlichen Gottesdienstes eine Rückbesinnung auf die Regel Benedikts. Gegen den wachsenden Reichtum von Cluny setzten mehrere neue Orden das ursprüngliche Armuts- und Einsamkeitsideal. Neben den *Kartäusern* und *Prämonstratensern* war der bedeutendste der *Zisterzienserorden* (gegründet 1098). In diesen einsam gelegenen, schmucklosen Klöstern, auf den zahlreichen Außenhöfen arbeiteten die

Mönche oder Nonnen wieder selbst, vor allem aber die gesondert lebenden Laienbrüder bzw. -schwestern. Die Zisterzienser betrieben Landwirtschaft und waren an der Binnenkolonisation und der Ostsiedlung beteiligt. Seit dem 13. Jh. entstand in den Bettelorden der *Franziskaner, Dominikaner* und *Karmeliter* eine völlig neue Form des Mönchtums: Die Armut des einzelnen Mönchs galt ebenso für den Orden; der Lebensunterhalt wurde wesentlich durch Betteln erworben. Wichtigste Aufgabe (neben Mission, Ketzerbekämpfung und Studium) war die volksnahe Seelsorge durch Predigt und Beichte. Dazu ließen sich die Mönche in den Städten nieder. Gab es bisher im Kloster überwiegend Adlige, traten nun Bürger in die Bettelorden ein, die ihrerseits fromme Laienvereinigungen (Dritte Orden) unterstützten und kontrollierten.

2. Die ursprüngliche Bestimmung des *Klosters* war auf das Seelenheil der Mönche bzw. Nonnen und ihre Fürbitte für andere Menschen ausgerichtet. Zahlreiche Aufgaben kamen allmählich hinzu: Die Klosterschulen waren neben den Domschulen die wichtigsten Bildungsstätten. Wissenschaft und Kunst blühten in den Schreibschulen und Bibliotheken. Arme und Kranke wurden gepflegt und versorgt, Pilger beherbergt. Meist waren die Klöster Zentren großer eigenständiger Wirtschaftsbetriebe im Rahmen des Fronhofsystems (➡ 6.4). Könige, Bischöfe und andere Adlige gründeten Klöster. Dabei spielten neben der frommen Absicht handfeste Vorteile eine Rolle: Klöster dienten als Alterssitz und als Versorgungseinrichtung für Familienmitglieder. Sie waren gegenüber ihren Gründern (z. B. dem König) zur Beherbergung und zur Heeresfolge verpflichtet.

3. Das Klosterleben war bestimmt durch die *Ordensregel*: Der durch die Schweigepflicht geprägte Tag begann bald nach Mitternacht, sah ca. alle drei Stunden das ausführliche Chorgebet, Lesungen und Gesänge vor, die durch Arbeit (mehr Lesen und Schreiben als Handarbeit) und eine Hauptmahlzeit unterbrochen wurden. Zwischen 18 und 20 Uhr begann die Nachtruhe. Die Wirklichkeit in den Klöstern entsprach oft nicht dem Ideal der Ordensregel. Im Zentrum der Klosteranlage lag die Kirche, ihr direkt angeschlossen war die Klausur, d. h. die nur den Mönchen bzw. Nonnen vorbehaltenen Räume wie Kreuzgang, Schlaf- und Speisesaal. Spital, Herberge, zahlreiche Stallungen und Wirtschaftsgebäude schlossen sich an. Die Leitung übte mit Hilfe weiterer Ämter der meist von den Klosterinsassen gewählte *Abt* oder Prior, im Frauenkloster die *Äbtissin* oder Priorin, im Sinne eines strengen Familienoberhauptes mit umfassenden Befugnissen aus.

7.3 Amtskirche und Kirchenkritik

Im Frankenreich entstand die Kirche als Organisation der christlichen Gemeinschaft zwischen dem 6. und 8. Jh. Seit dem 11. und 12. Jh. wurden Reichtum und Verweltlichung der Kirche zunehmend kritisiert und die Rückkehr zur ursprünglichen Armut gefordert. Diese Kritik führte einerseits zu innerkirchlichen Reformen, andererseits aber auch zu scharf bekämpften Ketzerbewegungen.

1. *Stellen Sie die Entwicklung der Reichskirche dar.*
2. *Erläutern Sie die kirchliche Organisationsstruktur.*
3. *Welches waren die wichtigsten Häresien?*

1. Das Christentum gelangte – abgesehen von Anfängen in der Römerzeit – als Herrschaftsreligion nach Mitteleuropa: Überzeugt von der überlegenen Stärke Christi gegenüber den alten Stammesgöttern ließen sich die germanischen Fürsten taufen; ihnen folgte dann die Bevölkerung. So entfalteten sich nach der Taufe des fränkischen Königs *Chlodwig* (498) Kirchenorganisation und Christentum im expandierenden Frankenreich. Durch die Tätigkeit der Missionare, deren bedeutendster der Angelsachse *Bonifatius* („Apostel der Deutschen"; ermordet 754) war, entstand mit herrschaftlicher Unterstützung eine flächendeckende Organisation von Bistümern. Sie wurde nach der militärischen Eroberung und Zwangstaufen auch in Sachsen (nach785) und östlich der Elbe (im 10. Jh.) eingerichtet und während der Ostsiedlung (12./13. Jh.) bis in das Baltikum ausgedehnt. Bis in das 11. Jh. setzten die deutschen Könige, überzeugt vom Amtsauftrag Gottes, ungehindert Bischöfe und Äbte im Reich ein. Diese unterstützten die Herrscher, indem sie die Könige auf ihren Reisen beherbergten, Heeresabteilungen stellten und Aufgaben in der Reichsverwaltung übernahmen. Im Gegenzug erhielten Bischöfe und Äbte vom König großzügige Schenkungen und Reichslehen. Dieses *Reichskirchensystem* wurde durch den Investiturstreit insofern aufgehoben, als der König nur noch den bereits gewählten Bischöfen und Äbten die weltlichen Rechte und Besitzungen als Lehen übergab. Sie waren damit geistliche Reichsfürsten, die wie weltliche Herrscher im Spätmittelalter ihre Landesherrschaft ausbauten.

2. Der *Bischof* übte in seinem Amtsbereich (Bistum bzw. Diözese) die Verwaltung, kirchliche Aufsicht, Rechtsprechung und Weihe der Geistlichen aus. Die Gemeinschaft der Kleriker an der Bischofskirche (Kathedrale, Dom), d. h. die im Domkapitel vereinigten Domherren, unterstützten den Bischof bei seinen Aufgaben und im Gottesdienst. Seit dem 12. Jh. wählten sie den Bischof. Sie lebten von den Erträgen eines ihnen zugewiesenen Teils des kirchlichen Vermögens (Pfründe). Mehrere Bistümer zusammen bildeten unter einem Erzbischof eine Kirchenprovinz, über deren Gesamtheit schließlich der Papst stand. Während die meisten Bischöfe und Domherren dem Adel entstammten, war der niedere Klerus (Pfarrer, Diakone usw.) stadtbürgerlicher und bäuerlicher Herkunft. Mit der Bistumsorganisation entstanden auf dem Lande seit dem 8./9. Jh. sogenannte Taufkirchen mit dem Recht zur Taufe und Zehnterhebung. Die Bevölkerungsvermehrung, der Landesausbau und Stadtgründungen verdichteten das Netz der Pfarreien, so daß die Seelsorge auch dem wachsenden Bedürfnis nach Frömmigkeit genügen konnte.

3. Kritik am Reichtum der Kirche und den in weltlichem Luxus lebenden Geistlichen gab es im gesamten Mittelalter. Sie führte zu zahlreichen Reformen (Reformorden, Reformpapsttum). In Westeuropa entstanden seit dem 11. Jh. Häresien, d. h. Irrlehren aus der Sicht der römischen Kirche, da sie von der offiziellen Glaubenslehre abwichen. Als soziale Massenbewegungen, erfüllt von Frömmigkeit und dem Glauben an einen besseren Weg zum Heil, traten in den Städten Oberitaliens, Südfrankreichs, z. T. auch in Deutschland die Katharer und Waldenser mit ihren Forderungen nach einer armen Kirche hervor. Die *Katharer* (griech. die Reinen; mhd. Ketter, daher auch Ketzer) glaubten an den guten Gott, dem der Teufel als böser „Gott" und Weltenschöpfer gegenüberstand. Sie suchten die vom Bösen bestimmte materielle Welt zu überwinden und lehnten die reiche Kirche, deren Hierarchie, die Sakramente, Fleischgenuß, die Ehe, Krieg und die Todesstrafe ab. Die *Waldenser* waren Anhänger des Lyoner Kaufmanns Valdes (um 1173), der seinen Besitz verschenkt hatte und als bettelnder Wanderprediger das Armutsideal verkündete. Die Gegenmaßnahmen der Kirche bestanden neben verstärkter Seelsorge und Predigt im Ausschluß aus der christlichen Gemeinschaft (Exkommunikation), der die Waldenser ab 1184 traf. Die Katharer wurden im Albigenserkreuzzug (1209–1229) weitgehend vernichtet. Seit 1232 verurteilte eine päpstliche Verfolgungsbehörde *(Inquisition)* die Ketzer und übergab sie der weltlichen Gewalt zur Verbrennung.

7.4 Die Kreuzzüge

Türkische *Seldschuken* hatten (1070) Palästina, Syrien und die zum Byzantinischen Reich gehörenden Teile Kleinasiens besetzt. Der Kaiser von Byzanz wandte sich an Papst *Urban II.* mit der Bitte um militärische Hilfe. Dieser rief auf dem Konzil zu *Clermont* (1095) zur Befreiung der heiligen Stätten auf. Daraus entstand eine Bewegung, die fast zwei Jahrhunderte lang Menschen aller sozialen Schichten in Westeuropa dazu veranlaßte, im Nahen Osten für ein von Christen besetztes Palästina zu kämpfen. In sieben Kreuzzügen versuchten die Christen vergeblich, eine dauerhafte Herrschaft in Palästina zu begründen.

1095–1291	**Sieben Kreuzzüge und Rückzug aus Palästina**
1096–1099	**1. Kreuzzug, Eroberung Jerusalems und Gründung der Kreuzfahrerstaaten**
1187	**Rückeroberung Jerusalems durch Saladin**
1204	**Auf dem 4. Kreuzzug wird Byzanz von Christen geplündert**

1. Was versteht man unter dem Begriff Kreuzzug?
2. Welche Umstände förderten den Zulauf zu den Kreuzzügen?
3. Beschreiben Sie die Haltung der Moslems gegenüber den Kreuzzügen.
4. Nennen Sie Folgen der Kreuzzüge.

1. Die ersten Kreuzzüge wurden in den Quellen als bewaffnete Wallfahrt bezeichnet. Die Kirche segnete die Waffen der Teilnehmer, aber auch Stab und Tasche, die Zeichen des Pilgers. Die Kreuzfahrer gelobten ihre Teilnahme und hefteten sich ein Stoffkreuz an die Schulter. Während des Zuges war ihr Eigentum geschützt, ein Bruch des Kreuzzuggelübdes konnte zum Ausschluß aus der Kirche führen. War ein Kreuzzug ursprünglich zur Befreiung der heiligen Stätten in Palästina gedacht, änderte sich die Zielsetzung schon bald und bezeichnete einen vom Papst angeordneten Krieg, der sich auch gegen Christen mit abweichenden Glaubensvorstellungen richten konnte (*Albigenserkriege* in Frankreich 1209–29, Aufstand der *Stedinger Bauern* 1234). Kreuzzüge wurden auch zur Eroberung osteuropäischer Gebiete seit 1147 geführt.

2. Die Wallfahrt nach Palästina zu den Wirkungsstätten Jesu war schon lange üblich. Päpste und Prediger förderten die Kreuzzugsunternehmen, indem sie den Teilnehmern Ablaß für ihre Sünden versprachen. In Europa war der Kampf gegen Andersgläubige wie Slawen, Wikinger, Ungarn und Araber seit langem üblich, so daß die Worte der Prediger auf offene Ohren stießen. Dazu kam, daß ein vom Papst verordneter Krieg den Einsatz von Waffen rechtfertigte, die Ritterschaft sich also in den Dienst einer heiligen Sache stellte. Daneben spielten auch wirtschaftliche Überlegungen eine Rolle. Die abendländische Bevölkerung war stark angewachsen, viele Ritter waren aufgrund von Erbteilungen verarmt. Am Rande der Städte und Dörfer gab es Besitzlose, die sich von einem Kreuzzug Land in Palästina versprachen. Weiterhin spielten Abenteuerlust und Mobilität eine Rolle.

3. Der Kriegsgrund der christlichen Ritter, die Befreiung Jerusalems, wurde von den Moslems nicht verstanden, da der Besuch der heiligen Stätten jederzeit möglich war. Die unbedingte Bereitschaft der Kreuzfahrer, ihr Leben für die Einnahme Palästinas aufs Spiel zu setzen, stieß auf Erstaunen. Die Grausamkeit der christlichen Übergriffe mobilisierte den Widerstand gegen die Eindringlinge. Die zögernde Abwehrreaktion der islamischen Völker ist auch dadurch zu erklären, daß das umkämpfte Land am Rande ihres Einflußbereiches lag.

4. Die Kreuzzüge forderten mehrere hunderttausend Opfer. Die heiligen Stätten konnten für fast hundert Jahre (1187) von den Christen gehalten werden. Byzanz wurde durch die Kreuzfahrer (1204) auf Dauer geschwächt. Eine direkte Folge der Kreuzzüge war die Gründung der *Ritterorden*, deren Mitglieder sich zu einem mönchsähnlichen Leben und dem Kampf gegen Andersgläubige verpflichteten. Der *Templerorden*, nach dem Tempel Salomos in Jerusalem benannt, entstand 1118/19, und hatte sich anfangs dem Schutz der Pilger verschrieben. Der *Johanniterorden*, um 1050 im Johannesspital in Jerusalem gegründet, versah Pflegedienste. Der *Deutsche Orden*, 1190 gegründet, errichtete ab 1230 in Preußen eigene Einflußgebiete. Die drei Orden unterstanden direkt dem Papst. Gerechtfertigt wurde der Kampf gegen Andersgläubige durch die Idee des „*Gerechten Krieges*", der nicht Menschen, sondern das Böse tötete. Die italienischen Hafenstädte Venedig und Genua profitierten besonders durch die Kreuzzüge, da sie durch die Transporte der Kreuzfahrer und durch den Handel mit begehrten Orientwaren Reichtum erwarben.

8 Agrargesellschaft und Stadtentwicklung im Mittelalter

Wesenszüge der mittelalterlichen Agrargesellschaft

Die meisten Menschen lebten und arbeiteten auf dem Lande. Die einfache Technik und die geringen Erträge führten dazu, daß zunächst kaum mehr produziert werden konnte, als zur eigenen Versorgung benötigt wurde *(Subsistenzwirtschaft).* Der soziale und wirtschaftliche Mittelpunkt des einzelnen war die *Familie,* in der das männliche Oberhaupt umfassende Verfügungsgewalt besaß. Die weitgehende Abhängigkeit von der Natur bedrohte die Menschen; sie reagierten darauf mit Wertvorstellungen, die das Bestehende zu wahren suchten. Die Erfahrung immer gleicher Jahresrhythmen und weitgehend unveränderter Lebensbedingungen führte zur Betonung der Tradition. Die Herren übten ihre Herrschaft fast ohne Verwaltung, aufgrund persönlich gestalteter Abhängigkeitsverhältnisse aus.

Eine Dynamisierung erfuhr diese Gesellschaft seit dem 11. und 12. Jh. durch den Aufschwung der Städte. Bevölkerungswachstum und die Steigerung der landwirtschaftlichen Produktivität ermöglichten eine zunehmende Arbeitsteilung und Spezialisierung: Neben die Landwirtschaft trat jetzt das Handwerk und der Markt mit den Kaufleuten als Zentrum des Warenaustausches *(arbeitsteilige Verkehrswirtschaft).*

Gesellschaftsstruktur

Die *Bauern* bildeten die Mehrheit der Bevölkerung (80 bis 90 %); sie waren mit wenigen Ausnahmen halbfrei oder unfrei, d. h. an den Boden gebunden und einem Herrn unterworfen. Von diesem erhielten sie gegen Abgaben und Dienste Land zur eigenen Bearbeitung. Der *Grundherr* übernahm, da es einen Staat im modernen Sinne nicht gab, dessen Funktionen (Schutz, Gericht, Hilfeleistungen). Bevölkerungswachstum, Siedlungsbewegung und Stadtentwicklung führten seit dem 11. und 12 Jh. zur Verbesserung der Lebensbedingungen und Rechtsstellung der Bauern, die nun überwiegend in Dörfern mit eigener Verwaltung lebten. Diese Aufschwungsphase endete im 14. Jh., als die wachsende Bevölkerung nicht mehr ernährt werden konnte. Zusammen mit den Pestwellen reduzierte die Agrarkrise die Bevölkerung um ein Drittel. Sie brachte für viele Bauern eine Verschlechterung der Lebensbedingungen, was sich in einer zunehmenden Zahl von Unruhen äußerte.

Der *Adel* besetzte im gesamten Mittelalter die weltlichen und kirchlichen Führungspositionen. Als Besitzer großer Ländereien (Grundherren) verfügten die Adligen über die notwendige materielle Versorgung, um ihre Herrschaftsaufgaben in Krieg, Verwaltung und Gericht wahrzunehmen. Zusätzlich zum Eigenbesitz erhielten sie vom König Land bzw. Rechte als Lehen, um auf dieser Grundlage bestimmte Reichsämter wahrzunehmen. In dieses *Lehnssystem* war bis zum 12. Jh. der gesamte Adel integriert; es entstand eine genau abgestufte Rangfolge, die *Heerschildordnung:* König – Hochadel – niederer Adel. Die ursprünglich unfreien *Dienstmannen (Ministeriale)* stiegen zum niederen Adel auf. Gemeinsames Ideal der Adligen war die ritterliche Lebensführung. In den Landesherrschaften (Territorien) des Hochadels entwickelten sich im Spätmittelalter die Ansätze zum modernen Flächenstaat.

Städte und Stadtbewohner gab es – abgesehen von den Resten der Römerstädte – erst seit der Aufschwungsphase des 11./12. Jh. In einem allmählichen Emanzipationsprozeß erlangten die Stadtbewohner persönliche, wirtschaftliche und politische Freiheitsrechte. Diese Entwicklung war eng verknüpft mit der Entfaltung des Handels und Fernhandels, der gewerblichen Produktion für den Markt, der Entstehung der Stadtgemeinde und der städtischen Selbstverwaltung durch den Rat. Die Städte beeinflußten vielfältig die weitere Entwicklung: So orientierte sich die landwirtschaftliche Produktion zunehmend an den städtischen Bedürfnissen, die Geldwirtschaft löste vielfach die Naturalwirtschaft ab, eine eigene Stadtkultur entstand, städtische Verwaltung und Gerichtsbarkeit trugen zur Modernisierung der Landesherrschaften bei. Diese integrierten die meisten Städte (außer den Reichsstädten) in ihre Territorien und begrenzten damit deren Freiheiten.

Periodisierungsproblematik

Die Epoche des Mittelalters umfaßte den Zeitraum von ca. 500 bis ca. 1500. Der Begriff wurde von den Humanisten geprägt, die damit die „dunkle" Zeit zwischen der als Vorbild gesehenen Antike und der als neues Zeitalter empfundenen eigenen Epoche bezeichneten. Geht man jedoch von der gesellschaftlichen und wirtschaftlichen Entwicklung aus, ergeben sich als Zäsuren eher das 11. Jh. (Stadtentwicklung, endgültige Herausbildung des Adels- und Bauernstandes) und das 19. Jh. (Ende der Agrargesellschaft). Diese Zeiteinteilung liegt dem Begriff Feudalismus (lat. feudum, Lehen) zugrunde, der das Lehnswesen und die Grundherrschaft als bestimmende Epochenstrukturen ansieht.

8.1 Die Landwirtschaft

Vom 6. bis 11. Jh. arbeiteten fast alle Menschen in der *Landwirtschaft;* am Ausgang des Mittelalters (um 1500) waren es immer noch über 80%. Ursache dafür war die geringe Produktivität. Sie begrenzte das Nahrungsangebot so sehr, daß nach Mißernten häufig Hungerkatastrophen auftraten. Bevölkerungswachstum und Entwicklung der Landwirtschaft standen also in einem engen Wechselverhältnis.

7.–11. Jh.	**Allmähliches Bevölkerungswachstum und Verbesserung der Produktionsmethoden**
11.–14. Jh.	**Aufschwung der Landwirtschaft: Bevölkerungsexpansion, Landesausbau, Intensivierung der Landwirtschaft**
14./15. Jh.	**Agrarkrise: Bevölkerungsrückgang, Wüstungen, sinkende Agrarpreise**

1. Stellen Sie die Entwicklung der Landwirtschaft dar.
2. Erläutern Sie die Ursachen der Ertragssteigerung.
3. Beschreiben Sie die Ernährungssituation.
4. Nennen Sie Folgen der Agrarkrise im 14. und 15. Jh.

1. Seit den Karolingern (8. Jh.) war die Bevölkerungszahl gestiegen. Der Ackerbau (anfangs 3–5% des Bodens) dehnte sich auf Kosten der Viehwirtschaft, wie sie noch die germanischen Völker vorwiegend betrieben hatten, aus. Die Produktion war im wesentlichen auf die eigene Versorgung und die der Herren ausgerichtet (Subsistenzwirtschaft). Die Ernährung der Städter seit dem 11. Jh. war nur möglich, weil die landwirtschaftliche Produktivität erhöht wurde. Der städtische Markt und die wachsende Bedeutung des Geldes veränderten das Leben der Bauern: Sie wurden zunehmend in die arbeitsteilige Verkehrswirtschaft einbezogen und waren vom Erlös ihrer Produkte abhängig. Im Hochmittelalter (11. bis 13. Jh.) verdreifachte sich die Bevölkerungszahl in Mitteleuropa. Das führte neben einer Intensivierung der Landwirtschaft zu einer enormen Ausdehnung der Ackerflächen (→ 5.2, → 8.4). Zu Beginn des 14. Jh. war die Landwirtschaft nicht mehr in der Lage, die weiterhin wachsende Bevölkerung zu ernähren (→ 8.1,4.).

2. Die Ertragssteigerung im Hochmittelalter war vor allem eine Folge der Ausdehnung der Ackerflächen um mehr als 50%. Daneben wirkte die Verbreitung der *Dreifelderwirtschaft* ertragssteigernd. Denn nun lag im jährlichen Wechsel jeweils nur ein Drittel der Flächen (früher die Hälfte) zur Regeneration brach, während die anderen zwei Drittel mit Sommer- bzw. Wintergetreide bestellt wurden. Eine Intensivierung des Anbaus brachten auch Sonderkulturen wie Wein, Obst oder Gespinstpflanzen (Flachs, Hanf). Ertragssteigernd wirkte sich ferner die Verbesserung der Arbeitsgeräte aus: der schollenwendende Pflug (Beetpflug), die verbesserte Anspannung (Kummet, Stirnjoch), eiserne Sicheln und Sensen verbreiteten sich.

3. Die Ernährungssituation war durch die niedrigen Ernteerträge im Mittelalter bestimmt. Das Verhältnis zwischen Aussaat und Ernte entwickelte sich von ca. 1:3 zu 1:5, wobei die unterschiedlichen Getreidesorten, die Bodenqualität und besonders die Witterung zu erheblichen Abweichungen führten. Saatgut und Abgaben abgerechnet verblieb den meisten Bauern kaum die Hälfte der Ernte, so daß die häufig witterungsbedingten Mißernten sofort zu Hungerkatastrophen führten; Kriege und Fehden wirkten sich ebenso aus. Neben dem Hauptnahrungsmittel Getreide, das meist als Brei oder Brot zubereitet wurde, gab es Gemüse, Milchprodukte und in geringem Umfang Fleisch.

4. Das starke Bevölkerungswachstum ließ das Nahrungsangebot zu Beginn des 14. Jh. immer enger werden und führte zu großen Hungerkrisen. Der darauf folgende Bevölkerungsrückgang wurde massiv verstärkt durch die seit 1348 auftretenden Pestwellen. Sie reduzierten die Bevölkerung bis ca. 1450 um ein Drittel. Zahlreiche Felder und Dörfer wurden verlassen; es entstanden Wüstungen. Wälder, Wiesen und Viehwirtschaft nahmen zu. Aufgrund des Bevölkerungsrückgangs sank die Nachfrage nach Getreide so stark, daß die Preise fielen. Gleichzeitig stiegen wegen des Arbeitskräftemangels die Löhne. Kirchliche und weltliche Herren, die von landwirtschaftlichen Erträgen lebten, verzeichneten deshalb z. T. dramatische Einkommensverluste. Die großen Landesherren dagegen verfügten durch Steuern und Zölle von den Städten über ausreichenden Ersatz und konnten so ihre Landesherrschaft ausbauen. Die Lage der Bauern war sehr unterschiedlich: Gerieten sie nicht unter den besonderen Druck ihres durch die Agrardepression getroffenen Herrn, konnten sie durch Landkauf oder Übernahme guter Böden ihre Situation verbessern.

8.2 Das Dorf – bäuerliche Lebenswelt

Das mittelalterliche *Dorf* war meist eine geschlossene Ansiedlung einer Gruppe von Bauernhöfen (zwischen 10 und 30) mit ca. 200–300 Einwohnern. Die Dorfgemeinde bildete eine Lebens- und Wirtschaftsgemeinschaft; sie verfügte über gemeinsame Anlagen und regelte aufgrund eigener Rechte viele ihrer Angelegenheiten selbständig.

ab ca. 500	**Entwicklung dörflicher Frühformen: Kleinsiedlungen und Einzelhöfe**
ca. 1100 bis 1300	**Ausformung des typischen mittelalterlichen Dorfes; zahlreiche Dorfgründungen im Rahmen der Binnenkolonisation und der Ostsiedlung**
ab 1350	**Pest und Bevölkerungsrückgang, Dörfer werden verlassen (Wüstungen) oder zusammengelegt**

1. Stellen Sie die Entwicklung des Dorfes dar.
2. Beschreiben Sie das Siedlungsgebiet eines Dorfes.
3. Wie ist die dörfliche Gesellschaft strukturiert?
4. Erläutern Sie die dörfliche Selbstverwaltung.

1. Nach der Völkerwanderungszeit (ca. 500) war das Siedlungsbild in Mitteleuropa geprägt von Einzelhöfen oder kleineren Siedlungen. Für die ländlichen Bewohner wurde der Sitz des Grundherrn (*Fronhof*) wirtschaftliches, soziales und politisches Zentrum. Mit dem Bevölkerungswachstum, besonders seit Mitte des 11. Jh., weiteten sich die Siedlungen und Ackerflächen aus. Der Austausch mit den entstehenden Städten veränderte die dörfliche Wirtschaftsstruktur. Durch die Auflösung der Fronhöfe im 12. Jh. mußten die Bauern weniger Dienste leisten und erhielten z. T. mehr Land. Sie konnten dadurch unabhängiger und selbständiger wirtschaften. Dorfwirtschaft und Dorfgemeinde entwickelten sich so zum Mittelpunkt des bäuerlichen Lebens; dies um so mehr, als mit der Einführung der Dreifelderwirtschaft im Dorf zahlreiche Absprachen notwendig wurden. Mit der wachsenden Aufgabenfülle entwickelte sich die *Dorfgenossenschaft*.

2. Das Erscheinungsbild des hochmittelalterlichen *Haufendorfs* ließ drei unterschiedliche Bereiche, die zusammen als *Dorfgemarkung* bezeichnet werden, erkennen: 1. Das eigentliche *Dorf* mit einzelnen Hofstätten, zu denen Wohn- und Wirtschaftsgebäude sowie meist ein Garten gehörte. Der zentrale Dorfplatz war Versammlungs- und Gerichtsort, hier lagen Kirche, Friedhof und gemeinschaftliche Einrichtungen (z. B. Brunnen oder Backhaus); 2. Die *Ackerflur*, die häufig vom Dorfkern durch einen Zaun (Dorfetter) getrennt war, der das Vieh zurückhielt und den besonderen Rechts- und Friedensbezirk des Dorfes begrenzte. Die Ackerflur war entsprechend der Dreifelderwirtschaft in mehrere Feldblöcke (Sommer-, Wintersaat, Brache) aufgeteilt, in denen jeder Hof einzelne Parzellen bewirtschaftete. 3. Die *Allmende*, die von den Dorfbewohnern gemeinsam genutzt wurde und aus Weide- und Waldflächen sowie Gewässern bestand.

3. Eine kleine Oberschicht (*Schultheißen*) mit großen und von den Herren mit besonderen Rechten ausgestatteten Höfen stand an der Spitze der Dorfgemeinde; mit ihnen zusammen saßen die *Voll-* oder *Hufenbauern* (ca. ein Drittel der dörflichen Bevölkerung) in der Gemeindeversammlung. Nur diese beiden Gruppen besaßen das uneingeschränkte Nutzungsrecht an der Allmende. Die Mehrheit der dörflichen Bevölkerung stellten dagegen die *ländlichen Unterschichten:* Sie verfügten zum Teil über ein bescheidenes Haus und wenig Land, arbeiteten deshalb zusätzlich als Handwerker oder gegen Lohn bei den Vollbauern. Dort lebten auch Knechte und Mägde als Gesinde gegen Unterkunft, Kost und einen geringen Lohn.

4. Mit der Auflösung des Fronhofsystems gingen viele Verwaltungsaufgaben des ländlichen Raumes auf das Dorf über. Diese Aufgaben übernahmen zunehmend die dörfliche Oberschicht und die Vollbauern selbst. Das führte zur Herausbildung dörflicher Ämter und Organe. An der Spitze stand der meist vom Dorfherrn bestimmte Vorsteher (*Schulze, Schultheiß* o.ä.), der auch die Gemeindeversammlung leitete. Die hier versammelten Vollbauern bestimmten über die Finanzen, die Anbauordnung (Flurzwang) und die Verwaltung. Sie ernannten deren Amtsträger (z. B. Forstwart, Hirten), erließen dörfliches Recht und kontrollierten Gemeinschaftseinrichtungen. Zuweilen wählten sie auch das Dorfgericht, sorgten für den Kirchenbau und die Dorfarmen. Am Ende des Mittelalters erstarkten die Landesfürsten und schränkten die dörfliche Selbstverwaltung ein.

8.3 Der Adel

Der Adel war die mit besonderen Vorrechten ausgestattete politische und soziale Führungsschicht im Mittelalter. Seine Mitglieder besetzten die weltlichen und kirchlichen Leitungspositionen. Die Macht des Adels basierte auf Grundbesitz und militärischer Tüchtigkeit; seine Versorgung wurde durch die seinem Schutz unterstellte Masse der Bevölkerung gesichert.

7./8. Jh.	**Entstehung des fränkischen Reichsadels**
11./12. Jh.	**Herausbildung fester Adelsdynastien**
13. Jh.	**Aufstieg der Dienstmannen in den niederen Adel**
12./13. Jh.	**Blütezeit von Rittertum und höfischer Kultur;**
	Trennung in Hochadel und niederen Adel;
	Entwicklung der Landesherrschaft

1. Stellen Sie Herkunft und Entwicklung des Adels dar.
2. Charakterisieren Sie Rittertum und höfische Kultur.
3. Welche Rolle spielte der Adel in der Reichskirche?
4. Erläutern Sie die Bedeutung der Landesherrschaft.

1. Unter den Karolingern verbanden sich die Adligen der verschiedenen Regionen mit dem fränkischen Adel zur Reichsaristokratie. Die Ernennung ihrer Mitglieder zu hohen Reichsämtern durch die Könige geschah nach Lehnsrecht: Als königliche Vasallen waren sie mit einem Reichsamt beauftragt, zu dem jeweils ein Amtsgut gehörte (→ 6.4). Beides wurde seit dem 10. Jh. erblich und mit den eigenen Besitzungen *(Allod)* sowie weiteren Herrschaftsrechten zur Machtbasis des Hochadels. Im 11. Jh. setzte ein Strukturwandel des Adels ein: Aus den instabilen adligen Familienverbänden wurden nun aufgrund der männlichen Erbfolge feste Dynastien mit Familiennamen und -wappen sowie Stammburgen. Zugleich begann der massenhafte Aufstieg meist unfreier Dienstmannen *(Ministeriale)* durch Kriegs- und Verwaltungsaufgaben in den *niederen Adel.* Dieser war seit ca. 1200 streng vom *Hochadel* (Reichsfürsten, Grafen, Edelherren) getrennt. Im Spätmittelalter geriet der niedere Adel durch sinkende Einkünfte und Verlust seiner Aufgaben in Krieg und Verwaltung in eine Krise (Raubrittertum).

2. *Ritter* war zunächst der Krieger zu Pferd. Seit dem 11. Jh. wurde diese Berufsbezeichnung zunehmend auf alle angewandt, die zu Pferd kämpften, d. h. auf den gesamten Adel. Beeinflußt durch christliche Vorstellungen (Ritterweihe, Schwertsegen) entwickelte sich eine den Adel insgesamt prägende weltliche Kultur: Vornehmste Aufgabe des Ritters war der Kampf zum Schutz Wehrloser (z. B. Geistliche und Bauern) und in den Ritterorden vor allem gegen die Ungläubigen; sein Verhalten war den ritterlichen Tugenden wie Treue, Verehrung der adligen Dame und Maßhalten verpflichtet. Feste und Turniere galten als Höhepunkte des höfischen Lebens. Das in der höfischen Dichtung *(Minnesang)* entworfene Idealbild stand in scharfem Kontrast zum mühseligen Alltag der meisten Ritter auf ihren bescheidenen Burgen.

3. *Bischöfe* und *Äbte* entstammten dem Hochadel. Da bei ihnen aufgrund der Ehelosigkeit die Erblichkeit ausgeschlossen war, überließen die Könige ihnen im Rahmen des Lehnswesens (➔ 6.4) bevorzugt Ländereien, Herrschaftsrechte und hohe Reichsämter. Solange die Könige Bischöfe und Äbte einsetzen konnten, waren diese verläßliche Stützen in der Reichsverwaltung und beim Heeresaufgebot *(Reichskirchensystem)*. Als mit der *Gregorianischen Reform* (um 1100) der Einfluß des Königs und anderer Laien in der Kirche zurückgedrängt wurde, funktionierte dieses System nicht mehr. Vielfach behielten Bischöfe und Äbte ihre Ländereien und weltlichen Herrschaftsrechte: Sie wurden zu geistlichen Reichsfürsten, die die weltlichen Geschäfte ihrer Gebiete (Gericht und Verwaltung) und die militärischen Aufgaben einem adligen Vogt überließen.

4. Während sich im Frühmittelalter Herrschaft vor allem auf Personen erstreckte, entwickelte sich seit dem 12. Jh. die *Landesherrschaft.* Sie bedeutete möglichst umfassende Herrschaft über ein bestimmtes Gebiet (Territorium) und alle darin ansässigen Personen. Die dazu notwendige Zusammenfassung unterschiedlicher Herrschaftsrechte (z. B. Grundherrschaft, hohe Gerichtsbarkeit, Zoll-, Münz- und Steuerrechte) gelang dem Hochadel aufgrund der Schwäche des Königtums. Der niedere Adel, die Städte und die Geistlichkeit traten dem Landesherrn seit dem 13. und 14. Jh. als Landstände mit dem Recht der Steuerbewilligung gegenüber. Diese Ansätze zum modernen Flächenstaat entwickelten sich in Deutschland, im Gegensatz zu Frankreich, nicht zentral, sondern in den Territorien.

8.4 Landesausbau und Binnenkolonisation

Als *Landesausbau* bezeichnet man die Gewinnung neuer Acker- und Weideflächen durch Rodung und Trockenlegung. Parallel zum massiven Bevölkerungswachstum kam es vom 11. bis 13. Jh. zur beträchtlichen Ausdehnung der Siedlungsflächen in Mitteleuropa *(Binnenkolonisation)* und östlich von Elbe und Saale (Ostsiedlung). Der Landesausbau veränderte die Natur- zu einer Kulturlandschaft (Reduzierung der Wälder) und schuf viele, planmäßig angelegte Neusiedlungen.

8./9. Jh.	**Begrenzter Siedlungsausbau in der Karolingerzeit**
10. Jh.	**Stagnation durch Einfälle der Normannen und Ungarn**
11.–13. Jh.	**Aufschwungsphase: Binnenkolonisation, Ostsiedlung**
14. Jh.	**Bevölkerungsrückgang und Ende des Landesausbaus**

1. Beschreiben Sie die Maßnahmen der Binnenkolonisation.
2. Stellen Sie die neuen Siedlungstypen dar.
3. Welcher Zusammenhang bestand zwischen Landesausbau und wirtschaftlicher Aufschwungsphase?
4. Beurteilen Sie die Folgen des Landesausbaus für die Bauern.

1. Während der *Binnenkolonisation* wurden zunächst die bestehenden Siedlungen erweitert, und Söhne oder jüngere Brüder übernahmen die neuen Hofstellen. Mit steigender Bevölkerungszahl entstanden im Küstenbereich durch Eindeichung, in den Mittelgebirgen durch Rodung, in Sumpf- und Moorgebieten durch Trockenlegung neue Siedlungsräume. Die mühseligen Kultivierungsarbeiten leisteten die Bauern ebenso wie die Ausstattung der neuen Höfe mit Vieh und Arbeitsgeräten. Die Grundherren gewährten als Gegenleistung Vergünstigungen. Vielfach beauftragten sie einen Rodungsmeister (im Süden Reutemeister) mit der Durchführung der Kolonisation. Der Adel und viele Klöster (v. a. die Zisterzienser) waren an der Binnenkolonisation interessiert, weil sie dadurch ihren Herrschaftsbereich (z. B. durch Steuererhebung und Gerichtsbarkeit) erweitern konnten.

2. Im Gegensatz zum gewachsenen, unregelmäßigen Haufendorf zeichneten sich die neuen Siedlungen durch planmäßig gestaltete Grundrisse aus. Oft lagen die Höfe aufgereiht an der Dorfstraße *(Straßendorf)* oder um einen Dorfplatz *(Angerdorf)*. Beim *Waldhufendorf* in den Mittelgebirgen und beim *Marschhufendorf* der Küstenregion schloß sich an die in einer Reihe liegenden Gehöfte jeweils das dazugehörige Ackerland unmittelbar an. Der Umfang des hochmittelalterlichen Landesausbaus läßt sich bis heute an der Verbreitung bestimmter Ortsnamen ablesen (z.B. bei den Endsilben -rode, -roth, -reuth, -rath, -wald).

3. Der *Landesausbau* ist im Zusammenhang mit anderen grundlegenden, sich wechselseitig bedingenden Veränderungen zu sehen: Der starke Bevölkerungsanstieg war die wichtigste Ursache für Binnenkolonisation, Ostsiedlung und Stadtentwicklung. Neben der Flächenausweitung (in Mitteleuropa ca. 50%) kam es in begrenztem Umfang (ca. 20%) auch zur Intensivierung der Agrarproduktion. Dazu trugen die nun allgemein verbreitete Dreifelderwirtschaft, technische Verbesserungen und der erweiterte Anbau von Sonderkulturen bei (➡ 8.1). Von großer Bedeutung war die Ausdehnung des Getreideanbaus auf Kosten der extensiven Viehwirtschaft, da so je Flächeneinheit mehr Menschen ernährt werden konnten. Die Entwicklung von Handel und Geldwirtschaft zog einen tiefgreifenden Wandel auf dem Lande nach sich: Die Einbeziehung in den städtischen Markt löste das auf Selbstversorgung ausgerichtete Fronhofsystem (➡ 6.4) langsam auf, denn nun konnte man viele Dinge besser in der Stadt erwerben. Die Grundherren betrieben die Auflösung der Fronhöfe auch deshalb, weil sie sich damit der oft im eigenen Interesse wirtschaftenden Verwalter (Meier) und der häufig nachlässig ausgeführten Frondienste der Bauern entledigen konnten. An die Stelle des Fronhofsystems traten nun Pachtverhältnisse und Geldzahlungen als Ersatz für frühere Dienste.

4. Die Grundherren konnten Bauern für die aufwendige Kultivierungsarbeit nur durch besondere Anreize gewinnen: So erlangten die Neusiedler oft ein besseres Besitzrecht (Erbrecht), persönliche Freizügigkeit oder Abgabenminderung und Selbstverwaltungsrechte. Diese Veränderungen wirkten auch auf die Altsiedelgebiete zurück, so daß sich die bäuerlichen Lebensbedingungen insgesamt verbesserten. Dazu trug auch die Auflösung des Fronhofsystems bei, denn sie lockerte die ökonomische und persönliche Bindung der Hörigen an den Grundherrn; zusammen mit der Produktion für den städtischen Markt wurde so die bäuerliche Einzelwirtschaft gestärkt und leistungsfähiger.

8.5 Die Stadt: Handwerker und Kaufleute

Mit der Steigerung der landwirtschaftlichen Produktivität konnte sich ein wachsender Teil der Bevölkerung anderen Tätigkeiten als der Nahrungsproduktion widmen. Dies führte zur Arbeitsteilung und Spezialisierung, die Handwerk und Handel entstehen ließen. Der *Markt* als Ort des Warentausches und die Geldwirtschaft entfalteten sich als notwendige Konsequenzen. Die Zentren dieser neuen, neben die Agrarproduktion tretenden Wirtschaftweise entwickelten sich zu Städten. In ihnen spielten Handwerker und Kaufleute eine entscheidende Rolle, aber auch Bauern (Ackerbürger) lebten dort.

seit 9. Jh.	**Entstehung von Marktsiedlungen**
um 1100–1350	**Entwicklung des Städtewesens im Deutschen Reich; zahlreiche Stadtrechtsverleihungen**
12. Jh.	**Anfänge des Zunftwesens**
12./13. Jh.	**Herausbildung des Rates als Selbstverwaltung**
14. Jh.	**Entstehung von Gesellenvereinigungen**

1. Erläutern Sie die Stellung von Handwerkern und Kaufleuten innerhalb der städtischen Bevölkerung.
2. War die städtische Selbstverwaltung demokratisch?
3. Welche Funktionen erfüllten die Gilden?
4. Skizzieren Sie die Aufgaben der Zünfte.
5. Warum entstanden die Gesellenvereinigungen?

1. Groß- und Fernhandelskaufleute gehörten meist zur reichsten und angesehensten sozialen Gruppe, dem *Patriziat.* Sie stellten, zusammen mit den ehemaligen Bediensteten des Stadtherrn, *Bürgermeister* und *Ratsherren.* Zur weiteren *Oberschicht* (insgesamt ca. 10 % der Stadtbewohner) zählten auch vermögende Grundbesitzer und reiche Handwerker. Die *Mittelschicht* bestand aus der Masse der Handwerker, Händler und Krämer, zuweilen auch aus den Ackerbürgern. Oft mehr als die Hälfte der Stadtbewohner stellten die *Unterschichten* (z. B. Gesellen, Tagelöhner, Mägde) und die *Randgruppen* (z. B. Bettler). Sie waren meist ohne Vermögen, konnten deshalb kein Bürgerrecht erwerben und besaßen keinerlei politische Mitspracherechte: Sie waren nur Einwohner, keine Bürger.

2. Jede Stadt besaß einen Stadtherrn, dessen Beauftragte (Ministeriale) zunächst Verwaltung und Rechtsprechung ausübten. Insbesondere in Städten mit Fernkaufleuten erlangten diese gegen Geldzahlungen oder nach militärischen Auseinandersetzungen im Laufe der Zeit das Recht auf Selbstverwaltung. An der Spitze standen die Bürgermeister und die Räte, die für Verwaltung und Rechtsprechung zuständig waren. Da meist nur wenige Familien der Oberschicht die Ratsmitglieder stellten, war die Mehrzahl der Bürger von der politischen Mitwirkung ausgeschlossen. Erst im 13./14. Jh. erlangten vor allem Handwerker und Händler den Zugang zum Rat. Die übrigen Einwohner einschließlich aller Frauen blieben von der politischen Mitwirkung ausgeschlossen.

3. Seit dem 9. Jh. hatten sich Kaufleute gegen Gefahren auf ihren Handelsreisen zu Schutzgemeinschaften, den *Gilden* oder *Hansen,* zusammengeschlossen. Daraus entwickelten sich Genossenschaften, die dann auch als Interessengemeinschaft gegen den Stadtherrn und gegen die anderen Stadtbewohner, häufig auch gegen die wirtschaftlichen Forderungen der Handwerker dienten.

4. Die *Zunft* umfaßte die Angehörigen eines oder auch verschiedener Handwerke in einer Stadt (Zunftzwang). Sie war eine Vereinigung gleichberechtigter Meister, die ihre Angelegenheiten gemeinsam regelten (Genossenschaftsprinzip). Durch die Beschränkung der Anzahl von Meistern, Gesellen und Lehrlingen garantierte sie allen Zunftmitgliedern eine ausreichende Lebensgrundlage. Sie legte auch die Produktionsbedingungen (Technik, Arbeitszeiten) fest, bestimmte die Verkaufspreise und übte eine Qualitätskontrolle aus. Das soziale und religiöse Leben ihrer Mitglieder prägte sie als Hilfsgemeinschaft bei Krankheit und Tod und durch gemeinsame Feste und Gottesdienste.

5. *Gesellen* stellten etwa ein Drittel der erwerbstätigen Bevölkerung. Sie lebten im Haus des Meisters und standen damit weitgehend unter seiner Kontrolle, genossen aber auch seinen Schutz. Nach Anfertigung eines Meisterstücks konnten sie eine freiwerdende Meisterstelle übernehmen. Aufgrund des Arbeitskräftemangels nach der Großen Pest (ab 1348) begannen die Gesellen ihre eigenen Interessen wie höhere Löhne und bessere Arbeitsbedingungen stärker zu artikulieren. Durch das Wanderwesen und eine zunehmende Distanzierung zu den Meistern wuchs ihr Gruppenbewußtsein. So entstanden Gesellenvereinigungen, die nach dem Muster der Zünfte organisiert waren und vergleichbare Aufgaben übernahmen.

Mit dem Aufschwung der Städte im 12./13. Jh. entfaltete sich der Handel in Europa und über seine Grenzen hinaus. Vorreiter waren die oberitalienischen Städte. Die Hanse beherrschte den Handel in Nordeuropa zwischen England und Rußland. Während die Kaufleute anfangs selbst mit ihren Waren umherzogen, leiteten sie seit dem 14. Jh. die Geschäfte vom heimischen Kontor.

7.–9. Jh.	**Wanderhändler und frühe Handelsplätze**
11./12. Jh.	**Aufschwung der oberitalienischen Städte**
13. Jh.	**Blütezeit der Messen in der Champagne**
14./15. Jh.	**Brügge als europäisches Handels- und Finanzzentrum, Blütezeit der Städte-Hanse mit zeitweise 150 Städten**
15./16. Jh.	**Aufstieg der oberdeutschen Städte**

1. Stellen Sie die Entwicklung des Handels im Mittelalter dar.
2. Wo lagen die bedeutendsten Handelszentren?
3. Beschreiben Sie Entwicklung und Funktion der Hanse.

1. Die frühmittelalterlichen Wanderhändler kamen in eigenen Handelsplätzen (Wiken wie Quentowik oder Haithabu) oder in ehemaligen Römerstädten zu bestimmten Marktzeiten zusammen und handelten mit Luxusgütern (Seide, Gewürze, Bernstein) und Sklaven. Mit dem Entstehen neuer Städte wurden sie allmählich seßhaft und entwickelten sich zu einer eigenen Fernhändlerschicht, die sich zwecks Risikobegrenzung zu *Hansen* oder Anteilsgesellschaften verband. Aufgrund der Nachfrage, erhöter Produktion und verbesserter Transportmöglichkeiten wurden im Spätmittelalter auch Massengüter gehandelt, einheimische Waren exportiert und Rohstoffe für das städtische Gewerbe beschafft. Kirche und Adel blieben derartige nichtagrarische Tätigkeiten fremd, sie erschwerten den Handel durch das kirchliche Zinsverbot, Zölle und andere Auflagen, die ihnen selbst jedoch hohe Einnahmen brachten. Dagegen schlossen sich die Städte in Städtebünden zusammen. Schriftlichkeit (Buchführung) und die Übernahme oberitalienischer Handels- und Finanztechniken ermöglichten es den Kaufleuten, Geschäfte über Zweigniederlassungen und Vertreter abzuwickeln.

2. Transport und Versorgung während der Kreuzzüge brachten besonders *Venedig* und *Genua* den wirtschaftlichen Aufschwung; über zahlreiche Niederlassungen im östlichen Mittelmeer und am Schwarzen Meer trieben sie selbst oder über arabische Zwischenhändler Fernhandel bis nach Indien und China. Zusammen mit den Binnenstädten (v. a. Florenz) entwickelten sich die oberitalienischen Städte zur führenden Handels- und Finanzregion. Zur wichtigsten Gewerberegion wurden Flandern und Brabant durch ihre Wolltuchproduktion. Zwischen Oberitalien und Flandern lagen verkehrsgünstig die Messestädte der Champagne. Sie entwickelten sich, geschützt durch die herrschenden Grafen, im 13. Jh. zum zentralen europäischen Austauschplatz. Im 14. Jh. stieg dann *Brügge* (seit dem 16. Jh. *Antwerpen*) zum europäischen Handels- und Finanzzentrum auf: Hier wurden die Waren des Nordens (Getreide, Fisch, Pelze), die Luxusgüter des Südens, Wein und Salz vermittelt, finanziert und gehandelt. Verbunden mit dieser Region waren der Nord- und Ostseehandel der Hanse. Im 15. und 16. Jh. entwickelte sich Oberdeutschland (Nürnberg, Augsburg, Konstanz, Ulm) aufgrund der Gewinne aus dem Bergbau, der Metall- und Textilproduktion und seiner günstigen Verkehrslage zwischen Nord- und Südeuropa zu einem blühenden Wirtschafts- und Handelsraum mit bedeutenden Fernhandelsfirmen wie der „Große[n] Ravensburger Handelsgesellschaft" von 1380.

3. *Hanse* bedeutete zunächst (12./13. Jh.) eine Fahrtgemeinschaft von Kaufleuten zum gegenseitigen Schutz und zur gemeinsamen Interessenvertretung. Die Ostsiedlung, die Eroberungen des Deutschen Ordens und die Entwicklung der *Kogge* (ein seetüchtiger Schiffstyp mit großer Ladekapazität) waren die wichtigsten Voraussetzungen für den Aufschwung des hansischen Ostseehandels. Zahlreiche Niederlassungen von Nowgorod über Bergen bis London und Brügge, Zollfreiheit und Rechtsschutz brachten der Hanse die Vorherrschaft im nordeuropäischen Fernhandel. Im 14. Jh. wandelte sie sich durch Abkommen der Städte allmählich zur Städte-Hanse (Deutsche Hanse 1358), die mit dem Sieg über Dänemark (Friede von Stralsund 1370) auch politischen Einfluß gewann. Die Hansetage am „Vorort" *Lübeck* waren das Beschlußgremium der zeitweilig 150 angeschlossenen Städte. Der Niedergang im 15. und 16. Jh. wurde durch englische und holländische Konkurrenz, innerstädtische Unruhen und hansische Interessengegensätze, durch die Gegnerschaft der Territorialherren, besonders aber durch die Verlagerung des Handels zum Atlantik hin verursacht.

8.7 Die mittelalterliche Gesellschaft: Stände und Randgruppen

Die mittelalterliche Gesellschaft war geprägt von der Vorstellung einer Ordnung dieser Welt, die von Gott geschaffen und dadurch gerechtfertigt war. Jedem Menschen war ein bestimmter Platz im Gesellschaftsgefüge zugewiesen und seine Verhaltensweise vorgegeben. Auf Personen, die die vorgeschriebenen Normen nicht einhalten konnten oder wollten, reagierte die Gesellschaft mit Ablehnung und Bestrafung; sie trug damit zur Entstehung von Randgruppen bei.

1. *Stellen Sie die Gliederung der mittelalterlichen Gesellschaft dar.*
2. *Wer zählte zu den Randgruppen?*
3. *Wie kam es zur Entstehung von Randgruppen?*
4. *Charakterisieren Sie die Stellung der Juden.*
5. *Was verstand man unter „unehrlichen Berufen"?*

1. Im frühen Mittelalter unterschied man nach dem persönlichen Rechtsstand zwischen Freien (Adel, Freibauern) und Unfreien, d. h. der Masse der abhängigen Bevölkerung. Neben diese durch die Geburt bestimmte Zweiteilung trat eine politische: die militärisch mächtigen Freien herrschten über die Masse der Schutzbedürftigen. Seit der Jahrtausendwende entwickelten Geistliche die Vorstellung einer Dreiteilung nach bestimmten, für die Gesellschaft notwendigen Funktionen: Der *Klerus* stellte durch das Gebet die Verbindung zu Gott her, der *Adel* beschützte aufgrund seiner militärischen Macht die Menschen, die *Bauern* erarbeiteten das zum Leben Notwendige für alle. Mit der Entstehung der Städte im Hochmittelalter entsprach dieses Schema immer weniger der Realität. Der Beruf wurde nun zum wichtigsten Prinzip der aufgefächerten Ständegesellschaft. Die Lebenswirklichkeit der meisten Menschen war jedoch weniger von dieser Ständevorstellung geprägt, sondern von fest umrissenen, in sich gegliederten Gruppen, die gleichsam nebeneinander standen (z. B. Fronhofsverband, Dorfgemeinschaft, Zünfte).

2. *Randgruppen* ließen sich anhand ihrer Mobilität oder ihrer Seßhaftigkeit unterscheiden. Als nichtseßhafte Gruppen galten z. B. Wanderbettler, entlassene Söldner, Akrobaten, Possenreißer, Spielleute und

Zigeuner. In einer wenig mobilen und von festen Ordnungsvorstellungen geprägten Gesellschaft wurden diese „Unbehausten" abgelehnt. Zu den seßhaften bzw. stationären Randgruppen zählten z. B. Bettler, Aussätzige und die Angehörigen unehrlicher Berufe. Weil viele von ihnen für die Gesellschaft notwendig waren, wurden sie toleriert, wohnten jedoch abgesondert.

3. Die *Marginalisierung,* d. h. der Prozeß der Ausgrenzung, setzte angebliches oder tatsächliches Anderssein (z. B. Mißbildung, Armut) oder abweichendes Verhalten von den geltenden Normen und Werten voraus. Indem die Gesellschaft mit unterschiedlichen Formen der Ab- bzw. Ausgrenzung reagierte, produzierte sie die Randgruppen. Solche Maßnahmen konnten die Verächtlichmachung sein, sie wurden gesteigert durch Stigmatisierung, d. h. Kennzeichnung durch Kleidung (bei Prostituierten) oder Abzeichen (Judenfleck, Bettlermarken). Durch eine erzwungene Absonderung entstanden Randgruppenquartiere (Judenghetto, Dirnenhäuser). Im Extremfall kam es zu Kriminalisierung, zu Vertreibungen und Pogromen. Marginalisierungsprozesse fanden verstärkt im Spätmittelalter statt. Sie sind als Reaktion auf Bedrohungsängste aufgrund der Pestwellen und wirtschaftlichen Krisen zu verstehen, in denen die Menschen Sündenböcke suchten.

4. Die *Juden* lebten wegen ihrer Religion und der davon geprägten Kultur in bewußter Abgrenzung von der christlichen Gesellschaft. Zu Beginn des ersten Kreuzzuges (1096) und während der Pestepedemie (nach 1348) kam es zu grausamen Verfolgungen, die vor allem durch religiöse Motive (Juden als angebliche „Mörder Christi"), Vorurteile (Brunnenvergiftung) und Sozialneid (Geldverleih) geschürt wurden. Zugleich wurden Juden zunehmend ausgegrenzt: Alle Berufszweige außer Geldgeschäften, Pfandleihe und Trödel waren ihnen verschlossen, sie mußten gesondert wohnen (Ghettos) und sich durch Spitzhut und gelben Fleck kenntlich machen. Der Schutz der Juden war ein Vorrecht des Königs, für das er hohe Abgaben erhielt; im Spätmittelalter erwarben Städte und Landesherren dieses (Steuer-)Recht.

5. Als *unehrliche Berufe* galten verachtete Tätigkeiten, denen das gesellschaftliche Ansehen, die sogenannte Ehre, fehlte. Dazu zählten vermutlich wegen ekelerregender Arbeiten z.B. Abdecker, Totengräber, Henker, Bader (Chirurg), wegen einer ländlichen (also unfreien Herkunft) z.T. auch Müller und Weber, wegen vermeintlich unmoralischer Tätigkeiten auch Prostituierte und Gaukler.

8.8 Gesellschaftliche Konflikte

Unruhen auf dem Lande und in den Städten, Bauernrevolten und Bürgerkämpfe verweisen auf tiefgreifende und andauernde Konflikte in der mittelalterlichen Gesellschaft. Als Ursachen traten dabei im wesentlichen wirtschaftliche Interessengegensätze und politische Forderungen (Teilhabe an der Macht bzw. gerechte Herrschaft) zutage. Ein Widerstandsrecht bestand gegen ungerechte Herrschaft, da sie gegen die in Gott gegründete Rechtsordnung verstieß; diese verpflichtete Herren und Beherrschte gleichermaßen.

1. Welche Konflikte entstanden im Rahmen des Fronhofsystems?
2. Warum nahmen die Konflikte auf dem Lande im Spätmittelalter zu?
3. Wie war das Verhältnis zwischen Stadtherrn und Bürgern?
4. Charakterisieren Sie die innerstädtischen Unruhen im 14./15. Jh.

1. Mit der Entstehung von Grundherrschaft und Fronhofsystem traten Herren und Bauern in ein enges Verhältnis wechselseitiger Pflichten und Leistungen (Schutz und Land gegen Abgaben und Dienste). Veränderungen in diesem Verhältnis konnten leicht zu Konflikten führen: So forderten Grundherren z. B. überhöhte Abgaben, die die Bauern verweigerten. Frondienste führten die Bauern nachlässig aus, weil z. B. gleichzeitig Arbeiten auf dem eigenen Acker anstanden. Die vom Grundherrn eingesetzten Verwalter (Meier) wirtschafteten – zum Nachteil für Herrn und Bauern – oft in die eigene Tasche. Wurden solche Konflikte nicht gütlich beigelegt oder zufriedenstellend im Hofgericht entschieden, konnte es zu weiterreichenden Protestaktionen der Bauern oder auch zu herrschaftlichen Zwangsmaßnahmen kommen. Bis in das 12. Jh. besaßen solche Konflikte meist lokalen Charakter. Über das Ausmaß und den Umfang dieser Auseinandersetzungen sind wir nur sehr lückenhaft unterrichtet, da die Bauern weder lesen noch schreiben konnten; die zeitgenössischen Quellen enthalten meist die Sichtweise der Herren.

2. Im Spätmittelalter (14./15. Jh.) nahm die Zahl der Konflikte zwischen Herren und Bauern bis zum Bauernkrieg (1525) stetig zu, sie wurden radikaler und erfaßten größere Gebiete. Ungefähr 60 Revolten lassen sich im Deutschen Reich nachweisen; auch in Frankreich, Flandern und England gab es große Bauernaufstände. Die Ursachen waren vielfältiger Natur. Durch den Bevölkerungsrückgang nach der Großen Pest (ab 1348) fiel die Nachfrage nach dem Grundnahrungsmittel Getreide und damit auch dessen Preis. Die Einkommensverluste trafen zunächst besonders die Grundherren, darunter zahlreiche Klöster, da ihre gesamte Lebensführung von den Markterlösen abhing. Sie versuchten nun, mit höheren Forderungen an ihre Bauern einen Ausgleich zu schaffen. Diese waren durch die Entstehung der Dorfgemeinde selbständiger und selbstbewußter geworden; sie konnten zudem ihre Verweigerung gut mit dem „Alten Recht" begründen, das als Bestandteil der göttlichen Ordnung oft über Jahrhunderte das Verhältnis zwischen Herren und Bauern bestimmt hatte. Auch innerhalb der einzelnen Dorfgemeinden nahmen die Konflikte aufgrund des Anwachsens der benachteiligten ländlichen Unterschichten (Knechte, Mägde, Tagelöhner) zu. Darüber hinaus entstanden mit der Herausbildung der Landesherrschaften weitere Konflikte: Die spezifischen Formen des frühmodernen Staates mit Steuern, Gerichtsbarkeit und Verwaltung schränkten die gewachsenen Strukturen der Grundherrschaften und Dorfgemeinden (z. B. durch die Abschaffung des Dorfgerichts) massiv ein; sie belasteten außerdem die Bauern zusätzlich.

3. In den entstehenden Städten des 11. und 12. Jh. war die Herrschaft des Stadtherrn ähnlich umfassend wie auf dem Lande: persönliche Abhängigkeit mit entsprechenden Abgaben und Diensten, eingeschränkte Freizügigkeit, begrenztes Besitz- und Erbrecht, keine Selbstverwaltungs- und Gerichtskompetenzen. Dies alles war jedoch für die neue, nichtagrarische Wirtschaftsweise des Handels und des Handwerks hinderlich. In zahllosen Konflikten mit den Stadtherren errangen vor allem die größeren Städte Rechte und Freiheiten. So wurde z. B. in vielen Städten der Bischof aus der Stadt vertrieben. In diesen Auseinandersetzungen bildete sich auch die Stadtgemeinde heraus.

4. Im 14. und 15. Jh. lassen sich etwa 200 innerstädtische Unruhen in ca. 100, meist größeren Städten des Deutschen Reichs feststellen. Anlaß zu diesen Bürgerkämpfen gaben meist die tatsächliche oder vermeintliche Mißwirtschaft bzw. der Amtsmißbrauch des nur von wenigen Familien (Patriziat) beherrschten Rates. Die oft blutigen Auseinandersetzungen führten häufig zu einer Beteiligung zusätzlicher Gruppen am Rat (z. B. der Zünfte). Daneben gab es in den größeren Städten weitere Konfliktherde, so z. B. zwischen Meistern und Gesellen oder zwischen Geistlichen und Bürgern im Streit um die Steuerfreiheit.

Die Zeit um 1500 wird als Schwelle zur Neuzeit angesehen. Veränderungen in Wirtschaft, Kultur und Religion, die Bildung von Staaten und die Expansion Europas haben unsere Welt bis heute geprägt. Das Verhalten Europas gegenüber der übrigen Welt hatte tiefgreifende Folgen für beide Seiten. Für viele Menschen in Europa waren diese Veränderungen in ihrem gleichförmigen Alltag damals aber kaum spürbar.

Die neue Wirtschaftsweise: Frühkapitalismus
Um 1500 entstand allmählich eine handelskapitalistische Wirtschaft innerhalb einer noch feudalen Produktionsweise. Träger dieser Entwicklung waren Kaufleute, die durch umfangreichen Fernhandel und neue Handelstechniken (z. B. bargeldlosen Zahlungsverkehr, genaue Buchführung) großes Kapital anhäuften. Dieses verwendeten sie, um Fahrten nach Übersee zu organisieren, Verlage, Textil- und Metallgewerbe zu gründen, den Bergbau zu fördern, Banken aufzubauen und durch Kredite an Herrscher Einfluß auf die Politik zu nehmen.

Der frühmoderne Staat
Aus der Landesherrschaft entwickelten sich geschlossene Territorialstaaten. Diese waren bestrebt, ihr Land zu erweitern und im Innern den Adel zurückzudrängen. Dies geschah oft im Kampf gegen einen außenpolitischen Gegner. So wurde Spanien durch die Vereinigung von Kastilien und Aragon (1469) und die endgültige Rückeroberung des maurischen Südens (Reconquista) zu einer Großmacht, ebenso wie Frankreich seit Ludwig XI. (nach 1461) im Kampf gegen Burgund. Diese Herausbildung eines frühmodernen Staates mit geschlossener Fläche, juristisch ausgebildeten Beamten und einem das ganze Land erfassenden, zentral verwalteten Steuersystem, führte zu vielen Protesten und Aufständen, die meist niedergeschlagen wurden. Dazu trug der Wandel des Heerwesens im Spätmittelalter bei. Söldnerheere mit Feuerwaffen hatten seit dem 15. Jh. allmählich die adligen Reiterheere ersetzt und die Ritter funktionslos gemacht. Nur Territorialstaaten aber konnten diese Heere finanzieren. Auch der deutsche Kaiser versuchte im Deutschen Reich, das aus vielen Territorien bestand, durch Reichsreformen seine Macht zu stärken. Dies scheiterte am Widerstand der Territorialherren. Als Kompromiß einigte man sich auf drei zentrale Institutionen: den Reichstag als das Beschlußgremium, die Reichskreise als regionale

Verwaltungseinheiten zur Beschaffung von Steuern und Soldaten sowie das Reichskammergericht zur Schlichtung von größeren Streitfällen. Alle drei Institutionen hatten nur eine begrenzte Wirkung, die Macht blieb weitgehend bei den Territorialherren.

Die Renaissance

Ausgehend von Italien, wo sich die neue frühkapitalistische Wirtschaftsform zuerst entwickelte, entstand in ganz Europa bei Gelehrten und Künstlern ein neues Denken, das die Erkenntnisse und Werke antiker Autoren wiederentdeckte und deshalb Renaissance (= Wiedergeburt) genannt wird. Wissen diente nicht mehr vorrangig der Begründung bestehender Verhältnisse, sondern der Entdeckung der Welt und ihrer naturwissenschaftlichen Gesetze. Das Bürgertum verdrängte allmählich Rittertum und Klerus als Träger der Kultur. Dieser Wandel beeinflußte auch die Religion. Reformer stellten die Verhältnisse in der Kirche in Frage, was schließlich zur Reformation (lat. reformatio = Erneuerung) und zur Spaltung der Kirche in verschiedene Konfessionen führte. Es kam zu politischen Konflikten bis hin zu Religionskriegen. Die Erfindung des Buchdrucks mit beweglichen Lettern um 1450 durch Johannes Gutenberg war eine zweite Medienrevolution nach der Erfindung der Schrift. Wissen und Nachrichten konnten vielen Menschen dadurch gleichzeitig zugänglich gemacht werden.

Beharrung und Wandel

Trotz dieser rasanten Veränderungen blieb der Alltag der Menschen in vielen Bereichen unverändert. Sie arbeiteten weiterhin überwiegend in der Landwirtschaft. Sie lebten in Familien, in denen der Hausherr die dominierende Stellung besaß. Die Frau blieb untergeordnet, eher verlor sie noch Arbeitsmöglichkeiten, z. B. im städtischen Handwerk. Für die große Mehrheit der Menschen blieb die Volkskultur mit ihrer schriftlosen Tradition bestimmend, da sie kaum Berührung mit der Kultur der Eliten hatten. Die Gesellschaft blieb weiterhin nach dem ständischen Prinzip gegliedert in Klerus, Adel und Dritten Stand. Nicht Reichtum, so wichtig er für den sozialen Aufstieg sein konnte, war entscheidend, sondern Herkunft, Stand und die damit verbundene Ehre. Die gegenseitige Abgrenzung von Bauern, Bürgern und Adligen verstärkte sich eher noch. Auch in der Technik änderte sich in vielen Bereichen kaum etwas: Menschliche Arbeitskraft, Wasserkraft und Holz(kohle) blieben die wichtigsten Energieformen. Im Denken schließlich hielten sich magische Vorstellungen, die z. B. in Krisenzeiten zu großen Hexenverfolgungen (in Deutschland besonders 1560–1640) führten.

9.1 Scholastik – Humanismus – Renaissance

Das mittelalterliche Denken war durch die Kirche geprägt und kreiste vorrangig um die Auslegung ihrer Lehren. Das in den Städten Oberitaliens entstehende neue Denken stellte demgegenüber stärker den Menschen und die auf Erfahrung basierende Erkenntnis der Welt in den Mittelpunkt. Die Träger dieser neuen Kultur nannte man deshalb auch Humanisten (von lat. humanus = menschlich).

13. Jh.	**Höhepunkt der Scholastik mit Thomas von Aquin**
um 1400	**Beginn der Renaissance in Italien**
1500–1530	**Blütezeit des deutschen Humanismus**

1. Charakterisieren Sie die Scholastik und ihre Wirkung.
2. Beschreiben Sie die italienische Renaissance.
3. Was versteht man unter Humanismus?

1. Als *Scholastik* (von lat. scholasticus = zur Schule gehörig) bezeichnet man die Theologie, wie sie im Mittelalter zuerst in Kloster- und Domschulen, dann in Universitäten (mit Paris als Zentrum) entwickelt und gelehrt wurde. Ihre Anhänger wollten die christliche Glaubenslehre mit menschlicher Vernunft und Wissenschaft in Einklang bringen. Die Philosophie sollte die „Magd des Herrn" (der Theologie) bleiben. So beschäftigten sich Scholastiker wie *Anselm von Canterbury* (1033–1109), *Albertus Magnus* (um 1200–1280) und ihr bedeutendster Vertreter, *Thomas von Aquin* (um 1225 bis 1274), zwar mit antikem Denken als der Quelle irdischer Vernunft, insbesondere mit Aristoteles, es wurde jedoch christlicher Offenbarung untergeordnet. Daher verteidigten die Scholastiker die bestehende mittelalterliche Ständeordnung und Naturerkenntnis (z. B. die Erde ist eine Scheibe) und behinderten neues Denken. Gleichzeitig legten sie die Basis für Renaissance und Reformation. In der Gegenreformation wurde die Scholastik wieder zur Verteidigung der katholischen Lehre herangezogen, ebenso wie im 19. Jh., als die Lehre des Thomas von Aquin zur Bekämpfung des Liberalismus benutzt wurde.

2. Waren im Mittelalter Bildung und Wissenschaft in der Hand der Kirche und ihrer scholastischen Lehre, die alles am christlichen Glauben maß, so änderte sich dies zuerst in den oberitalienischen Stadtstaaten wie in Florenz. Dort entwickelte sich mit der frühkapitalistischen Wirtschaft seit etwa 1400 ein selbstbewußtes Bürgertum, das eine freie Stadtrepublik gründete und im Austausch mit Byzanz als Träger antiken Erbes neues Denken förderte, das man als *Renaissance* (=Wiedergeburt der Antike) bezeichnet hat. Mit dem neuen Denken begann eine rege Tätigkeit: Man suchte und edierte Texte antiker Autoren aus Klosterbibliotheken, benutzte die antike Literatur und Kunst als Vorbild für eine neue Darstellungsweise in Gemälden, Plastiken und Bauwerken, die den Menschen, Natur und Welt, nicht aber Glaubenslehren in den Mittelpunkt rückte. Die Erfahrung wurde zur „Mutter aller Gewißheit", wie es *Leonardo da Vinci* (1452–1519) formulierte und in seiner Kunst, aber auch in seinen wissenschaftlichen Arbeiten umsetzte. Er untersuchte z. B. genau den Körperbau des Menschen und konstruierte viele Maschinen (z. B. Kanalbauten, Kriegs- und Flugmaschinen). Auch die Politik wurde von *Nicolò Machiavelli* (1469–1527) nüchtern beobachtet und nach antiken Vorbildern zu einer weltlichen Lehre von den Staatsinteressen entwickelt.

3. In der Renaissance trat als zentrale Strömung eine neue Bildungsbewegung auf, der *Humanismus*. Er stellte die Menschenwürde und die einzelne, frei entfaltete Persönlichkeit (Individuum) ins Zentrum seiner Betrachtung. Deren umfassende Bildung sollte durch das Studium der Antike und die Beobachtung der Welt erreicht werden. Die Aktivitäten der Humanisten konzentrierten sich deshalb auf die Verbreitung antiker Kultur (Editionen, Drucke) mit dem neuen Medium des Drucks (Drucker waren oft Humanisten) und auf Schul- und Universitätsgründungen. Sie pflegten den gegenseitigen Austausch in Briefen und Gesprächen und verfaßten Lehrschriften, die neben der Kritik an der scholastischen Tradition auch Kritik an den bestehenden Verhältnissen enthielten. So gelangte der Humanist *Erasmus von Rotterdam* (um 1466–1536), der mit Gelehrten in ganz Europa korrespondierte und antike Schriften sowie das erste griechische Testament herausgab, über die Suche nach Originaltexten zur Kritik an der bestehenden Kirche und Politik. Er forderte die Orientierung am ursprünglichen Christentum auch für die Politik, die nicht den Krieg sondern Frieden erstreben sollte. Auch in deutschen Städten (Augsburg und Nürnberg) entstanden humanistische Zirkel. Sie entdeckten im Kampf gegen die römische Kirche die eigene nationale Geschichte und ebneten dadurch der Reformation den Weg. Die Konfessionsbildung im 16. Jh. drängte die humanistische Bewegung zurück.

9.2 Technik vom Mittelalter zur Renaissance

Die Entwicklung der Technik im Mittelalter vollzog sich in einem langen Rhythmus, in dem man vielfältige technische Neuerungen einführte, andererseits aber Geräte und Verfahren nicht grundsätzlich veränderte. Hauptenergieträger blieben Holz, Wasser, Wind und die menschliche Arbeitskraft. In der Renaissance erhielt die technische Entwicklung neue Impulse durch die Wiederentdeckung der antiken Wissenschaft und die Initiative frühkapitalistischer Unternehmer.

ab 9. Jh.	**Wasserräder als Mühlenantrieb**
13. Jh.	**Erfindung v. Spinnrad u. drehbarem Heckruder**
um 1350	**Erfindung der Uhr**
um 1450	**Erfindung des Buchdrucks**
16. Jh.	**Entfaltung der Bergbautechnik**

1. Erläutern Sie die Entwicklung der Technik im Mittelalter.
2. Erklären Sie die Ursachen wissenschaftlicher und technischer Veränderungen in der Renaissance.
3. Beschreiben Sie die Träger der neuen Technik.
4. Erörtern Sie die Auswirkungen der neuen Technik.

1. Im Mittelalter gab es im Vergleich zur Antike viele vorwärtsweisende technische Entwicklungen in der Landwirtschaft (z. B. Schollenpflug, neue Anbaumethoden, neue Anspannformen der Zugtiere), in der Schiffahrt (Kompaß, Heckruder), in der Feinmechanik (Uhrenbau) und in vier großtechnologischen Bereichen: dem Bauwesen (Hebelmechanik, Kräne), der Berg- und Hüttenindustrie (z. B. Hochofen), der Wasserradtechnologie (z. B. wassergetriebene Schmiedehämmer) und der Salzgewinnung (z. B. in Siedehütten). Zugleich hemmte die Wirtschaftsgesinnung der Zünfte aber technische Neuerungen wie das mechanische Walken von Stoffen oder die Verwendung von Drehbänken, um im Rahmen der traditionellen Verfahren und Betriebsgrößen den Lebensunterhalt ihrer Mitglieder weiter sichern zu können .

2. Verschiedene Voraussetzungen führten in der Renaissance zu Veränderungen in Wissenschaft und Technik: Durch die Entstehung der frühmodernen Staaten (→ 9) und ihrer führenden Schichten hatte der

Bedarf an Rüstungsgütern, Bauwerken, Schiffen, Metallen, Luxusgütern, Büchern usw. zur beträchtlichen Ausdehnung und Entwicklung einzelner Gewerbe geführt. So wurde im Bergbau der Untertagebau durch neue technische Verfahren (Luftversorgung, Entwässerung und Fördertechnik) erheblich verbessert und in größeren Tiefen möglich, weil Kaufleute ihr Kapital und Forscher wie der Mineraloge *Georg Agricola* (1494–1555) die wissenschaftliche Theorie dazu bereitstellten. Zugleich war mit dem neuen Denken ein Wandel eingetreten: Von der Theologie unabhängige Beobachtungen der Natur, Erfahrungen, Experimente und die Wertschätzung schöpferischer Arbeit beflügelten die humanistisch gebildeten Wissenschaftler und Techniker zu Neuerungen.

3. In der Renaissance kam zu den Technikern des Mittelalters, den Handwerkern, eine neue Gruppe hinzu, die Künstler-Ingenieure (von lat. ingenium = kluger Einfall; Kriegsgerät). Sie ragten aus der breiten Handwerkerschicht heraus, beschäftigten sich mit dem antiken Denken, den Wissenschaften wie z.B. der Mathematik, mit den für die Herrschenden wichtigen Bereichen wie Kriegstechnik, Wasser-, Festungsbau und Architektur. Kunst und Technik sahen sie als eine Einheit an. Neben dem bekannten *Leonardo da Vinci* (➞ 9.1) war z.B. *Filippo Brunelleschi* (1377–1446) ein solcher Künstler-Ingenieur. Der gelernte Goldschmied entwickelte sich zum Bildhauer, Architekt und Kriegstechniker. Er bezog die Mathematik in seine Baukunst ein und stellte statische Berechnungen an (z.B. beim Kuppelbau des Florenzer Doms). Er entdeckte auch die Zentralperspektive, d.h. den mathematisch konstruierten Aufbau eines Bildes.

4. Die zunehmende Verbreitung neuer Techniken seit der Renaissance hatte unterschiedliche Auswirkungen. Der Bergbau und besonders das Hüttenwesen benötigten immer mehr Holz zum Bauen und Feuern, so daß dieser Rohstoff seit dem 15. Jh. knapper wurde. Dem Holzmangel versuchte man durch Waldschutzordnungen und Aufforstungen abzuhelfen. In bescheidenem Umfang ersetzte die Steinkohle (vor allem in England) das Holz als Energieträger. Der Buchdruck mit beweglichen Lettern erhöhte die Bedeutung von Wort und Schrift und bewirkte eine zunehmende Alphabetisierung vor allem im Bürgertum. Der Ausbau der Kriegstechnik (z.B. Handfeuerwaffen, Kanonen) vergrößerte die Zerstörungskraft der Armeen und führte zu massiven Opfern unter der Zivilbevölkerung. Die Städte bauten nun statt Ringmauern sternförmige Stadtbefestigungen.

9.3 Frühkapitalistische Wirtschaftsformen

Kaufleute hatten in den oberitalienischen und flandrischen Städten (z.B. Florenz, Venedig, Brügge, Antwerpen) im Spätmittelalter *Banken* gegründet und die Textilproduktion im *Verlagswesen* organisiert. Diese neue Wirtschaftsform entwickelte sich um 1500 in einer Reihe europäischer Länder weiter.

13. Jh.	**Erste Banken im Mittelmeerraum (bes. Florenz)**
14./15. Jh.	**Entstehung von Verlagen im Textilhandwerk**
1459–1525	**Jakob Fugger (der Reiche) bedeutendster Vertreter des Unternehmens Fugger**
1531	**Erste internationale Börse in Antwerpen**
1557	**Erster Staatsbankrott (Frankreich und Spanien)**

*1. Nennen Sie Merkmale des frükapitalistischen Groß-
unternehmens.*
2. Zeigen Sie die Entwicklung des Bankwesens auf.
*3. Charakterisieren Sie die neue gewerbliche Organisationsform
des Verlags.*
*4. Arbeiten Sie die Wechselwirkungen zwischen den Handelshäu-
sern und den Landesherren heraus.*

1. Die Fernhandelsgesellschaften des Spätmittelalters wurden um 1500 durch eine neue Form von Handelsunternehmen verdrängt. An die Stelle des Zusammenschlusses von Kaufleuten traten Einzelunternehmer und ihre Familien. Sie erwirtschafteten höhere Gewinne, weil sie weniger Teilhaber zu berücksichtigen hatten und ihre Wirtschaftsbereiche ausdehnten. So verdienten die *Fugger* aus Augsburg im Fernhandel mit Textilien und Gewürzen. Mit dem Gewinn bauten sie das Bankgeschäft aus und erwarben durch Kreditvergabe an Fürsten, vor allem an den Kaiser, Nutzungsrechte zum Abbau von Edelmetallen und für den Kupferhandel sogar das Monopol in Europa. Sie machten Handwerker besonders in der Textil- und Metallbranche durch das Verlagswesen von sich abhängig. Durch diese vielfältigen Gewinne wurde *Jakob Fugger*, der in Venedig seine kaufmännische Lehre absolviert hatte, zum reichsten Mann Europas und sein Handelshaus zum Großunternehmen.

2. Von den oberitalienischen Familienunternehmen des 14. Jh. (z. B. den *Medici*) lernten die frühkapitalistischen Unternehmer in Europa, mit der doppelten Buchführung Waren- und Geldbestände übersichtlich zu verwalten und auch Geld als Handelsware zu betrachten. Durch Kredite hielten sie größere Kapitalmengen verfügbar, die durch bargeldlosen Zahlungsverkehr (Wechsel) leichter zu transferieren waren. Das erweiterte den Handel und den Umfang von Investitionen. Diese Geld- und Kreditmärkte brachen oft nach kurzer Dauer zusammen. Der Staatsbankrott in Spanien, ausgelöst durch die Zahlungsunfähigkeit des Königs, ruinierte viele oberdeutsche Kaufleute, die als Kreditgeber aufgetreten waren. Um nicht nur auf Messen, sondern ganzjährig zuverlässig Währungen und Wertpapiere zu verrechnen, Waren auf Kredit zu kaufen und Wechsel anzunehmen, wurden Börsen (z. B. Antwerpen) und öffentliche Banken (z. B. 1584 Rialtobank in Venedig) eingerichtet.

3. Die frühkapitalistischen Unternehmer schufen auch eine neue Form gewerblicher Massenproduktion. Sie umgingen die Zünfte, indem sie auch Landhandwerker einbezogen. Sie kauften Rohmaterialen (z. B. Baumwolle, Metalle) in großen Mengen und daher oft sehr günstig, verkauften sie teurer an Handwerker, kauften deren Produkte zu möglichst geringen Preisen zurück und vermarkteten sie mit Gewinn. Dieses neue System wurde als *Verlag* bezeichnet, weil der Unternehmer Kapital und Rohstoffe „vorlegte", die Fertigprodukte vermarktete und damit Einfluß auf die Produktion nahm. Der Verlag breitete sich in den Wachstumsgewerben der Epoche, der Textil- und Metallbranche, besonders in Flandern, Oberitalien, in den oberdeutschen Städten und in Frankreich aus.

4. Die Landesherren hatten für den Staatsaufbau und die Kriegsführung einen hohen Geldbedarf. Diesen stillten die Handelshäuser, die dafür u. a. auch Rechte im Bergbau und Handelsmonopole erhielten. Die *Fugger* griffen sogar in die Reichspolitik ein: 1519 finanzierten sie durch Bestechungen an die Kurfürsten die Kaiserwahl des Habsburgers Karl V., 1525 steuerten sie Gelder zur Niederschlagung des Bauernkrieges bei. Auch die Expansion nach Übersee fand z.T. mit Hilfe der Großunternehmer statt: So finanzierten die *Welser* eine Reihe von Expeditionen nach Amerika. Durch Staatsbankrotte und Zahlungsschwierigkeiten in der Mitte des 16. Jh. konnten einzelne Fürsten ihre Kredite nicht mehr zurückzahlen. Dies trug zum Niedergang der Großunternehmer bei, ebenso wie die Tatsache, daß sie ihre Gewinne teilweise in Landbesitz angelegt hatten, anstatt sie zu reinvestieren.

9.4 Die Reformation und ihre Folgen

Die Wirtschaftskrise des Spätmittelalters verschärfte vorhandene Konflikte und verunsicherte die Menschen im Denken und Glauben. Die Kirche vermochte ihnen keine Lösungen zu bieten. Als Reaktion darauf entstanden Reformbewegungen, die die Kirche in verschiedene Konfessionen spalteten. Der Konflikt zwischen Kaiser und Fürsten und die Auflehnung von Bürgern und Bauern gegen zunehmende Belastungen verbanden sich mit der *Reformation* (religiöse Erneuerung) und wurden durch sie beschleunigt. Damit wurde diese zum epochalen Einschnitt.

1517	**Luthers Kritik am Ablaßhandel**
1521	**Das Wormser Edikt verbietet Luthers Lehre**
1524/25	**Bauernkrieg**
1531	**Schmalkaldischer Bund: Zusammenschluß der protestantischenTerritorien**

1. Beschreiben Sie die Ursachen der Reformation.
2. Stellen Sie die Entwicklung zur lutherischen Konfession dar.
3. Wie wirkte sich die Reformation auf die Reichspolitik aus?
4. Erläutern Sie den Zusammenhang von Bauernkrieg und Reformation.

1. Die krisenhafte Entwicklung am Ende des Mittelalters konnte durch die Kirche nicht mehr aufgefangen werden. Sie war zu verweltlicht und voller Mißstände: Ungebildete Geistliche betrieben Geschäfte, hatten Frauen und Kinder. Der Welt zugewandte Bischöfe vernachlässigten ihr geistliches Amt. Der Papst in Rom interessierte sich hauptsächlich für Bauwerke (z. B. Neubau des Petersdomes), Prunk und Kriegsführung. Der Geldbedarf der Kirche wurde jetzt zunehmend durch den *Ämterverkauf* und den *Ablaßhandel* finanziert. Konnte man früher durch Gebete, Fasten und andere Bußtaten Nachlaß von Strafen im Jenseits für vergebbare Sünden erhalten, so bot die Kirche jetzt Buße durch den Kauf von Ablaßbriefen an. Dagegen richteten sich seit dem 15. Jh. neue Orden und Laienbruderschaften.

2. *Martin Luther* (1483–1546), Sohn eines Kleinunternehmers, brach das Jurastudium ab, wurde Augustinermönch und dann Theologieprofessor in Wittenberg. Wie viele Zeitgenossen bewegte ihn die Frage:

Wie erhalte ich die Gnade Gottes? Die Antwort der Kirche, durch Kauf von Ablaßbriefen und durch Priester als Vermittler zum Seelenheil zu gelangen, lehnte er ab. Demgegenüber konnte für ihn allein die Bibel (sola scriptura) verläßliche Antworten geben, deren Mittelpunkt die Botschaft von der Gnade Gottes (sola gratia/solus Christus) sei, an der allein der Glaube (sola fide) sich zu orientieren habe. Deshalb beschwerte er sich über den Ablaßhandel beim Erzbischof von Mainz mit 95 Thesen. Das verschärfte die Auseinandersetzungen, innerhalb derer Luther zum Ketzer erklärt wurde. Er vertrat nun die Idee des allgemeinen Priestertums (der Christ sei frei und brauche keinen Vermittler zwischen sich und Gott) und lehnte Heiligenverehrung, Mönchtum und Papstkirche ab. 1520 verbrannte er die Bannandrohung des Papstes und wurde 1521 durch das *Edikt von Worms* vom Kaiser geächtet. Dagegen fanden Luthers Ideen ebenso wie seine deutsche Bibelübersetzung durch den Buchdruck schnelle Verbreitung, besonders in den Städten.

3. *Kaiser Karl V.* bekämpfte die Reformation, weil er sich als Beschützer der katholischen Glaubenseinheit als Grundlage der politischen Einheit verstand. Viele Fürsten führten das Edikt von Worms aber nicht aus, weil sie eine Machtausweitung des Kaisers und die Rückgabe enteigneten Kirchenbesitzes fürchteten. Karl V. war durch den Kampf mit Frankreich um die europäische Vorherrschaft zu sehr gebunden, als daß er die Glaubenseinheit gewaltsam wiederherstellen konnte. Die protestantischen Fürsten sahen darin eine Chance, ihre Territorialstaaten zu stärken und schlossen sich zur Verteidigung der Reformation 1531 im *Schmalkaldischen Bund* zusammen. Dies führte zur politisch-konfessionellen Spaltung des Deutschen Reiches.

4. Die Bauern fühlten sich durch die Ideen der Reformation (z. B. Kritik an der Obrigkeit durch das Evangelium) in den Auseinandersetzungen mit Grund- und Territorialherren bestärkt. Im großen *Bauernkrieg* (vor allem in Süd- und Mitteldeutschland und im östlichen Alpenraum), richteten sie sich in den *„12 Artikeln"* besonders gegen die Abschaffung alter Rechte durch die Grundherren und stellten neue Forderungen auf, die sie aus dem Evangelium ableiteten (z. B. die freie Pfarrerwahl, die reine Predigt nur nach der Bibel). Seinen radikalen Höhepunkt erreichte der Bauernkrieg in Thüringen unter der Führung des Theologen *Thomas Münzer* (um 1490–1525), der zur Niederwerfung der Herrschenden aufrief und die Gleichheit aller Menschen verkündete. Luther sah durch den Aufstand die Reformation bedroht und befürwortete dessen militärische Niederschlagung durch die Territorialherren.

9.5 Die katholische Erneuerung und die protestantische Kirche

Auf die Reformation folgte die katholische Gegenreformation und eine Aufspaltung des Protestantismus. Es standen sich jetzt erstmalig verschiedene christliche Konfessionen gegenüber. Die Landesherren entschieden sich für ein Bekenntnis und versuchten dieses bei ihren Untertanen durchzusetzen. Diese enge Verbindung von Politik und Religion breitete sich in Europa aus und führte häufig zu Konflikten zwischen den Konfessionen bis hin zu Kriegen.

1534	Ignatius von Loyola gründet den Jesuitenorden
ab 1541	Calvin baut in Genf ein neues Kirchenwesen auf
1545–1563	Konzil von Trient: Katholische Erneuerung
1555	Augsburger Religionsfrieden: Katholische und lutherische Konfession im Reich zugelassen
1598	Edikt von Nantes: Koexistenz von Katholiken und Calvinisten in Frankreich

1. *Charakterisieren Sie die katholischen Erneuerungen.*
2. *Zeigen Sie die Entwicklung des Protestantismus nach Luther auf.*
3. *Wie wirkte sich die Konfessionsspaltung in Europa aus?*
4. *Erörtern Sie die Konfliktlösungen zwischen den Konfessionen.*

1. Die schnelle Ausbreitung des Protestantismus förderte in der katholischen Kirche einen Erneuerungsprozeß, der auch als *Gegenreformation* bezeichnet wird. Träger dieser Bewegung waren *Reformpäpste (Pius V., Gregor XIII., Sixtus V.)* und vor allem der *Jesuitenorden*, gegründet von *Ignatius von Loyola.* Im Unterschied zu den alten Orden war dieser militärisch organisiert, seinem Ordensgeneral und dem Papst bedingungslos gehorsam. Die Jesuiten nannten sich Soldaten Christi, lebten nicht in Abgeschiedenheit, sondern betrieben Mission durch Seelsorge und bauten ein katholisches Erziehungswesen bis hin zur Prinzenerziehung auf. Zur Erneuerung trug auch das *Konzil von Trient* bei. Es grenzte die katholische von der protestantischen Lehre ab, verdammte jene als Ketzerei und setzte ihr die Gleichwertigkeit der kirchlichen Bibeltradition, die Unfehlbarkeit der Kirche und die Erlösung durch gute Werke entgegen. Zugleich wurden Mißstände behoben, so daß für eine bessere Ausbildung und Disziplin der Priester sowie für eine Kontrolle der Bischöfe gesorgt war.

2. Luthers Friede mit den Landesfürsten, seine Förderung eines neuen Staatskirchentums und die Rechtfertigung obrigkeitlichen Handelns durch die Zwei-Reiche-Lehre führte zu Enttäuschungen. Radikale Gruppen wandten sich den *Wiedertäufern* zu, die für eine Kirche von unten (Gemeindechristentum) eintraten. Weitergeführt wurde Luthers Lehre in Genf, wo seit 1541 *Johann Calvin* (1509–1564) ein „demokratischeres" Kirchenwesen aufbaute als das Luthertum: Lehrer und Prediger wurden von der Gemeinde gewählt, die allerdings streng von einer obersten Kirchenbehörde (Konsistorium) überwacht wurden.

3. Während Luthers Lehre sich besonders im Deutschen Reich und Skandinavien ausbreitete, fand der Calvinismus Anhänger in Frankreich, den Niederlanden, Schottland und bei den *Puritanern* in England. Er bot gegen Obrigkeiten, die Protestanten verfolgten, ein Widerstandsrecht. So wurde in den Niederlanden der politische Unabhängigkeitskampf (1568–1648) gegen die streng katholische Herrschaft Spaniens mit der neuen Lehre verbunden. Die Gegenreformation breitete sich im Reich besonders in den geistlichen Territorien, in Bayern, den Ländern Habsburgs, in Italien und in Spanien aus, das seit *Philipp II.* (1556–1598) als Vorkämpfer des Katholizismus in Europa auftrat.

4. Die konfessionelle Spaltung im Reich führte zum Krieg Karls V. gegen den *Schmalkaldischen Bund* (1546/47). Der Sieg des Kaisers brachte nicht die Religionseinheit, weil sich einige Fürsten mit Frankreich verbündet hatten und die Osmanen das Reich bedrohten. Auf dem *Augsburger Reichstag* (1555) einigten sich die Fürsten gegen den Kaiser auf eine politische Lösung: Die Reichsstände konnten zwischen dem lutherischen und dem katholischen Bekenntnis wählen, der Fürst bestimmte die Religion seiner Untertanen („cuius regio, eius religio"). In Frankreich führte die Verfolgung der Calvinisten zu Religionskriegen (1562–1598). Diese wurden mit dem *Edikt von Nantes* (1598) beendet. Es gewährte den Hugenotten Religionsfreiheit, machte sie aber vom König abhängig. Frankreich löste sich dadurch nicht wie das Deutsche Reich in politisch-konfessionelle Gruppierungen auf.

9.6 Außereuropäische Kulturen

Im 15. Jh. gab es außerhalb Europas eine Vielzahl hochentwickelter Kulturen: z. B. das Songhai-Reich in Afrika, das Safavidenreich in Persien, das Reich der Ming-Herrscher in China, das Mogulreich in Indien und die Kulturen der Mayas, Inkas und Azteken in Amerika. Ihre kulturelle Ausprägung war höchst unterschiedlich, so daß nur drei Beispiele stellvertretend für drei Kontinente vorgestellt werden können.

13. Jh.–1533	**Inkareich**
um 1400–1591	**Großreich der Songhai**
1368–1644	**Ming-Herrscher in China**

1. Charakterisieren Sie die Staatsorganisation des Inkareichs.
2. Beschreiben Sie Entwicklung und Kultur des Songhai-Reiches.
3. Erläutern Sie Herrschaft und Kultur in der Ming-Zeit.

1. Neben den Kulturen der Mayas und Azteken in Mittelamerika entstand das *Reich der Inka* durch die Unterwerfung anderer Völker vom heutigen Ekuador bis nach Chile (3300 km lang, 200–500 km breit). In diesem Staat lebten etwa zwischen 4 bis 16 Millionen Menschen. Größe und Erfolg dieses Reiches beruhten vor allem auf der organisatorischen Leistung der Inka. An der Spitze stand der als Gott verehrte *Inka* als unumschränkter Herr und Sohn des Staatsgottes Inti (= Sonne). Ihm folgte ein dreigestufter Adel: Nachkommen früherer Herrscher, Angehörige des Inka-Stammes und Häuptlingsgeschlechter unterworfener Völker. Der Adel wurde an zentralen Schulen ausgebildet und versah die hohen Ämter in der Verwaltung und in einem stehenden Heer von ca. 200 000 Mann. Unter dem Adel befand sich das besitzlose Volk, denn das Land war aufgeteilt in Staats-, Priester- und Bauernland, das je nach Familiengröße den Bauern zur Verfügung gestellt wurde. Das Volk lebte in Dorfgemeinschaften (Ayllú), die die Staatsfron (Bau- und Bergwerksarbeit), Feldarbeit (auch für Staats- und Priesterland) und Kriegsdienste leisten mußten. Die strenge Überwachung aller Lebensbereiche war verbunden mit einer staatlichen Versorgung (Vorratswirtschaft, Magazine) in Notzeiten und im Alter. Dies war aufgrund einer hochentwickelten Landwirtschaft (z.B. Kartoffelanbau und -konservierung, Mais, Terrassenanbau) und durch ein gut ausgebautes Verkehrsnetz (gepflasterte Straßen, Hängebrücken) möglich.

2. Nach den Reichen von Ghana (seit dem 8. Jh.) und Mali (seit dem 13. Jh.) bildete sich aus dem Volk der *Songhai* ein drittes westafrikanisches Großreich aus einem kleinen Königreich um die Hauptstadt Gao am Niger, einer Kreuzung großer Karawanenstraßen. Unter *Sonni Ali* (1464–92) eroberten die Songhai das Nigertal mit den Zentren Timbuktu und Djenné. Damit erlangten sie die Kontrolle über den Fernhandel und die Goldfelder Ghanas. Alis Nachfolger *Askia I.* (1493 bis 1529) baute das Reich aus zu einem mächtigen zentralisierten Staat mit Provinzgouverneuren, Steuern, stehendem Heer sowie vereinheitlichten Maßen und Gewichten. Das Songhai-Reich förderte Handel, Gewerbe und Landwirtschaft (z.B. durch Bewässerung), festigte die innere Ordnung durch die Ausbreitung des Islam (18. Jh.) und des kulturellen Lebens (z.B. Hochschule in Timbuktu).

Die Gesellschaft gliederte sich in eine Aristokratie, freie bäuerliche Dorfgemeinschaften, städtische Bevölkerung und eine Sklavenschicht, die besonders in der Landwirtschaft eingesetzt wurde.

3. Die Herrschaft der *Ming-Kaiser* entstand, wie es häufiger in der chinesischen Geschichte geschah, nach einer Bauernrevolte, die 1368 die Mongolenherrschaft stürzte. Die neuen Kaiser aus bäuerlicher Abstammung standen an der Spitze von Staat und stehendem Heer. Sie stützten sich dabei auf zwei Eliten, die literarisch gebildeten, standesbewußten Staatsbeamten (*Mandarine*) und die eher aus niederer Herkunft stammenden Palasteunuchen. Den Eliten standen die Massen (ca. 100 bis 150 Mio. Einwohner) der oft abhängigen Kleinbauern und eine zunehmende Zahl armer Landloser gegenüber, die z. T. in die Städte abwanderten. Dort war eine Mittelschicht freier Handwerker und Kaufleute ohne eigene politische Rechte entstanden.

Wie in Europa hatten sich Ansätze moderner Wirtschaftsproduktion herausgebildet: Buchdruckereien, große Manufakturen der Porzellan-, Baumwoll- und Seidenproduktion, der Eisenverhüttung mit Steinkohle sowie eine steigende Produktivität in der Landwirtschaft belebten einen expandierenden Binnenhandel.

Diese, dem Frühkapitalismus in Europa vergleichbare Entwicklung konnte sich in China nicht entfalten, weil die staatliche Bürokratie privaten Außenhandel verbot und die gewerbliche Entwicklung behinderte. Zudem wertete die vorherrschende konfuzianische Lehre Handel und Gewerbe gegenüber dem Ackerbau moralisch ab und verhinderte zusammen mit der aristokratischen Politik die Entstehung eines selbstbewußten Bürgertums. Daher konnte China sich nicht zu einer kapitalistischen Handelsnation entwickeln.

9.7 Europäische Expansion im 16. Jahrhundert

Mit den Entdeckungsfahrten der Portugiesen und Spanier änderte sich das Verhältnis Europas zur Welt grundlegend. Sie gründeten Kolonialreiche und Handelsstützpunkte in Übersee und beherrschten den transatlantischen Handel. Diesem Vorbild folgten um 1600 Holland, England und Frankreich.

1492	**Kolumbus landet in Amerika**
1498	**Vasco da Gama findet den Seeweg nach Indien**
seit 1500	**Portugiesen dringen mit Stützpunkten in den fernöstlichen Handelsraum ein**
1519–22	**Erste Weltumseglung durch Magellan**
1519–33	**Eroberung des Azteken- und Inkareiches**

1. Nennen Sie Ursachen für die europäische Expansion.
2. Schildern Sie die wichtigsten Entdeckungsreisen.
3. Wie entstanden die Kolonialreiche im 16. Jh.?
4. Beschreiben Sie die Folgen für Eroberte und Europäer.

1. Antriebskräfte für die europäische Expansion waren der zunehmende Bedarf an Luxuswaren und Edelmetallen, religiöse Motive und die wissenschaftlich-technische Entwicklung. Die Osmanen kontrollierten und verteuerten seit dem 15. Jh. den Handel mit begehrten Luxuswaren (z. B. Gewürze, Seide) aus dem Orient. Der Bedarf an Edelmetallen für Münzprägung, Kunst u. a. konnte mit den europäischen Vorkommen nicht mehr gedeckt werden. Deshalb suchte man einen neuen Weg nach Indien, die Portugiesen an der Küste Afrikas entlang, die Spanier segelten westwärts über den Atlantischen Ozean.Verstärkt wurden diese Aktivitäten durch die Idee, den Kreuzzug gegen den Islam hinter dessen Rücken weiterzuführen und die heidnischen Völker zu missionieren. Durch die Weiterentwicklung von Technik und Wissenschaft waren weite Seefahrten möglich geworden: sturmfeste Schiffstypen (Karavelle), neue Navigationsinstrumente (z. B. Kreiselkompaß), ein neues Weltbild (Erde als Kugel), neue Waffen (z. B. Kanonen). Aber erst das Zusammenspiel von individueller Initiative und staatlicher Hilfe ermöglichte die kostspieligen Entdeckungsfahrten.

2. Die Suche des Seewegs nach Indien führte dazu, daß die Portugiesen entlang der afrikanischen Küste Stützpunkte anlegten, bis *Bartolomeu Diaz* 1487 die Südspitze Afrikas umsegelte. *Vasco da Gama* entdeckte als erster Europäer den Seeweg nach Indien und eröffnete damit den Aufstieg Portugals zur dominierenden Handelsmacht im Indischen Ozean. Inzwischen hatten auch die spanischen Könige (1492) *Christoph Kolumbus* ermöglicht, Indien über den Seeweg nach Westen zu suchen. Er stieß auf einen neuen Kontinent, Amerika, glaubte aber, Indien erreicht zu haben. Gold und Gewürze konnte er nicht mitbringen. So beauftragten die spanischen Könige den portugiesischen Adligen *Fernando Magellan* (Magalhães), Amerika südlich zu umfahren, um die Gewürzinseln doch noch westwärts zu finden. Dabei gelang einem der fünf Schiffe dieser Flotte die erste Umsegelung der Erde.

3. Den Entdeckern folgten die Eroberer (*Konquistadoren*), als die Kunde von reichen Goldschätzen in den indianischen Großreichen bekannt geworden war. *Hernán Cortés* eroberte mit großer Grausamkeit das Aztekenreich in Mexiko (1519–1521), *Francisco Pizarro* das Inkareich (1531–33) (➡ 9.6). Die Spanier rotteten die Oberschichten aus und setzten sich selbst als Herren an die Spitze der Bevölkerung. Dazu führten sie ein System der Zwangsarbeit ein, die *„Encomienda"* (= Schutzauftrag): Spanische Siedler erhielten Indios zur Arbeit und seelsorgerlichen Betreuung zugeteilt. Die Portugiesen errichteten hauptsächlich Stützpunkte in Afrika und Asien (z. B. Goa 1510–1961), mit deren Hilfe sie ein Handelsimperium aufbauten. In Brasilien gingen sie ebenso grausam wie die Spanier vor.

4. In Amerika rotteten die Konquistadoren durch Grausamkeit, Zwangsarbeit, Krankheiten und Zerstörung indianischer Kultur große Teile der Bevölkerung aus: nach unterschiedlichen Schätzungen in Mittel- und Südamerika 20–70 Millionen. An der rücksichtslosen Behandlung der Indios erhob sich vereinzelt aus der Kirche Kritik (z. B. Las Casas). Die daraufhin erlassenen Schutzgesetze (1542) erkannten die Indios als spanische Untertanen und Christen an, konnten die Entwicklung aber nur verzögern. Anstelle der Indios wurden nun Afrikaner als Sklaven nach Amerika gebracht (im 16. Jh. bereits 1 Million). Profitierten die Eroberten von der Einführung europäischer Haustiere (Schaf, Rind, Pferd), Weizen und Zuckerrohr, so die Europäer ungleich mehr von den Edelmetallen und den neuen Pflanzen wie z. B. Kartoffel, Mais, Tomaten. Missionare brachten das Christentum nach Amerika; in Asien konnte es sich gegen die bestehenden Religionen nicht durchsetzen.

Die Epoche vom Dreißigjährigen Krieg bis zur Französischen Revolution von 1789 wird meist als *Zeitalter des Absolutismus* bezeichnet, weil hier eine neue Herrschaftsform entstand, die sich in den meisten europäischen Ländern durchsetzte. Zugleich bildete sich das europäische Staatensystem heraus, in dem Krieg und Frieden institutionalisiert wurden. Europa bemächtigte sich mit seiner technisch-wissenschaftlichen Überlegenheit großer Teile der übrigen Welt und entfaltete zum ersten Mal in der Geschichte eine Weltwirtschaft. Ausdruck dieser Zeit war auch ein neuer Kunststil: der Barock.

Der Absolutismus
Die absolutistischen Herrscher verfolgten alle das gleiche Ziel: eine unbeschränkte Monarchie zu errichten, die weder durch Ständeversammlungen noch Gesetze eingeschränkt wurde. Um diesen Anspruch zu zeigen, bauten sie ihren Hof zu einer mächtigen, prunkvollen Residenz aus (z. B. Versailles). Ein weiteres Merkmal des absolutistischen Staates war das *stehende Heer*, eine dem Herrscher verfügbare Armee. Um diese auszurüsten und zu unterhalten, bedurfte es höherer Einnahmen (z. B. neuer Steuern) und einer zentral gelenkten Verwaltung. So bauten die Herrscher einen *Beamtenapparat (Bürokratie)* auf und griffen damit lenkend in viele gesellschaftliche Bereiche ein: in Politik, Alltagsleben, Wirtschaft, Kultur und Wissenschaft. Die Ständegesellschaft aber besaß auch weiterhin erhebliche Macht. Der hohe Finanzbedarf der Herrscher führte zu Verschuldungen und einer Abhängigkeit von den Kreditgebern, die über Ämter und Sonderrechte an Einfluß gewannen.

Der Merkantilismus
Eine neue staatliche Wirtschaftslenkung, der Merkantilismus, (➞ 10.7) sollte größeren wirtschaftlichen Reichtum für Gesellschaft und Staat erwirtschaften, um über Steuern, Kredite und andere Einnahmen die hohen Kosten für ein stehendes Heer zu finanzieren. So konnte über die Förderung der Wirtschaft die militärische Macht gestärkt werden.

Der Barock
Die Kunstrichtung des Barock verherrlichte mit ihrem Prunk den Absolutismus. Sie entstand am Anfang des 17. Jh. im päpstlichen Rom und breitete sich bis ins 18. Jh. hinein über Europa und Lateinamerika

aus. Die führende Rolle im Kunstschaffen ging nach 1661 auf Frankreich über. Das *Schloß von Versailles* als barockes Gesamtkunstwerk, in dem sich Architektur, Malerei, Bildhauerei und Gartenkunst verbanden und Politik und Kunst als Aufführungsort dienten, entsprach dem Ideal der Epoche und fand viele Nachahmungen in ganz Europa.

Europas Staatensystem zwischen Vorherrschaft und Gleichgewicht

Seit dem Dreißigjährigen Krieg wurde die Vorherrschaft der Habsburger in Europa durch das siegreiche Frankreich und Schweden endgültig zurückgedrängt. Während Schweden seinen Machtbereich um die Ostsee herum sicherte, strebte Frankreich nach einer dominierenden Rolle in Europa. Neu war, daß seit Ludwig XIV. die Herrscher dieses Streben nach Vorherrschaft rücksichtslos durch Kriege und Verhandlungen durchzusetzen versuchten. Dem Vorherrschaftsstreben Frankreichs setzte England seit 1689 ein Gleichgewicht der Großmächte entgegen, um sich besser gegen seine europäischen Konkurrenten in Übersee durchsetzen zu können. Im Frieden von Utrecht (1713) erstmals formuliert, wurde es durch den Aufstieg neuer Großmächte (Preußen, Rußland) oft gefährdet. Schließlich führten die Machtkämpfe in Europa und Übersee zum Siebenjährigen Krieg (1756–63), an dessen Ende man wieder die Gleichgewichtspolitik betonte. Die kleinen Mächte in Europa dagegen wurden häufig zum Spielball der großen. So teilten Preußen, Österreich und Rußland im 18. Jh. Polen dreimal untereinander auf.

Institutionalisierung von Krieg und Frieden

Mit dem Dreißigjährigen Krieg endeten zwar die Glaubenskämpfe, nicht jedoch die Kriege. Diese überzogen Europa in einer fast ununterbrochenen Abfolge: Krieg war für die Herrscher eine Möglichkeit, Ruhm und Macht zu gewinnen und wurde deshalb als gerechtfertigtes Mittel in der Außenpolitik eingesetzt. Dennoch wuchs in dieser kriegreichen Zeit das Bemühen um Frieden. *Hugo Grotius* (1583–1645) und andere Juristen entwickelten ein modernes Völkerrecht, das versuchte, den Krieg einzuhegen und der Friedenssicherung einen eigenen Wert zu geben. Dazu diente auch der Ausbau der Diplomatie als der Kunst der Verhandlungen. Botschaften wurden eingerichtet, Verfahren vereinbart und Konferenzen abgehalten, um den Frieden zu sichern. Einige Denker wie *William Penn* (1644–1718) und *Immanuel Kant* (1724–1804) erarbeiteten Friedenstheorien, der *Abbé de Saint Pierre* (1658–1743) auch schon die Idee eines europäischen Völkerbundes.

Der *Dreißigjährige Krieg* war der erste gesamteuropäische Krieg. Er übertraf an Intensität und menschlichen Verlusten alle vorherigen Kriege. Als Kampf um die Vorherrschaft in Europa veränderte er die europäische Staatenwelt und den im 16. Jh. entstandenen Staat.

1618	**Prager Fenstersturz**
1618–23	**Böhmisch–Pfälzischer Krieg**
1623–29	**Niedersächsisch–Dänischer Krieg**
1630–35	**Schwedischer Krieg: Eingreifen Schwedens**
1635–48	**Schwedisch–Französischer Krieg: Eingreifen Frankreichs**
1648	**Westfälischer Friede von Münster und Osnabrück**

1. Nennen Sie Anlaß und Ursachen des Krieges.
2. Stellen Sie den Ablauf des Krieges dar.
3. Beschreiben Sie die neuartige Form des Kriegswesens.
4. Welche Folgen hatten Krieg und Friedensschluß?

1. Das europäische Konfliktpotential zwischen den Konfessionen war zu Beginn des 17. Jh. so groß, daß ein Krieg leicht an verschiedenen Stellen losbrechen konnte. Als 1618 zwei Stellvertreter des habsburgischen Königs von Böhmen aus dem Fenster der Prager Burg geworfen wurden, war dies der Anlaß für den Ausbruch des Dreißigjährigen Krieges. Wie bereits die Niederlande im 16. Jh. wollten sich die Böhmen ihre Eigenstaatlichkeit und Freiheiten für die Protestanten bewahren. Sie wählten dazu als Protest gegen die Politik Habsburgs den Protestanten *Friedrich von der Pfalz* zu ihrem König. Dieser stand an der Spitze der *Protestantischen Union*, zu der sich die protestantischen Reichsfürsten (1608) zusammengeschlossen hatten. Dagegen vereinigten sich die katholischen Fürsten unter der Führung Bayerns in der *Katholischen Liga* (1609). Hinter den Konfessionslagern stand auf der Seite der Union das katholische Frankreich, hinter der Liga standen die beiden Habsburger, Spanien und der deutsche Kaiser. Die konfessionellen Auseinandersetzungen spielten zwar eine wichtige Rolle, kriegstreibend waren aber vor allem die Kämpfe um staatliche Macht, Staatenbildung und politische Vorherrschaft.

2. Der Krieg verlief in vier Phasen, benannt nach den Hauptgegnern des Kaisers und entwickelte sich vom regional begrenzten Konflikt in Böhmen zum Kampf um die Vorherrschaft in Europa. Der *Böhmisch-Pfälzische Krieg* endete mit der Niederlage der Protestanten, die sich daraufhin mit Dänemark und den Niederlanden verbündeten, um den bedrohlichen Machtzuwachs des siegreichen Kaisers zu verhindern. Ihre erneute Niederlage nutzte dieser zu einem Schlag gegen ihre Konfession durch das *Restitutionsedikt* (1629), in dem die Rückgabe ehemals von Protestanten besetzten katholischen Besitzes verfügt wurde. In dieser Lage riefen die Protestanten Schweden zu Hilfe, das sich durch das Vorrücken der Habsburger nach Norden in seiner Ostseeherrschaft bedroht fühlte. Im *Prager Frieden* (1635) schlossen die Reichsfürsten mit dem Kaiser einen Kompromiß: Für ihre Friedensbereitschaft wurde das Restitutionsedikt zurückgenommen. Dieser Machtzuwachs des Habsburgers veranlaßte Frankreich (1635) militärisch einzugreifen. Zusammen mit Schweden gewannen beide die Oberhand und begannen von dieser Position aus 1644 die Friedensverhandlungen.

3. Die Herrscher waren damals auf *Söldnerheere* angewiesen, die von Militärunternehmern aufgestellt wurden. *Albrecht von Wallenstein* (1583–1634) verstand das Geschäft mit dem Krieg besonders gut. Er plante seine Armee nach wirtschaftlichen Gesichtspunkten. In seinen Ländern ließ er Kriegsmaterial in Manufakturen und Lebensmittel auf Bauernhöfen produzieren. Vom Kaiser erhielt er das Recht, Steuern (Kontributionen) einzuziehen, bekam Ländereien, Adelstitel und so viel militärische Macht, daß der Herrscher schließlich von ihm abhängig wurde. Als er gar mit dem Feind verhandelte, wurde er von kaiserlichen Offizieren ermordet. Aufgrund dieser Erfahrungen gingen Fürsten dazu über, eine eigene Armee, das sog. stehende Heer aufzustellen.

4. Der Krieg hatte wie kein anderer Zerstörungen angerichtet, Menschen entwurzelt, Verhaltensweisen brutalisiert, Seuchen (z. B. Pest) hervorgerufen und die Bevölkerung in manchen Gebieten (z. B. Pfalz, Hessen) um 30–50% verringert. Der Westfälische Friede (1648) bestätigte den Augsburger Religionsfrieden und dehnte ihn auf die Calvinisten aus. Innenpolitisch erhielten die Reichsstände die volle Landeshoheit in einem lockeren Staatenbund mit einem schwachen Kaiser. Die Siegermächte sicherten sich Gebiete im Reich – Frankreich im Elsaß, Schweden an der Ostsee – und dadurch Mitsprache. Außenpolitisch formte der Friede das künftige europäische Staatensystem, indem sich die Großmächte als gleichberechtigt anerkannten.

10.2 Frankreich: absolutistisches Vorbild

Unter *Ludwig XIV.* wurden die absolutistischen Ansätze der französischen Monarchie seit dem 16. Jh. zu einem neuartigen Staatsmodell ausgeprägt. Der König stand über allen Gesetzen und gesellschaftlichen Mächten wie Ständeversammlung, Kirche und Adel. Er griff regulierend in viele Lebensbereiche wie Politik, Wirtschaft, Wissenschaft und Kultur ein. Frankreich wurde unter Ludwig XIV. zum Vorbild für viele Herrscher in Europa.

1624–1661	Richelieu und Mazarin legen die Grundlagen des Absolutismus
1648–1653	Fronde: Adelsaufstand gegen Mazarin
1661–1715	Ludwig XIV. absoluter Herrscher
1685	Aufhebung des Toleranzedikts von Nantes

1. *Unter welchen Bedingungen entstand der Absolutismus in Frankreich?*
2. *Stellen Sie die Staats- und Herrschaftsform des Absolutismus dar.*
3. *Beschreiben Sie die Gesellschaftsstruktur im 17. Jahrhundert.*
4. *Wodurch wurde der absolute Monarch eingeschränkt?*

1. Die Religionskriege im 16. Jh. zwischen Katholiken und Protestanten schwächten die königliche Zentralmacht. Aus dieser Situation entstand das Bedürfnis nach einer konfliktlösenden, starken Staatsgewalt, die souverän über den gesellschaftlichen Gruppen stehen sollte. Diese Vorstellung wurde von einer politisch, nicht konfessionell denkenden Gruppe von Adligen und Bürgerlichen entwickelt, die man als „Politiker" beschimpfte, weil sie die Politik über die Religion stellten. Sie unterstützten das Königtum als Garant des Friedens. Einer von ihnen, *Jean Bodin* (1530–96), entwickelte die Idee, daß der König von den Gesetzen losgelöst (legibus absolutus) herrschen müsse, um souverän zu sein. In der politischen Praxis wurde diese Theorie der Staatsräson, nämlich daß das Interesse des Staates die Politik zu bestimmen habe, von zwei Ministern, *Richelieu* (Minister 1624–42) und *Mazarin* (Minister 1643–61) weiterentwickelt. Sie schränkten die Sonderrechte der Protestanten, der Ständeversammlungen und des Adels ein, der sich in einem Aufstand (Fronde) vergeblich wehrte.

120

2. Mit *Ludwig XIV.* übernahm ein König uneingeschränkter als zuvor die Staatsregierung, der sich selbst „als Gottes Statthalter auf Erden" verstand. Als Zentrum und neue Residenz lies er *Versailles* bauen und umgab sich dort mit einem Hofstaat von ca. 20 000 Personen. Die Adligen, die die Herrschaft des Königs früher öfter bedrohten, wurden als Territorialherren entmachtet und in die neue Hofhaltung eingebunden. Die Macht des Königs beruhte auf dem ständig einsatzbereiten, *stehenden Heer* und auf einem zentralistisch ausgebauten *Beamtenapparat*, der in der Provinz durch *Intendanten* die Königsbefehle ausführte. Mit seiner Hilfe versuchte Ludwig XIV., Gesellschaft und Wirtschaft zu reglementieren, um für die enorm gestiegenen Staatsausgaben (im Krieg verschlang das Heer 66% aller Einnahmen) das Steuereinkommen zu steigern. Diese neue Wirtschaftspolitik wurde *Merkantilismus* genannt (➡ 10.7). Als oberster Kirchenherr machte der König zur Vereinheitlichung seines Untertanenverbandes die katholische Konfession verbindlich und verbot daher 1685 den Protestantismus.

3. Die mittelalterliche Gliederung der Gesellschaft in die drei Stände Klerus, Adel und dritter Stand entwickelte sich weiter. Adel und hoher Klerus genossen das größte gesellschaftliche Ansehen und die meisten Vorrechte (Jagden, Steuerbefreiung, Abgaben der Bauern). Diesen zwei Prozent der Gesellschaft stand der dritte Stand gegenüber, von dem die Mehrheit (ca. 90%) als Bauern lebte. Aus dem besonders durch Handel reich gewordenen *Stadtbürgertum* war seit dem 16. Jh. eine neue Führungsschicht entstanden. Sie lieh dem Staat hohe Geldsummen und kaufte Adelstitel und Ämter in der königlichen Verwaltung. Zusammen mit der Aristokratie waren sie die Stütze der Monarchie. Dagegen erhöhte sich für die Masse der Bevölkerung, besonders für die Bauern, die Steuer- und Abgabenbelastung.

4. Der König beanspruchte zwar die absolute Macht, mußte aber Einschränkungen hinnehmen. Finanziell war er von Steuern und Krediten abhängig, um Staat, Hof und Armee zu unterhalten. Bürger und Adlige verliehen ihr Geld nur gegen Zinsen und Gegenleistungen (z.B. Ämter und Steuerpachten). Politisch war der königliche Machtapparat (ca. 1000 direkte Beamte), verglichen mit heutigen Staatsverwaltungen, für ein so großes Gebiet und die damaligen Kommunikationsmöglichkeiten eher begrenzt. Er mußte zudem unterschiedliche gesellschaftliche Sonderrechte berücksichtigen, die des Adels auf seinen Ländereien, die der Städte, der Kirche und der Provinzialständeversammlungen.

10.3 England als Verfassungsstaat

In England konnte sich der Absolutismus nicht dauerhaft durchsetzen, da dem Königtum seit dem hohen Mittelalter als Gegenmacht das Parlament gegenüberstand, das seine Stellung bis hin zu vertraglich geregelten Schutzrechten ausdehnte. Die Vormachtstellung zur See und im Kolonialhandel machte England um 1730 zur führenden Handels- und Seemacht.

1642–1646	Bürgerkrieg: Parlaments- gegen Königsheer
1649	Hinrichtung König Karls I.
1651	Navigationsakte: Schutzgesetz der englischen Seefahrt
1688/89	Glorious Revolution: Staatsgrundgesetz zwischen Parlament und König (Bill of Rights)

1. Beschreiben Sie die Auseinandersetzung zwischen König und Parlament im 17. Jahrhundert.
2. Welche neue Verfassung entstand in der „Glorious Revolution"?
3. Nennen Sie Zusammenhänge zwischen Wirtschafts-, Gesellschafts- und Verfassungsentwicklung in England.

1. Mit dem katholischen Königshaus der *Stuarts* (ab 1603) auf dem englischen Thron kam es zum offenen Konflikt mit dem Parlament. Die Könige versuchten dessen alte Rechte, vor allem das Steuerrecht, aufzuheben und sich zu absoluten Herrschern zu machen. Verschärft wurde dieser Streit durch konfessionelle Gegensätze. Seit *Heinrich VIII.* (1509–47) und *Elisabeth I.* (1558–1603) war die Trennung von Rom in der *Suprematsakte* (1534) vollzogen und gefestigt worden. Beeinflußt durch den Calvinismus hatten sich die Puritaner als radikale Reformbewegung von der anglikanischen Kirche abgespalten. Sie fanden unter dem ländlichen Kleinadel und im Stadtbürgertum viele Anhänger und errangen die Mehrheit im Unterhaus. Diese Gruppe verdächtigte König und Kirche, den Katholizismus wieder einführen zu wollen und wurde von beiden verfolgt. Die schwelenden Gegensätze führten 1642 zum offenen Bürgerkrieg, in dem sich ein Königs- und ein Parlamentsheer unter Führung des Landadligen *Oliver Cromwell* (1599–1658) gegenüberstanden. Dem Sieg des Parlaments folgte 1649 die Hinrichtung des Königs, Karls I. In einer Epoche, in der sich die Könige durch Gott eingesetzt glaubten, war dies ein revolutionärer Akt. Elf Jahre lang bestand eine Republik unter der diktatorischen Leitung Cromwells. Nach kurzer Rückkehr (1660) wurden die Stuarts endgültig vertrieben.

2. 1688/89 erzwang das Parlament eine neue politische Ordnung in der sog. *„Glorious Revolution"*, indem es sich einen neuen König, *Wilhelm von Oranien* (1689–1702), suchte und mit ihm einen Vertrag schloß. Darin mußte der Monarch vor seiner Krönung eine Rechtserklärung, die *„Declaration of Rights"* als Staatsgrundgesetz anerkennen. Sie erweiterte die Rechte des Parlaments und führte eine Gewaltenteilung zwischen König (Exekutive) und Parlament (Legislative) ein. Das Parlament mußte allen Gesetzen und Steuern zustimmen und sicherte die Freiheit der Abgeordneten. Der König durfte kein eigenes stehendes Heer, das entscheidende Machtinstrument der absolutistischen Staaten, unterhalten. England hatte dadurch im Gegensatz zu den absolutistischen Staaten des Kontinents eine parlamentarische Monarchie geschaffen, die von *John Locke* (1632–1704) theoretisch gerechtfertigt wurde. Diese Staatsgrundlagen beeinflußten die modernen Demokratien und ihre Verfassungen bis ins 20. Jh.

3. England war im Laufe des 17. Jahrhunderts durch regen Handel und seine Kolonien reich geworden und beherrschte im 18. Jh. die Weltmeere und den Welthandel. Der Hauptkonkurrent, die Niederlande, wurden 1651 durch die *Navigationsakte* als Transporteure aus den englischen Häfen verdrängt. Spanien war nach der Niederlage seiner Armada (1588) kein ernsthafter Konkurrent mehr. Im Gegensatz zu den alten Kolonialmächten nutzten die englischen Kaufleute die Kolonien nicht nur als Rohstoffquellen, sondern als Märkte für ihre Waren. Zum wirtschaftlichen Aufstieg trug ebenfalls bei, daß wirtschaftliche Tätigkeit nicht wie auf dem Kontinent als unfein galt und auch dem Adel erlaubt war, Handel zu treiben. Hinzu kam ein gerechteres Steuersystem: Adel und Bürgertum mußten für ihren Grundbesitz Steuern zahlen. Auch die Standesunterschiede waren nicht so groß. Adlige Söhne mit Ausnahme des ältesten Erben waren nach dem Gesetz Bürgerliche und mußten ihre Stellung in der Gesellschaft, z. B. durch wirtschaftlichen Erfolg, erst erringen. Der Übergang zwischen den Schichten, z. B. durch Heirat, war leichter möglich als auf dem Kontinent. Das Wahlrecht in England blieb an den Besitz gebunden, so daß das Unterhaus bis ins 19. Jh. kein wirklich demokratisches Parlament war.

10.4 Dualismus im Reich: Preußen – Österreich

Unter den Staaten des Deutschen Reiches nach 1648 war das habsburgische Österreich die vorherrschende Macht, bis Brandenburg-Preußen seit Ende des 17. Jh. ein mächtiger Rivale wurde. Dieser Gegensatz bestimmte die deutsche Politik bis in das 19. Jh.

1640–88	**Aufstieg Brandenburgs unter Friedrich Wilhelm I.**
1658–1705	**Expansion Österreichs unter Kaiser Leopold I.**
ab 1740	**Aufgeklärter Absolutismus in Preußen und Österreich**
1756–63	**Konfrontation beider Mächte im Siebenjährigen Krieg**

1. *Erläutern Sie die Entwicklung Preußens zur Großmacht.*
2. *Vergleichen Sie den Aufstieg Österreichs mit dem Preußens.*
3. *Wie spitzte sich der Dualismus im Reich im Rahmen der europäischen Mächtepolitik zu?*

1. Noch um 1600 war das Kurfürstentum Brandenburg ein armes Territorium. *Friedrich Wilhelm I., der „Große Kurfürst"*, konnte sein Gebiet durch Erbschaften (Herzogtum Preußen 1618) und geschickte Politik verdoppeln und zu einem starken Staat ausbauen. Dazu entmachtete er mit einer Zentralverwaltung die Stände (besonders in der Steuerbewilligung) und förderte die Wirtschaft u. a. durch Ansiedlung (Hugenotten) und Manufakturen. Außerdem baute er ein stehendes Heer auf, das sein Enkel Friedrich Wilhelm I. (1713–40) auf über 80 000 Mann (bei 2,5 Mio. Einw.) verdoppelte. Mit äußerster Sparsamkeit und militärischen Werten wie unbedingtem Gehorsam führte er dazu eine Heeres- und Steuerreform durch. In Wehrbezirken wurden waffenfähige Männer erfaßt und bei Bedarf einberufen. Eine einheitliche Verbrauchssteuer (Akzise) und eine gerechtere Grundsteuer steigerten die Einnahmen und ermöglichten die Heeresfinanzierung. Die dazu notwendige Beamtenschaft schuf er durch strenge Disziplin und Kontrolle.

Sein Sohn *Friedrich II.* (1740–86) fühlte sich als „erster Diener seines Staates" aufklärerischen Gedanken verpflichtet und führte Reformen im Rechtswesen und religiöse Toleranz ein. Aber sonst wurde der strenge Militär- und Beamtenstaat fortgeführt, um nach außen stark zu sein.

Im Innern behielten die Adligen die Gerichts- und Polizeibefugnisse über die fast leibeigenen Bauern, wodurch eine gesellschaftliche Weiterentwicklung gehemmt wurde. Im Heer besetzten sie führende Positionen.

2. Durch die Abwehr des Osmanischen Reiches behauptete sich Österreich unter *Kaiser Leopold I.* als europäische Großmacht. Im *Frieden von Passarowitz* (1718) erreichte es seine größte Ausdehnung nach Osten (Ungarn, Siebenbürgen, Nordserbien etc.) und wurde zum Vielvölkerstaat. Die vielen Kriege erforderten eine Staatssanierung, sollte die Vorreiterrolle im Reich nicht an das aufsteigende Preußen verloren gehen. *Maria Theresia* (1740–80) orientierte sich dazu am preußischen Vorbild und begann einen modernen Beamtenstaat aufzubauen, der verläßlicher Steuern erheben, Soldaten rekrutieren und die Wirtschaft (z.B. durch Manufakturen, Straßenbau) fördern konnte. Ihr Sohn *Joseph II.* (1765–90) ging, beeinflußt durch die Aufklärung, in seiner Reformpolitik noch weiter. Er ließ Leibeigenschaft und Zunftzwang aufheben, die Schulpflicht einführen, Waisen- und Krankenhäuser bauen und Arbeitsschutzgesetze aufstellen. Österreich war dabei, der modernste Staat Europas zu werden. Da der Staat die Reformen jedoch überstürzt, z. T. gewaltsam durchsetzte und Traditionen überging, gab es erhebliche Widerstände.

3. Das erstarkte Preußen unter Friedrich II. änderte seine friedliche Außenpolitik und besetzte 1740 Schlesien. Der Dualismus zu Österreich wurde damit zur offenen Rivalität um die Vorherrschaft im Deutschen Reich. Den Höhepunkt dieses Machtkampfes bildete der *Siebenjährige Krieg* (1756–63). In ihm verbündeten sich die beiden Parteien mit europäischen Staaten. England unterstützte Preußen, weil es in Europa an einer Gleichgewichtspolitik gegen eine französische Vorherrschaft interessiert war. Dadurch erhoffte die Handelsmacht, in Übersee mit seiner Kolonialpolitik freie Hand zu bekommen. Erstmals trugen die europäischen Staaten ihre Konflikte jetzt auch in ihren überseeischen Besitzungen aus. England, das Preußen in Europa kämpfen ließ, besiegte das mit Österreich verbündete Frankreich in Nordamerika und Indien. Preußen konnte sich gegenüber Österreich behaupten, behielt Schlesien und wurde als europäische Großmacht anerkannt.

10.5 Rußland: der importierte Absolutismus

Das russische Reich entstand im 15. und 16. Jh. aus verschiedenen Fürstentümern, die sich von der mongolischen Herrschaft befreit hatten. Es übernahm den Machtanspruch und die Kultur von Byzanz und kapselte sich zunächst vom übrigen Europa ab. Zar *Peter I.* öffnete Rußland zum europäischen Westen, der zum Vorbild wurde. Diese Modernisierung führte zu hohen Belastungen für die Bevölkerung.

13./14. Jh.	**Mongolische Herrschaft**
1462–1505	**Iwan III.: Entstehung des russischen Einheitsstaates**
1589	**Patriarch der orthodoxen Kirche in Moskau**
1689–1725	**Peter I.: Aufstieg Rußlands zur Großmacht im Nordischen Krieg**

1. Charakterisieren Sie Entstehung, Herrschaft und Gesellschaft des russischen Einheitsstaates im 15./16. Jh.
2. Erläutern Sie die Reformen Peters I.
3. Welche sozialen Folgen hatte die Modernisierung Rußlands?
4. Stellen Sie Rußlands Weg zur Großmacht dar.

1. Unter der Führung des Moskauer Großfürsten *Iwan III.* gelang es, weitere Fürstentümer in dem neu gebildeten Einheitsstaat zusammenzufassen. Um seine Macht zu festigen, knüpfte er an die Tradition der oströmischen Kaiser an, gab sich den Titel *Zar* (von Cäsar) und erklärte sich zum Oberhaupt der orthodoxen Kirche *(Cäsaropapismus* = Kaiserpapsttum*)*. Nach der Eroberung Konstantinopels durch die Türken (1453) wurde Moskau das „*dritte Rom*". Zur Durchsetzung ihrer unumschränkten Herrschaft bekämpften die Zaren die alte Adelsschicht *(Bojaren),* deren Güter sie plünderten oder einzogen und deren Ämter sie allmählich an einen ergebenen Dienstadel übertrugen. Rußland war ein Agrarland mit wenigen Städten, so daß zwischen Adel und Bauern kein eigenständiges Bürgertum entstand. Handel, Gewerbe und Bildung entwickelten sich daher nur wenig. Es gab z. B. keine einzige Universität. Frauen lebten meist nach orientalischer Art in häuslicher Abgeschiedenheit. Westliche Einflüsse verhinderten die Zaren vor allem mit Hilfe der Kirche.

2. *Peter I.* öffnete Rußland den westeuropäischen Neuerungen. Als Herrscher reiste er unerkannt in einer großen russischen Gesandtschaft durch Europa, besichtigte moderne Einrichtungen wie Manufakturen, Kanäle, Werften, Schulen und Kasernen und befragte Wissenschaftler und Techniker. Mehr als 800 nahm er in seine Dienste und versuchte mit ihrer Hilfe in Rußland Militär, Wirtschaft und Staat nach europäischem Vorbild zu reformieren, um sein Land zu einer Großmacht zu machen. Dazu ließ er ein stehendes Heer sowie eine Kriegs- und Handelsflotte aufbauen. Zur Förderung der Wirtschaft wurden Kanäle gebaut, Bodenschätze erschlossen und Manufakturen gegründet, die Kriegsmaterial, Stoffe und Papier herstellten. So sollte Rußland vom Ausland unabhängiger werden. In der Staatsverwaltung ahmte Peter I. absolutistische Herrscher nach, unterstellte die orthodoxe Kirche noch enger seiner Herrschaft, schaltete den alten Adel (Bojaren) von der Macht ganz aus und baute eine moderne Verwaltung mit Spezialisten auf, die sich durch Leistung, nicht durch Geburt, ausweisen mußten. Schließlich ließ er eine neue Hauptstadt, *St. Petersburg* (1703–13), bauen.

3. Die Modernisierung führte Peter I. mit großer Härte durch, Gegner wurden oft hart bestraft oder wie viele der altgläubigen Russen, die nicht mit der neuen Kirchenpolitik einverstanden waren, hingerichtet. Die Hauptlast der Neuerungen trugen die Bauern, über 90% der Bevölkerung. Ihre Lage verschlimmerte sich durch eine verstärkte Leibeigenschaft. Viele wurden auch zum Aufbau des stehenden Heeres, der Manufakturen, der Flotte und der neuen Hauptstadt herangezogen. Sie mußten unter zum Teil unmenschlichen Bedingungen arbeiten, zum Beispiel beim Bau von St. Petersburg, wo in dem sumpfigen Gelände ca. 30 000 Menschen umkamen.

4. Nach Herstellung des Einheitsstaats im 16. Jh. war der entscheidende Schritt auf dem Weg zur europäischen Großmacht die Öffnung Rußlands zum Westen durch Peter I.. Die Reformen verbesserten die Wirtschaftsleistung Rußlands, ermöglichten eine effektive Staatsverwaltung und stärkten die Armee. So gerüstet drängte Peter I. weiter nach Westen und eroberte große Teile des durch Adelskonflikte geschwächten Polens. Im Ostseeraum war Schweden durch seine Erzvorkommen, seine Flotte und sein starkes Heer um 1600 zur vorherrschenden Großmacht geworden. Im *Nordischen Krieg* (1700–1721) verbündete sich Rußland mit Schwedens Gegnern Dänemark, Polen, Preußen und Hannover und errang die Vorherrschaft über die Ostsee. Seit dem 18. Jh. nahm Rußland dann als Großmacht an der europäischen Politik teil.

10.6 Das Osmanische Reich – eine andere Kultur

Als Nachfolger des Byzantinischen und des Seldschukischen Reiches entstand seit dem 13. Jh. das *Osmanische Reich,* das sich weit nach Westen und Osten ausdehnte und erst 1922 durch Atatürk beendet wurde. Vom 16. bis zum 18. Jh. galt es als Bedrohung Europas.

1288–1326	Gründung des Osmanischen Reiches unter Osman I.
1453	Eroberung Konstantinopels
16. Jh.	Blütezeit unter Selim I. und Süleyman II.
1529 u. 1683	Belagerung Wiens
17./18. Jh.	Niedergang des Osmanischen Reiches

1. Schildern Sie den Aufstieg des Osmanischen Reiches.
2. Stellen Sie den Aufbau der Gesellschaft dar.
3. Erläutern Sie Staatsorganisation und Machtverteilung.
4. Erklären Sie den Niedergang des Osmanischen Reiches.

1. Als *Osman I.* die Dynastie der Osmanen gründete, war sein Territorium in Anatolien das kleinste unter den türkischen Fürstentümern. Sowohl er als auch seine Nachfolger konnten den Zerfall von Byzanz nutzen und sich mit einer starken Armee nach Europa ausdehnen. Die eroberten Balkanreiche mußten als Vasallen Tribute zahlen und Soldaten stellen. 1361 wurde das europäische Adrianopel bereits zur Hauptstadt des Osmanischen Reiches. Die Eroberung Konstantinopels (1453) markierte den Endpunkt des Byzantinischen Reiches. Während des 16. Jh. gelangte das Reich zur größten Blüte unter *Selim I.* (1512–20) und *Süleyman II.* (nach osmanischer Zählung Süleyman I.) (1520–1566). Sie verdoppelten die Größe des Reiches und dehnten es bis nach Persien (1534) aus. 1529 erschienen die Türken vor Wien und galten seither als Bedrohung Europas, das sie jedoch in einem Bündnis unter spanischer Führung in der *Seeschlacht von Lepanto* (1571) abwehren konnte.

2. Die *osmanische Gesellschaft* prägten seit dem 16. Jh. drei Gliederungsprinzipien: Klassen, Religion und wirtschaftliche Tätigkeit. Einer kleinen Gruppe der Herrschenden, Osmanen genannt, stand die Masse der Untertanen (rāyā = behütete Herde) gegenüber. Durch Verdienst und Berufung stieg man (auch als Nichtmoslem) in die Oberschicht auf. Man mußte dann dem Islam angehören, den „osmanischen Weg" (eine eigene Sprache und Gebräuche) praktizieren und Sklave des Sultans sein. Falsches Verhalten und Ungnade konnten wieder zum Abstieg führen, so daß ein fließendes Sozialsystem ohne Geburtsadel entstand. Daneben wurde die Gesellschaft durch sich selbst verwaltende Religionsgruppen („millet") und Gilden stabilisiert, die über Religion und Klassen hinweg ihre Mitglieder nach ihrer wirtschaftlichen Tätigkeit zusammenfaßten.

3. Das Osmanische Reich war ein straff organisierter Militärstaat. An der Spitze stand der *Sultan* als unumschränkter Herrscher und geistliches Oberhaupt (seit 1517). Innerhalb der Schicht der Osmanen errangen die sogenannten „devschirme"-Männer im 16. Jh. eine vorherrschende Stellung. Sie wurden durch „Knabenlese" besonders unter 10 bis 15jährigen Christen rekrutiert, die zum Islam bekehrt und für Militär und Verwaltung erzogen wurden. Dieses System hatten die Sultane seit dem 14. Jh. gefördert und sich daraus ein persönliches Machtinstrument, die *Janitscharen*, aufgebaut. Durch diese Truppen konnten sie ihre Macht gegenüber dem in der Frühzeit mächtigen Adel festigen. Die Herrschaft wurde durch vier Institutionen ausgeübt: An der Spitze stand eine Art Kanzlei des Sultans. Darunter befand sich die Militär- und Finanzverwaltung. Für den islamischen Glauben war eine besondere Institution zuständig. Die Beamten erhielten meist keine direkte Entlohnung und bezogen ihren Unterhalt daher aus zugeteilten Steuerbezirken.

4. Die wichtigste Ursache des Niedergangs seit dem 16. Jh. war der Rückzug des Sultans von der Regierung, die er dem *Großwesir* weitgehend überließ. Da dieser aus der „devschirme"-Klasse stammte, entmachtete er den alten Adel gänzlich, so daß es gegen die „devschirme"-Klasse kein Gegengewicht mehr gab und diese sich in der Folge aufspaltete. Unterschiedliche Machtgruppen versuchten nun, einen Prinzen als Nachfolger zu unterstützen und diesen dadurch zu kontrollieren, daß sie ihn im Palast hielten, ungebildet in Staatsfragen. Wirtschaftliche Schwierigkeiten entstanden, als der Handel sich zum Atlantik verlagerte, Holländer und Briten die Handelsrouten nach Asien abriegelten und die Preise in Europa stiegen. Bei anwachsender Bevölkerung führte dies zu wachsender Not und sozialen Unruhen. Europas zunehmende wissenschaftlich-technische und militärische Überlegenheit wurde dem Osmanischen Reich schließlich zum Verhängnis.

10.7 National- und Weltwirtschaft im Merkantilismus

Im 17. Jh. griffen die europäischen Staaten lenkend in ihre nationale Wirtschaft ein, um durch vermehrte Handelsprodukte Reichtum und Macht zu vergrößern. Nach außen unterstützten sie dazu die Ausdehnung ihres Handels bis nach Übersee, teilweise mit Kriegen. Von Europa aus entstand so eine Weltwirtschaft, die zur Europäisierung großer Teile der Welt beitrug.

1600/1602	**Gründung der englischen bzw. holländischen Ostindienkompanien**
17. Jh.	**Ausbildung staatlich gelenkter Wirtschaftspolitik (Merkantilismus)**
18. Jh.	**Expansion des Kolonialwarenhandels**
bis 1750	**Entstehung einer Weltwirtschaft**

1. Charakterisieren Sie den Merkantilismus.
2. Erklären Sie die neue Produktionsform der Manufaktur.
3. Skizzieren Sie die Entwicklung der Kolonialmächte.
4. Was versteht man unter Dreieckshandel?

1. Die ausgeprägteste Form des staatlich gelenkten *Merkantilismus* (von lat. mercator = Händler) entwickelte *Colbert* (1619–83) als Minister Ludwigs XIV. Nach dem Grundsatz mehr aus- als einzuführen, um die Quelle des Reichtums, die Geldmenge im eigenen Land zu erhöhen, wurde die ausländische Konkurrenz mit Zöllen belastet und damit die einheimischen Produkte geschützt. Um vom Import teurer Luxuswaren, Rüstungsgüter usw. unabhängig zu werden, förderte der Staat das Heimgewerbe und die Errichtung von Manufakturen (s. u.), z. B. für Textilien, Schiffe und Waffen, er vergab Monopole, stellte die Zünfte unter staatliche Kontrolle, warb ausländische Arbeitskräfte an, beschaffte (auch illegal) Herstellungsverfahren. Um den Warenaustausch in Frankreich zu fördern, wurden Binnenzölle abgebaut und Verkehrswege durch Straßen- und Kanalbau (Canal du Midi 1666-81) verbessert. Die Ausdehnung des Handels nach außen wurde durch den Bau einer Handelsflotte und die Gründung von Überseehandelsgesellschaften und Kolonien zur Rohstoffbeschaffung angeregt.

2. Vom Staat unterstützt oder unter seiner Leitung entstanden *Manufakturen* (lat. manu factum = von Hand hergestellt). Diese fabrikähnlichen Anlagen faßten mehrere Produktionsschritte in einem Betrieb zusammen. Durch verstärkte Arbeitsteilung und mehr Arbeiter konnten Waren in großen Mengen hergestellt werden. Der einzelne Arbeiter blieb bei einer Tätigkeit, wurde darin geschickter und verlor keine Zeit mit dem Wechsel von Tätigkeiten. Für die Nadelherstellung errechnete Adam Smith 1776, daß ein Arbeiter durch die in 18 Schritte zerlegte Arbeit täglich ca. 4800 Nadeln produzieren konnte, ein einzelner, der alle Arbeitsschritte selbst ausführte, nur ca. 20 Nadeln. Der Manufakturbesitzer besorgte Rohstoffe in größeren Mengen, stellte Werkzeug und technische Verbesserungen bereit, holte staatliche Zuschüsse ein und organisierte den Warenabsatz. So konnte diese neue Produktionsform Manufaktur kostengünstiger, mehr und schneller produzieren als das Zunfthandwerk.

3. Um 1600 begannen Holland, England und Frankreich die alten Kolonialmächte Spanien und Portugal abzulösen. Sie eroberten bedeutende westindische Inseln von den Spaniern und gründeten eigene Kolonien in Nordamerika, Afrika und Asien. Ihre neue merkantilistische Wirtschaftspolitik hatte sie überlegen gemacht. Sie nutzten ihre Kolonien nicht nur als Rohstoffquellen, sondern auch als Absatzmärkte für ihre Produkte. Mit Handelsgesellschaften, die sie durch militärische Stützpunkte und Verträge absicherten, bauten sie Handelsimperien auf. Dadurch verdrängte z. B. die holländische Ostindienkompanie das bis dahin im Fernen Osten vorherrschende Portugal. Im 18. Jh. bauten England und Frankreich ihren Kolonialbesitz weiter aus, drängten Holland zurück und wurden zu schärfsten Konkurrenten, bis England nach dem Siebenjährigen Krieg zur größten Kolonialmacht wurde.

4. Aufgrund des steigenden europäischen Bedarfs an Baumwollstoffen (ab 17. Jh.) und Kolonialwaren wie Kaffee, Tee, Schokolade, Zucker und Tabak (ab 18. Jh.) entwickelte sich seit dem 17. Jh. ein dichtes Netz von Handelsbeziehungen über den Atlantik, eine Art Dreieckshandel. Dieser brachte von Europa Gewerbeprodukte (Textilien, Waffen, Metallwaren, Alkohol) nach Afrika und Amerika, von Afrika Menschen als Sklaven (3,7 Mio. im 17. Jh., 7–8 Mio. im 18. Jh.) nach Amerika und von dort Rohstoffe (Baumwolle, Kolonialwaren, Edelmetalle) nach Europa. An jeder Anlaufstelle des Dreiecks wurde verdient. Bis zum Ende des 18. Jh. verdichtete sich dieser Dreieckshandel sehr zum Nutzen Europas, wo die Handelseinnahmen sich vervielfachten.

Ende des 18. Jh. setzte beiderseits des Atlantiks eine Veränderung der politischen Systeme ein, die eine neue Machtverteilung zwischen den gesellschaftlichen Eliten zur Folge hatte. Höhepunkt war die *Französische Revolution* von 1789 mit der Beseitigung des Absolutismus. Die Teilhabe an der politischen Macht war nun nicht mehr abhängig von Geburt und Stand. Sie sollte von gewählten Vertretern nur noch auf Zeit ausgeübt werden. Vorausgegangen war der amerikanische Unabhängigkeitskrieg, von den Amerikanern selbst als Revolution begriffen, weil er die Lösung aus der britischen Herrschaft und die Übernahme der politischen Macht durch selbstgewählte Institutionen bedeutete. In England selbst hatte bereits 1688 mit der *„Glorious Revolution"* eine Machtverschiebung zugunsten des Parlaments stattgefunden (→ 10.3). Die amerikanische Revolution wirkte auf Europa zurück. Die neuen Verfassungen in Polen (3. 5. 1791) und Frankreich (3. 9. 1791) wurden von der amerikanischen Verfassung beeinflußt. Mit diesen Umwälzungen entstand auch der neuzeitliche *Revolutionsbegriff*. Im Selbstverständnis der Handelnden wurde „Revolution" zur bewußt herbeigeführten Veränderung der bestehenden politischen und gesellschaftlichen Ordnung.

Wirtschaftliche und ideelle Voraussetzungen
Seit dem 16. Jh. entwickelte sich innerhalb der europäischen feudalen Gesellschaft der neue Stand des *Bürgertums*. Die Schwerpunkte dieser Entwicklung lagen in Italien, Oberdeutschland, den Niederlanden und England. Es entstand ein neues, kapitalistisches Wirtschaftsdenken, das auf Gewinn gerichtet war. Diese Gewinne wurden zunächst überwiegend im Handel und Fernhandel erzielt, dann zunehmend durch Warenproduktion. Das wirtschaftlich erstarkende Bürgertum strebte nun auch eine Beteiligung an der poltischen Macht an.
Die theoretischen Voraussetzungen für neue Formen der staatlichen und gesellschaftlichen Ordnung schufen die Denker der *Aufklärung*. Auf der Grundlage des Naturrechts entwickelten sie einen neuen, individuellen Freiheitsbegriff. Daneben bereiteten verfassungstheoretische Überlegungen zur Gewaltenteilung im Staat eine Neugestaltung der politischen Machtverteilung vor.

Unterschiedliche Wertungen und Einordnungen

Die Bedeutung der Ereignisse und Entwicklungen zwischen 1775 und 1815 wird von Historikern unterschiedlich interpretiert. Die eine Seite geht von der Vorstellung einer einheitlichen „Atlantischen Zivilisation" aus, die sich bis 1750 herausgebildet habe. Dementsprechend werden auch die revolutionären Vorgänge mit ihren Schwerpunkten in England, Nordamerika und Frankreich als eine Einheit gesehen. Das „Zeitalter der demokratischen Revolution" (R. R. Palmer) gilt als Begründung der demokratischen Tradition der westlichen Welt. In einem anderen Deutungsmuster ist die Französische Revolution von 1789 die erste Stufe einer Entwicklung, die über weitere revolutionäre Vorgänge in Frankreich (1830/1848/1871) zur russischen Oktoberrevolution und zu weiteren sozialistischen Revolutionen im 20. Jh. führte.

Gegenbewegungen und Alternativen

In Frankreich erhielt die Gegenrevolution Unterstützung durch die europäischen Mächte, blieb aber zunächst erfolglos (→ 11.3). Erst nach dem Sturz Napoleons setzte die Restauration ein, nämlich der Versuch einer Wiederherstellung der alten, vorrevolutionären Ordnung. Viele Ergebnisse der Revolution und der napoleonischen Herrschaft blieben jedoch bestehen (z. B. Umverteilungen des Eigentums, das bürgerliche Gesetzbuch).

In Deutschland, wo sich eine revolutionäre Bewegung aus eigener Kraft nicht entfalten konnte, versuchten aufgeklärte Männer, die Monarchen für Reformen „von oben" zu gewinnnen. Dies war ihre Antwort auf die Herausforderungen der Französischen Revolution und der heraufziehenden industriellen Revolutionierung.

Die preußischen Reformen unter *Stein* und *Hardenberg* brachten die Aufhebung der Erbuntertänigkeit (Freizügigkeit der bäuerlichen Bevölkerung), größere Mobilität des Grundbesitzes, Einführung der städtischen Selbstverwaltung, eine Neuordnung des Bildungswesens und eine Heeresreform. Das von vielen Monarchen vor 1815 gegebene Versprechen einer Verfassung (konstitutionelle Monarchie) wurde bis 1848 nur in wenigen Fällen eingelöst (z. B. in Bayern, Baden und Württemberg).

Die USA erlebten, nachdem sie ihre Unabhängigkeit errungen hatten, eine kontinuierliche Entwicklung der einmal gefundenen politischen Ordnung, die erst durch den Bürgerkrieg von 1861 bis 1865 einer größeren Belastungsprobe ausgesetzt wurde.

11.1 Die Aufklärung

Die Epoche der *Aufklärung* war eine gesamteuropäische Erscheinung. Sie reichte vom letzten Viertel des 17. bis zum Ende des 18. Jh. Ausgehend von der Philosophie und den neuen Naturwissenschaften war die Aufklärung zunächst eine geistige Bewegung. Sie zog jedoch große praktische Konsequenzen in vielen Bereichen des gesellschaftlichen Lebens nach sich.

1690	Locke: „Essay Concerning Human Understanding"
1748	Montesquieu: „Vom Geist der Gesetze"
1762	Rousseau: „Der Gesellschaftsvertrag"
1751–80	Enzyklopädie der Wissenschaften
1784	Kant: „Was ist Aufklärung?"

1. Nennen Sie Träger und Brennpunkte der Aufklärung.
2. Was ist Aufklärung, welche Ziele verfolgte sie?
3. In welchen Bereichen des gesellschaftlichen Lebens wurde die Aufklärung besonders wirksam?

1. Die Aufklärung wurde getragen vom *Bürgertum* und war Ausdruck seiner zunehmenden Emanzipation von religiösen Bindungen, ständischen Schranken und politischer Unmündigkeit im absolutistischen Staat. Dementsprechend erreichte sie ihren ersten Höhepunkt in England, wo Bürgertum und Landadel (Gentry) sich mit der „*Glorious Revolution*" (1688–89) weitgehende religiöse, politische und wirtschaftliche Rechte gesichert hatten. In Frankreich wurde die Aufklärung zur theoretischen Wegbereiterin der Revolution. Durch diese wurden wiederum Vorstellungen und Ziele der Aufklärung praktisch umgesetzt. Deutschland, Spanien, Italien und andere europäische Länder wurden vornehmlich von der französischen Aufklärung beeinflußt.

2. Innerhalb der Aufklärungsbewegungen gab es verschiedene Strömungen mit unterschiedlichen Tendenzen. Sie durchliefen mehrere Entwicklungsetappen, zeitverschoben in einzelnen Ländern. Dennoch lassen sich grundlegende Gemeinsamkeiten und Zielvorstellungen benennen. Die Aufklärungsdenker wollten den Menschen radikal auf sich selbst stellen, ihn „selbstbestimmt" machen. Die menschliche Vernunft sollte zum Maßstab allen Handelns werden. „Aufklärung ist der Ausgang des Menschen aus seiner selbstverschuldeten Unmündigkeit." Der aufgeklärte Mensch hat den Mut, „sich seines Verstandes ohne Leitung eines anderen zu bedienen". (*Immanuel Kant,* 1784). Damit wurden die traditionellen Bindungen und Beschränkungen in allen Lebensbereichen grundsätzlich in Frage gestellt. Ein neuer, individueller Freiheitsbegriff führte zur Vorstellung von der rechtlichen Gleichheit aller Menschen. Die Umsetzung und Konkretisierung dieser Maximen war im einzelnen jedoch unterschiedlich.

3. Die Grundsätze aufgeklärten Denkens wurden in verschiedenen Zusammenhängen des gesellschaftlichen Lebens angewandt, teilweise mit unterschiedlichen Konsequenzen. Die Verabsolutierung der Vernunft bedeutete die Zurückweisung allen spekulativen Denkens. Grundlage aller Erkenntnis sollte die Erfahrung sein *(Empirismus),* die auf Sinneswahrnehmung beruht. Diese sensualistische Erkenntnistheorie wurde von *John Locke* begründet und stellte einen Grundpfeiler der Aufklärungsphilosophie dar. Den entsprechenden Beitrag zu einer naturwissenschaftlichen Fundierung lieferte *Isaac Newton* vor allem mit seinem Werk „Mathematische Prinzipien der Naturlehre" (1687).
Aufklärung war stets auch Religionskritik. Die Ablehnung aller nicht verstandesmäßig erklärbaren Tatsachen führte zur Annahme einer natürlichen Vernunftreligion. Die Gottesauffassung der Aufklärung *(Deismus)* beschränkte sich auf die Bejahung des Daseins Gottes als des höchsten Wesens und auf den Glauben an die ersten Ursachen.
Die Forderung nach naturrechtlicher Begründung politischer und juristischer Normen als Voraussetzung persönlicher Freiheit führte zu recht unterschiedlichen Entwürfen. Während *Voltaire* für einen aufgeklärten, reformierten Absolutismus eintrat, forderte *Jean-Jaques Rousseau* Volksherrschaft und direkte Demokratie, in der die *„volonté générale"* (der allgemeine Wille) dem Einzelinteresse übergeordnet war. Besonders geschichtswirksam wurde die von *Charles de Montesquieu* formulierte Lehre von der Gewaltenteilung, die er aus der englischen Verfassung abgeleitet hatte. Die Schriften der großen Aufklärer erreichten eine beträchtliche Breitenwirkung in den neuen philosophischen und wissenschaftlichen Gesellschaften, in Zeitungen und Flugblättern, in Salons und Kaffeehäusern. Eine eindrucksvolle Sammlung der philosophischen, wissenschaftlichen und praktischen Erkenntnisse der Zeit war die von *Diderot* und *d'Alembert* zwischen 1751 und 1780 herausgegebene „Enzyklopädie der Wissenschaften, der Künste und des Handwerks", ein Gemeinschaftswerk von 160 Gelehrten.

11.2 Die USA bis zum Ersten Weltkrieg

Seit 1607 entstanden englische Kolonien an der Ostküste Nordamerikas. Die Ureinwohner (Indianer) mußten weichen, ganze Stämme wurden ausgerottet. 1775 bis 1783 lösten sich 13 Kolonien im Unabhängigkeitskrieg von England und schlossen sich zu einem Bundesstaat, den *United States of America* (USA), zusammen. Seine Verfassung wurde vorbildlich für Europa. Im 19. Jh. entwickelten sich die USA zu einer Weltmacht.

4. 7. 1776	**Amerikanische Unabhängigkeitserklärung**
17. 9. 1787	**Verfassung der United States of America**
1861–1865	**Bürgerkrieg zwischen Nord- und Südstaaten**
1890	**Naval Act: Ausbau der amerikanischen Flotte**
1900–1914	**Reformbewegung der Progressiven**

1. Worin lag die Bedeutung der amerikanischen Verfassung?
2. Erläutern Sie Merkmale und Bedeutung der „Frontier".
3. Wodurch wurden die USA zur wirtschaftlichen Großmacht?
4. Charakterisieren Sie die innenpolitsche Entwicklung.
5. Welche Außenpolitik betrieben die USA vor dem 1. Weltkrieg?

1. Als die *amerikanische Verfassung* 1789 in Kraft trat, war sie ohne Vorbild. Sie beruhte auf den Prinzipien der Aufklärung (➡ 11.1). Ihre Hauptmerkmale waren Volkssouveränität, Gewaltenteilung und das Bundesstaatsprinzip. 1791 wurde die Verfassung durch Grundrechte ergänzt, die auf die *Virginia Bill of Rights* (1776) zurückgingen. Das vorerst eingeschränkte Wahlrecht wurde später schrittweise liberalisiert: 1830 Beseitigung des Besitzzensus; 1870 Wahlrecht für Farbige, 1920 erst Wahlrecht für Frauen.

2. Die 13 Staaten hatten 1783 die Ostküste bis zu den Appalachen erschlossen. Im 19. Jh. dehnten sich die USA immer weiter nach Westen aus. Nach amerikanischem Verständnis hatte sich der weiße Mann im ständig umkämpften Grenzbereich zwischen Zivilisation und Wildnis als Pionier zu bewähren. Die *Frontier* (Siedlungsgrenze) wurde durch Jäger, Händler, Viehzüchter und Siedler nach Westen verschoben, bis der Kontinent durchquert war. Dabei wurden die Ureinwohner (Indianer) immer weiter abgedrängt, durch Kriege, Vernichtungsaktionen und Krankheiten getötet. Die Überlebenden siedelte man in Reservaten an.

3. Der Kontinent war reich an Rohstoffen und Bodenschätzen. 1830 wurde die erste Eisenbahn gebaut, die wesentlich zur Erschließung des Westens und zur Industrialisierung beitrug (1860 bereits 50 000, 1910 um 385 000 Streckenkilometer). Aufgrund der ständigen Einwanderung aus Europa wuchs die Bevölkerung von 3,9 Mio. (1790) über 23 Mio. (1850) auf 91,9 Mio. (1910) an. Ausdehnung und Intensivierung der Landwirtschaft sicherten die Ernährung. Die um 1840 beginnende Industrialisierung erfuhr keine Einschränkungen durch Zunftzwang oder Binnenzölle wie in Europa. Es standen billige Arbeitskräfte (Einwanderer, Sklaven) zur Verfügung. 1913 erreichten die USA mit 35,8 % den größten Anteil der Weltindustrieproduktion.

4. Das Wählerinteresse konzentrierte sich schnell auf zwei Parteien. Die eher konservativen *Nationalrepublikaner* wurden meist von Alteinwohnern und Besitzenden gewählt, die *Demokratische Partei* von Kleinbürgern und Einwanderern. Obwohl die Verfassung die Freiheit des Individuums garantierte, bestand in den Südstaaten die Sklaverei der Kolonialzeit fort. 1861 traten 15 Südstaaten aus der vom reichen Norden dominierten Union aus, da sie seine Forderung nach Abschaffung der Sklaverei ablehnten. In einem blutigen Bürgerkrieg wurden sie vom Norden besiegt und in die Union zurückgezwungen. Nach 1900 wandten sich Reformbewegungen wie die *Progressiven* gegen politische und soziale Mißstände, die u. a. durch den ungehinderten Kapitalismus der Industrialisierung entstanden waren.

5. 1823 verkündete *Präsident Monroe* den Grundsatz „Amerika den Amerikanern" *(Monroe-Doktrin)*, um den politischen und wirtschaftlichen Einfluß der USA auf dem ganzen Kontinent zu sichern. Über Mittel- und Südamerika hinaus wurde dieser auf den pazifischen Raum ausgedehnt. Wichtiger als die Eroberung von Kolonien wie der Philippinen (1898) wurde jedoch die indirekte, wirtschaftliche Herrschaft *(Dollarimperialismus)*. 1853/54 erzwangen Kriegsschiffe die Öffnung japanischer Häfen. Mit dem *Naval Act* von 1890 legte der Kongreß den Ausbau der amerikanischen Marine fest, um potentiellen Feinden auf den Weltmeeren gewachsen zu sein. Aus der europäischen Politik hielten sich die USA vorerst heraus.

11. 3 Die Französische Revolution

Die französische Wirtschaft erlebte im 18. Jh. einen ständigen Aufschwung. Trotzdem kam es aufgrund des schnellen Bevölkerungswachstums wiederholt zu Versorgungskrisen. Wegen verlustreicher Kriege und der Verschwendung bei Hofe befand sich der Staat zudem in ständiger Finanznot. Um diese zu beheben, berief König Ludwig XVI. für 1789 die *Generalstände* (Ständeversammlung des Reichs) ein, die Steuern bewilligen sollten. Dem dritten Stand gehörten doppelt so viele Abgeordnete an wie dem ersten und zweiten Stand (Geistlichkeit/Adel). Da aber weiter nach Ständen und nicht nach Köpfen abgestimmt werden sollte, erklärten sich die Vertreter des dritten Standes in einem revolutionären Akt allein zur Nationalversammlung.

17. 6. 1789	**Die Vertreter des dritten Standes erklären sich zur Nationalversammlung**
14. 7. 1789	**Sturm auf die Bastille**
3. 9. 1791	**Verkündigung einer Verfassung**
1793/1794	**Radikale Phase der Revolution**
1795–1799	**Herrschaft des Besitzbürgertums**

1. Nennen Sie die Träger der Revolution und ihre Ziele.
2. Erläutern Sie die einzelnen Phasen des Revolutionsverlaufs.
3. Mit welchen Gegenkräften hatte die Revolution zu kämpfen?

1. Die französische Revolution gewann ihre Dynamik durch das Zusammenwirken verschiedener gesellschaftlicher Kräfte mit unterschiedlichen Interessen und Zielen. Sie wurde ausgelöst durch die Revolution des *dritten Standes*, die die absolutistische Monarchie beseitigte. Der dritte Stand umfaßte ca. 98 % der Bevölkerung: Bauern, Handwerker, Tagelöhner, Händler, Kaufleute, freie Berufe. Seine Abgeordneten kamen fast ausnahmslos aus dem höheren Bürgertum. Sie waren von der Aufklärung (➜ 11.1) beeinflußt und erstrebten unter der Losung „Freiheit, Gleichheit, Brüderlichkeit" politische Mitbestimmung sowie persönliche und wirtschaftliche Freiheiten. Die *Nationalversammlung* setzte diese Ziele um durch Einzelgesetze, vor allem aber durch die *„Erklärung der Menschen- und Bürgerrechte"* am 26. 8. 1789 und die Verfassung vom 3. 9. 1791 *(Konstitutionelle Monarchie).*

Diese Revolution wurde unterstützt durch die Erhebungen der städtischen Volksmassen und die Revolution auf dem Lande. Mit dem *Sturm auf die Bastille* am 14. 7. 1789 begannen in Paris und anderen Städten revolutionäre Aktivitäten, die von der einfachen Bevölkerung (Händler, Handwerker, Hausfrauen) getragen wurden und bis 1795 andauerten. Ausgelöst wurden die städtischen Unruhen vor allem durch die schlechte Versorgungslage und neue Ungleichheiten (Zensuswahlrecht, Spekulanten). Im Sommer 1789 erhoben sich auch die Bauern gegen ihre Grundherren und erreichten, daß ein Teil der feudalen Rechte beseitigt wurde. Die Nationalversammlung beschloß am 4. 8. 1789 u. a. die Abschaffung der grundherrlichen Gerichtsbarkeit und die Abkäuflichkeit der Zehnten. Die restlichen Lasten und Herrenrechte wurden 1793 abgelöst.

2. Zwischen 1789 und 1799 verschoben sich mehrfach die Kräfte im revolutionären Lager. Zunächst dominierten die Gemäßigten. Sie wollten die Monarchie nicht abschaffen, sondern durch eine Verfassung einschränken. Sie beseitigten die Privilegien des Adels und verstaatlichten den Grundbesitz der Kirche. Als der König mit Gegnern der Revolution paktierte und fliehen wollte, drängten radikalere Kräfte unter Führung der Jakobiner nach vorn. Ludwig XVI. wurde hingerichtet, eine neue Nationalversammlung erarbeitete eine republikanische Verfassung, die aber nicht in Kraft gesetzt wurde. Die *Jakobiner* stützten sich in den Städten auf die *Sansculotten (v. a.* Krämer, Handwerker und ihre Gesellen). 1793/94 spitzte sich die wirtschaftliche und militärische Lage zu, und die Jakobiner regierten durch Terror und Ausnahmegesetze. Diese Zeit der *Schreckensherrschaft (terreur)* endete mit dem Sturz der Jakobiner. 1795 ging die Herrschaft an die Vertreter des Großbürgertums über. Die neue Direktorialverfassung machte das passive Wahlrecht von einem hohen Einkommenszensus abhängig.

3. Die Revolution richtete sich gegen die alte Ordnung, gegen Adel und Kirche. Viele Adlige emigrierten ins benachbarte Ausland. Dort warben sie Truppen an und versuchten, die europäischen Monarchien zum Krieg gegen Frankreich zu bewegen. Viele Priester wurden zu Gegnern der Revolution, als sie zum Eid auf die neue Verfassung gezwungen werden sollten. Seit 1792 mußte sich die Republik gegen die Heere der Nachbarmächte behaupten, die teilweise weit nach Frankreich eindrangen. Nach der Hinrichtung Ludwigs XVI. erhoben sich königstreue Bauern, so daß im Sommer 1793 in vielen Gebieten Bürgerkrieg herrschte. Die Armee blieb jedoch auf seiten der Revolution.

11.4 Napoleon, Europa und der Wiener Kongreß

Die Französische Revolution wurde durch das Kaisertum Napoleons beendet. Nach dessen Untergang kehrten die Bourbonen auf den Thron zurück. Doch die kurze napoleonische Herrschaft war äußerst folgenreich für Frankreich und Europa. Auf dem Wiener Kongreß sollte das vorrevolutionäre Europa „restauriert" werden. Das konnte jedoch nur vordergründig gelingen – die Weichenstellung in die Moderne blieb bestehen.

1799	Staatsstreich am 9. November (18. Brumaire)
1804	Kaiserkrönung Napoleons
1804	Bekanntgabe des „Code Civil"
1812	Untergang der „Grande Armée" in Rußland
1814/15	Wiener Kongreß

1. Welches Verhältnis hatte Napoleon zur Revolution?
2. Stellen Sie Etappen der napoleonischen Herrschaft dar.
3. Welche Bedeutung hatte Napoleon für Europa?
4. Nennen Sie die wichtigsten Beschlüsse des Wiener Kongresses.

1. *Napoleon Bonaparte* war Korse, aber schon früh erhielt er als königlicher Stipendiat eine Ausbildung an französischen Militärschulen. Mit der Revolution ging für ihn das Interesse Korsikas in dem Frankreichs auf. Er schloß sich jedoch keinem revolutionären Lager auf Dauer an. Während der „terreur" (1793/94) war er auf seiten der Jakobiner. 1795 rettete er die Gegner der Schreckensherrschaft (Thermidorianer), indem er einen Aufstand gegen den neuen Konvent blutig niederschlug. Als General des Direktoriums errang er seine ersten Erfolge in Italien gegen die Österreicher (1796/97). 1799 verband er sich mit Teilen des Großbürgertums und beseitigte, gestützt auf die Armee, in einem Staatsstreich die Herrschaft des Direktoriums. Eine neue Verfassung trug Napoleons Handschrift und wurde durch Plebiszit (Volksentscheid) gebilligt.

2. 1802 wurde Bonaparte durch Plebiszit zum Ersten Konsul auf Lebenszeit gewählt. 1804 setzte er sich im Beisein des Papstes selbst die Kaiserkrone auf. Seine Herrschaft ruhte auf der Armee und hing von seinen Erfolgen als Feldherr ab. In zahlreichen Kriegen und Friedensschlüssen wurden Österreich, Rußland und Preußen besiegt. 1810 war Frankreich die beherrschende Kontinentalmacht, umgeben von einem Kranz abhängiger Klein- und Mittelstaaten. Lediglich England blieb unbezwingbar. In der Seeschlacht bei Trafalgar (1805) war die französische Flotte vernichtet worden. Der Versuch Napoleons, das Inselreich durch eine *„Kontinentalsperre"* wirtschaftlich in die Knie zu zwingen, mißlang. England antwortete mit einer Gegenblockade und wandte sich noch stärker den überseeischen Märkten zu. Der wirtschaftliche Schaden für Europa war groß. Seit 1808 wuchsen die Schwierigkeiten. In Spanien brach ein nationaler Aufstand gegen die französische Fremdherrschaft aus. 1812 marschierte Napoleon mit der „Grande Armée" in Rußland ein. Trotz militärischer Erfolge ging die Armee im Winter 1812 zugrunde, da die logistischen Probleme unlösbar waren. Eine neue Armee wurde 1813 in der Völkerschlacht bei Leipzig besiegt. Napoleon mußte abdanken, kehrte 1815 zurück und wurde nach der Niederlage bei Waterloo auf die Insel St. Helena verbannt.

3. In Frankreich blieben wichtige Ergebnisse der Revolution erhalten. Der Feudalismus war beseitigt, die neuen Besitzverhältnisse blieben weitgehend bestehen. Ein bürgerliches Gesetzbuch, der *Code Civil*, wurde weit über Frankreichs Grenzen hinaus wirksam. Trotz repressiver Züge brachte die französische Herrschaft in vielen Teilen Europas Ansätze zu einer besseren sozialen und politischen Ordnung. Reformen von oben (Preußen) waren eine Antwort auf die französische Herausforderung. In Deutschland beseitigte der *Reichsdeputationshauptschluß* (1803) die Zersplitterung in Kleinstherrschaften. Andererseits führte die französische Besatzung zu einer Welle nationaler Bewegungen, die in den Freiheitskriegen ihren Ausdruck fanden.

4. Auf dem *Wiener Kongreß* wurde die *Restauration* des politischen Zustandes von 1792 angestrebt. Das bedeutete vor allem die Wiederherstellung des Gleichgewichts der Großmächte England, Rußland, Frankreich, Österreich und Preußen. Frankreich erhielt die Grenzen von 1792, England konnte sein Kolonialreich weiter ausbauen. Deutschland bestand immer noch aus 39 Einzelstaaten, die im *Deutschen Bund* nur locker verbunden waren. Die Kongreßbeschlüsse verkannten die nationale und wirtschaftliche Dynamik des neuen Zeitalters. Im September 1815 schlossen sich die Monarchen Rußlands, Österreichs und Preußens zur *Heiligen Allianz* zusammen, um nationale und liberale Bestrebungen zu bekämpfen.

11.5 Die Industrielle Revolution (Überblick)

Das Vorbild England

England wurde als erstes Land von der industriellen Entwicklung erfaßt. Seit Beginn des 18. Jh. nahm hier die Bevölkerung stetig zu. Die steigende Nachfrage zu befriedigen war ein wichtiger Antrieb, um wirtschaftlichere Produktionsformen zu entwickeln. In England ergriff das finanzkräftige, aufgeklärte Bürgertum die Initiative und trieb die Industrialisierung voran. Dieser Prozeß erfaßte mit einer zeitlichen Verschiebung ganz Europa. Er veränderte in relativ kurzer Zeit die wirtschaftlichen, gesellschaftlichen und sozialen Verhältnisse so grundlegend, daß dafür auch der Begriff *„Industrielle Revolution"* verwendet wird. Nach zögerndem Beginn (ca. 1830) beschleunigte sich die Entwicklung in Deutschland um 1850, bis die Industrieproduktion zwischen 1890 und 1913 die Englands überflügelte. Seit Mitte des 18. Jh. hatten europäische Industrielle sich am britischen Vorbild orientiert und vor allem von den englischen Erfindungen profitiert.

Die gesellschaftlichen und politischen Rahmenbedingungen in Deutschland

Zu Beginn des 19. Jh. war Deutschland politisch zersplittert und wirtschaftlich rückständig. Es fehlte ein kapitalkräftiges und selbstbewußtes Bürgertum. All das behinderte den Prozeß der Industrialisierung. Erst mit politischen Reformen in Preußen, Bayern und anderen deutschen Staaten wurden die Grundlagen für eine liberale Entwicklung gelegt. Durch Bauernbefreiung (Aufhebung von Leib- und Grundherrschaft) und Gewerbefreiheit (Aufhebung der Zunftordnung) waren wichtige Voraussetzungen für eine mobile und liberale Gesellschaft geschaffen. Mit der Gründung des *Deutschen Zollvereins* (1834) fielen die innerdeutschen Zollgrenzen. Damit war der erste Schritt zu einem einheitlichen Wirtschaftsraum getan, der erst (1871) mit der Gründung des Deutschen Reiches vollendet wurde. Trotz der sich beschleunigenden Entwicklung konnte die Verdoppelung der Bevölkerung innerhalb von hundert Jahren nur schwer bewältigt werden. Massenelend, Ausbeutung, Hungersnöte und Auswanderungswellen waren Begleiterscheinungen der Industrialisierung.

Die Veränderung von Arbeit und Gesellschaft

Der Wandel von der Agrargesellschaft zur Industriegesellschaft vollzog sich in Deutschland mit der Aufhebung der alten Feudalordnung und dem Übergang von der handwerklichen Produktion zur industriellen Fertigung. An die Stelle einer ganzheitlichen handwerklichenTätigkeit oder einer Beschäftigung in der Landwirtschaft trat zunehmend eine spezialisierte Teilefertigung in Fabriken. Die mit der Industrialisierung entstehende arbeitsteilige Gesellschaft bedeutete für immer mehr Menschen, daß sie zu austauschbaren, anonymen Gliedern im Arbeitsprozeß wurden.

Die Bedeutung der Technik
Um eine höhere Produktivität zu erreichen, mußte die Produktion technisiert werden. Dazu brauchte man Maschinen und finanzielle Mittel. Mit der Erfindung von Spinnmaschine (1767), mechanischem Webstuhl (1786) und Dampfmaschine (1769) wurden in England die Voraussetzungen dafür geschaffen. Um die nötige Energie zu gewinnen, mußte die Kohleförderung gesteigert werden. Der Bau von Kokshochöfen eröffnete die Möglichkeit zu moderner Gußstahlproduktion. Die Textil- und Schwerindustrie wurden zu den Antriebskräften der frühen Industrialisierungsphase in England wie in Deutschland. Beim Versuch, den englischen Vorsprung einzuholen, gingen deutsche Industrielle von der Imitation britischer Erfindungen 1830 immer stärker zu eigenen Entwicklungen über. So wurde das Gußstahlverfahren bei Krupp verbessert und ein eigener Maschinen- und Feingerätebau geschaffen. Ebenso erfolgreich war die chemische Industrie.

Die Rolle der Eisenbahn
Am stärksten prägte der Eisenbahnbau die industrielle Entwicklung im 19. Jh. Ein funktionierendes Eisenbahnsystem bedeutete enorme Gewinnsteigerung durch Verringerung der Kosten und Beschleunigung der Massentransporte. Gleichzeitig bewirkte dies eine Steigerung der Nachfrage, schuf Arbeitsplätze, erhöhte die Stahlproduktion, gab dem Maschinenbau Impulse und förderte so insgesamt die Montanindustrie. Das seit 1835 rasch wachsende Streckennetz ließ überregionale Wirtschaftsräume entstehen, wurde Grundlage allgemeiner Mobilität und ermöglichte die Entstehung und Versorgung von Ballungszentren. Angesichts eines gering entwickelten Straßennetzes konnten zunächst nur Eisenbahn und Dampfschiffahrt ein leistungsfähiges Verkehrssystem garantieren. Zur Finanzierung trugen wesentlich neu gegründete Aktiengesellschaften bei. Der Staat und privates Kapital beteiligten sich gemeinsam an der Verkehrserschließung. Als sichtbares „Zeichen des Gewerbefleißes" (F. Harkort) wurde die Eisenbahn zum Symbol von Industrialisierung und Fortschritt.

11.6 Sozialer Wandel im Zuge der Industrialisierung

Die Industrielle Revolution veränderte die gesamte Gesellschaft grundlegend. Schneller als die Erwerbsmöglichkeiten nahm die Bevölkerung zu. Viele, die bisher in Armut gelebt hatten, waren wegen des Überangebots an Arbeitskräften weiterhin elenden Arbeits- und Lebensbedingungen ausgesetzt. Dies führte zu Hungerrevolten und sozialen Unruhen. Erst im letzten Drittel des 19. Jahrhunderts verbesserte sich die Lage der Arbeiterschaft.

1839	**Arbeitsverbot für Kinder unter neun Jahren, Verbot von Nacht- und Sonntagsarbeit für Kinder unter 16 Jahren in Preußen**
ab 1870	**schrittweise Durchsetzung des 12-Stunden-Tages**

1. Nennen Sie Ursachen und Folgen des Bevölkerungswachstums.
2. Beschreiben Sie die Lebens- und Arbeitssituation der Arbeiterschaft.
3. Stellen Sie Ursachen und Probleme der Frauen- und Kinderarbeit dar.

1. Zu den Ursachen der Bevölkerungszunahme gehörten einerseits sinkende Sterblichkeit durch medizinische Fortschritte, zunehmende Hygiene, Verbesserung der Ernährung und weniger Kriege. Zum anderen nahm die Zahl der Geburten zu, da die Bauernbefreiung Heiratsbeschränkungen aufhob. Mit der einsetzenden Mechanisierung der Landwirtschaft wurden immer mehr Arbeitskräfte frei und zur Abwanderung in die industriellen Ballungszentren gezwungen. So bedeutete die Bauernbefreiung für viele Bauern sozialen Abstieg, da sie wegen Verschuldung und Unwirtschaftlichkeit ihrer Höfe zur Aufgabe und Landflucht genötigt wurden. Ein ähnliches Schicksal traf mit der Gewerbefreiheit viele Gesellen, die im freien Wettbewerb und mit dem Niedergang ihrer Handwerkszweige zu mittellosen Fabrikarbeitern (Proletariern) abstiegen. So wurden Deklassierung und soziale Wanderungsbewegungen in die entstehenden industriellen Zentren zu Kennzeichen der Industrialisierung. Dem stand eine zunächst nur kleine Gruppe von Facharbeitern und Spezialisten gegenüber, die sozial aufsteigen konnten.

144

2. Der Kampf um Arbeitsplätze zwang die Menschen, für äußerst niedrige Löhne zu arbeiten. Vielfach reichten sie nicht für das Nötigste, denn Lebensmittel und Mietpreise stiegen aufgrund der Nachfrage steil an. Um die Mitte des 19. Jh. sank die hohe Arbeitslosigkeit, ohne daß sich die unsichere Lebenssituation grundlegend verbesserte. Elende Wohnverhältnisse bestimmten das Leben in den Ballungszentren. Nicht selten lebten mehrere Familien in einem Raum, teilten sich verschiedene Personen einen Schlafplatz. Mangelernährung und fehlende Hygiene begünstigten die Verbreitung von Seuchen und Krankheiten. Zum Überleben einer Familie war die Mitarbeit aller Mitglieder notwendig. Dabei richtete sich der Verdienst nicht nur nach Qualifikation und Leistung, sondern Männer erhielten doppelt so viel wie Frauen und viermal so viel wie Kinder. Krankheit oder Invalidität des Haupternährers bedeuteten den Ruin der Familie. Da durch Konkurrenzdruck die Arbeitszeit häufig verlängert wurde, stieg die Unfallgefahr und die Lebenserwartung sank. Eine tägliche Arbeitszeit von bis zu 18 Stunden an sechs Tagen der Woche war die Regel. Durch Einführung der 72-Stunden-Woche ab 1870 änderte sich dies allmählich. Mit militärischer Strenge regelten Fabrikordnungen den Arbeitsablauf und unterdrückten jegliches Aufbegehren.

3. Frauen waren zur Erwerbstätigkeit gezwungen, um ihre Familien oder als Unverheiratete sich selbst zu ernähren. Neben der Beschäftigung als Dienstmädchen blieb der proletarischen Frau dabei nur die Fabrikarbeit. Weil sie als besonders geschickt und leidensfähig galten, wurden Frauen vielfach bevorzugt. Außerdem waren sie politisch rechtlos, weniger gewerkschaftlich organisiert und konnten somit noch stärker ausgebeutet werden. Selbst Sonntagsarbeit wurde ihnen zugemutet, so daß das bürgerliche Ideal der Kleinfamilie für Proletarier bis zum Ende des Jahrhunderts unerreichbar blieb. Da Kinder zunächst so lange wie Erwachsene arbeiten mußten, aber viel schlechter bezahlt wurden, steigerten sie den Profit der Unternehmer. Wegen der langen Arbeitszeiten konnten sie keine Schule besuchen. Ihre hohe Krankheits- und Sterberate zwang den Staat schließlich zum Handeln. Weil die preußische Armee um die Gesundheit ihrer Rekruten fürchtete, unterstützte sie Gesetze zum Kinderschutz. Fabrikinspektoren sollten in der zweiten Hälfte des Jahrhunderts darüber wachen, daß die Vorschriften zum Schutz der Kinder auch eingehalten wurden.

Vielen Menschen erschien im 19. Jh. ihre soziale Lage aussichtslos. In großer Zahl wanderten sie daher aus ganz Europa nach Amerika aus. Der Staat ließ der Wirtschaft freien Lauf und fühlte sich zunächst nicht für die Not verantwortlich (→ 13.2). Diese liberale Anschauung führte zu der Bezeichnung „Nachtwächterstaat". Initiativen zur Veränderung ihrer Situation gingen von Arbeitern selbst, aber auch von Kirchen und Unternehmen aus.

1847	**Manifest der Kommunistischen Partei**
1863	**Allgemeiner Deutscher Arbeiterverein**
1869	**Sozialdemokratische Arbeiterpartei Deutschlands**
1891	**Papst Leo XIII. „Enzyklika rerum novarum"**

1. Wie verhielten sich die Kirchen gegenüber der sozialen Frage?
2. Nennen Sie Gründe für das soziale Engagement von Unternehmern.
3. Stellen Sie die Initiativen und Forderungen der Arbeiterschaft dar.
4. Welche politische Zielsetzung verfolgte die Arbeiterbewegung?

1. Die Amtskirche engagierte sich wie das liberale Bürgertum lange Zeit nicht für die soziale Frage. Lediglich einzelne Vertreter stellten sich im Sinne aktiver christlicher Nächstenliebe ihrer Verantwortung. So gründete *Adolph Kolping* (1813–1865) katholische Gesellenvereine. *Freiherr von Ketteler* (1811–1877) trat als Bischof für Sozialmaßnahmen, Selbsthilfeeinrichtungen und politische Rechte der Arbeiter im Rahmen eines christlichen Ständestaates ein. Der Protestant *Hinrich Wichern* (1808–1881) nahm sich jugendlicher Arbeitsloser an, bot ihnen Obdach und einen Ausbildungsplatz. Erst 1891 bekannte sich die katholische Kirche in einer Enzyklika zu ihrer sozialen Verpflichtung und trat für die Rechte der Arbeiter ein.

2. Sehr früh erkannten einige Unternehmer, daß angesichts der niedrigen Löhne und der fehlenden sozialen Absicherung die Arbeiter nicht für sich und ihre Familien sorgen konnten, schon gar nicht im Falle von Krankheit, Invalidität oder Unfällen. Aus patriarchalischer Fürsorge

146

und aus christlicher Verantwortung ergriffen daher Einzelne soziale Initiativen. Wesentlich war dabei auch die Erkenntnis, daß höhere Arbeitsleistung und größerer Profit in direktem Zusammenhang standen mit den Lebensbedingungen und der Motivation der Arbeiter. Auch die Gefahr sozialer Unruhen konnte damit verringert werden. Zu diesen Unternehmern gehörten *Friedrich Harkort* (1793–1880) und *Alfred Krupp* (1812–1887).

3. Die organisierten Arbeiter kritisierten die Sozialleistungen der Fabrikherren, weil sie nicht von Almosen abhängig sein wollten. Der Preis für die soziale Unterstützung durch die Unternehmer waren in der Regel Unmündigkeit und Verbot politischer Betätigung. Außerdem konnte freiwillige Hilfe einzelner Unternehmer das Massenelend nicht wirksam bekämpfen. Durch Gründung von Gesellen- und Arbeitervereinen seit 1848 ergriffen die Betroffenen selbst Initiativen. Mit ihren Forderungen (Begrenzung der Arbeitszeit, Mindestlohn, Entlohnung für Mehrarbeit, Lohnfortzahlung im Krankheitsfall) und genossenschaftlichen Einrichtungen wurden sie zu Vorläufern der Gewerkschaften. Erst 1871 wurde in ganz Deutschland die Vereinigungsfreiheit durchgesetzt. Dies war die Grundlage zur Bildung von Einzelgewerkschaften, die sich später zusammenschlossen. Der *Streik* wurde zum wichtigen Kampfmittel der organisierten Arbeiterschaft. Arbeiterbildung und Klassenbewußtsein förderten die Bereitschaft zur politischen Auseinandersetzung.

4. Um auf politische Entscheidungen Einfluß zu nehmen, bildeten sich mit dem reformorientierten ADAV (1863) und der revolutionär ausgerichteten SDAP (1869) Arbeiterparteien, die sich 1875 zur *Sozialistischen Arbeiterpartei Deutschlands (SAP)* vereinigten, seit 1891 *SPD*. Diese Parteien sahen die Lösung der sozialen Frage in einer grundlegenden Umgestaltung der Gesellschaft. Sie forderten politische Mitsprache und einen demokratischen Volksstaat. Die Lehre des wissenschaftlichen Sozialismus von *Karl Marx* (1818–1883) war in der sozialdemokratischen Arbeiterbewegung umstritten. Marx ging davon aus, daß das Ausbeutungsverhältnis zwischen Arbeitern und Kapitaleignern nur durch eine proletarische Revolution überwunden werden könne. Der Kapitalismus werde so von der klassenlosen Gesellschaft des Kommunismus abgelöst.

Nationale und liberale Ideen

Durch die Französische Revolution waren die Ideen der persönlichen Freiheit und der nationalen Selbstbestimmung in ganz Europa verbreitet worden. Geistesgeschichtlich gingen sie auf die europäische Aufklärung zurück und waren in den Verfassungen des revolutionären Frankreichs politisch erstmals wirksam geworden. Die *liberale Bewegung* griff diese Ideen auf. Sie forderte nationale Einheit und die Errichtung eines *Verfassungsstaates,* in dem die Grund- und Menschenrechte gewährt wurden und Gewaltenteilung herrschen sollte. Die Bürger sollten als Souverän durch gewählte Vertreter im Staat mitwirken. Freie Entfaltung der Wirtschaft sollte gewährleistet sein. Es wurde zwar eine rechtliche Gleichheit angestrebt, nicht aber eine politische. Das Wahlrecht und die politische Beteiligung sollten vom Steueraufkommen abhängen (Zensuswahlrecht). Die auf dem Wiener Kongreß in Aussicht gestellten „landständischen Verfassungen" entsprachen nicht dem Prinzip der Volkssouveränität. Einzelne deutsche Teilstaaten waren kompromißbereit und erließen Verfassungen mit liberalen Zugeständnissen. Die Großmächte Preußen und Österreich dagegen blieben auch weiterhin ohne Verfassung. 1849 verabschiedete die Deutsche Nationalversammlung die erste demokratische deutsche Verfassung. Doch weil die Revolution scheiterte, wurde sie politisch nicht wirksam.

Restauration und Nationalismus

Auf dem Wiener Kongreß (1815) hatten die Großmächte mit Ausnahme Englands die *Heilige Allianz* gegründet. Mit diesem Vertrag über die brüderliche Zusammenarbeit der rechtmäßigen monarchischen Herrscher wollten sie die von ihnen geschaffene Ordnung in Europa gegen revolutionäre Angriffe schützen (→ 11.4). Die nationalen Eigeninteressen waren jedoch bald stärker als die gemeinsamen Ideale. Fürst Metternich (Österreich) und der russische Zar vertraten besonders den Gedanken der Allianz, da sie wegen ihrer nationalen Minderheiten in einer Zeit der aufkommenden liberalen und nationalen Bewegung mit inneren Unruhen rechneten. Österreich war durch seine Niederlage gegen den Konkurrenten Preußen seit 1866 vom deutschen Nationalstaat ausgeschlossen und richtete sein Interesse verstärkt auf den Balkan. Die Reichsreform von 1867 mit der Umwandlung des Habsburgerstaates in eine Doppelmonarchie (Österreich-Ungarn) brachte im Vielvölkerstaat keine nationale Selbstbestimmung und verstärkte nur die Spannungen. Wegen der fehlenden Reformbereitschaft prophezeiten ihm Kritiker seit Mitte des Jahrhunderts einen schnellen Niedergang, vergleichbar mit dem des Osmanischen Reiches.

Kulturnation und Staatsnation

Nach dem Sieg über Napoleon richteten sich die deutschen Patrioten gegen die Vertreter der Restauration, die für den Deutschen Bund und gegen einen Nationalstaat eintraten. Das seit Mitte des 18. Jh. im deutschen Bildungsbürgertum entwickelte *Nationalbewußtsein* beruhte auf gemeinsamer Sprache, Geschichte und Tradition. Während sich die Höfe am französischen Vorbild orientierten, identifizierte sich das Bürgertum mit der eigenen Kultur. In Deutschland war also der Gedanke einer Kulturnation lange vor der Gründung einer eigenen Staatsnation verbreitet. Zunächst verhinderten die Machtverhältnisse dieses Ziel. Auch die Vorstellungen über Umfang und Ausgestaltung eines Staates waren umstritten. Mit dem Kampf gegen den Fürstenstaat, für Freiheit und Einheit prägte die liberale Bewegung die politischen Auseinandersetzungen im 19. Jh.

Rückzug und Engagement

Aus Enttäuschung über die politische Entwicklung zogen sich viele Bürger nach 1815 ins Privatleben zurück. Als *Biedermeier* bezeichnete man die Kultur dieser Zeit mit ihrem Hang zur häuslichen Idylle, zum kleinen privaten Glück. Gleichzeitig war es eine Epoche des Umbruchs und Neuanfangs. Mit der Industrialisierung, den ersten Eisenbahnen, dem Ausbau der Universitäten, der raschen Entwicklung der Natur- und Geisteswissenschaften und dem Bildungsstreben im wachsenden Bürgertum geriet die Gesellschaft in Bewegung. Trotz Zensur nahmen Literaten und Wissenschaftler Stellung zu den politischen und sozialen Problemen. Die Autoren der Gruppe *Junges Deutschland* wie *Heinrich Heine* und *Ludwig Börne* traten für engagierte Literatur und politischen Journalismus ein. In Vereinen, Honoratioren- und Lesegesellschaften trafen sich Bürger und tauschten politische Ansichten aus. Die Masse der Proletarier lebte isoliert und war von der bürgerlichen Gesellschaft und ihren Idealen ausgeschlossen. Je näher die Märzrevolution von 1848 rückte, um so mehr bildete sich eine politische Öffentlichkeit. In weiten Teilen der Bevölkerung verbreitete sich Aufbruchstimmung. Sie erfaßte sogar selbstbewußte Frauen, die erste eigene Vereine gründeten. Ihr Ziel war noch nicht die gleichberechtigte politische Mitwirkung, sondern sie widmeten sich zunächst sozialen Aufgaben.

12.1 Zwischen Restauration und Liberalisierung

In den Kriegen um die Befreiung von der napoleonischen Herrschaft hatte viele Bürger der Gedanke an einen deutschen Nationalstaat beflügelt. Nach dem Sieg aber wollten die Fürsten der Einzelstaaten ihre Macht nicht aufgegeben. Doch im deutschen *Vormärz*, der Zeit bis zur Märzrevolution von 1848, wurden die Forderungen nach Freiheit und Einheit immer drängender.

1817	**Wartburgfest**
1819	**Karlsbader Beschlüsse**
1848/49	**Revolution in Deutschland**
18. Mai 1848	**Eröffnung der ersten deutschen National-versammlung**

1. Skizzieren Sie wichtige Etappen des Vormärz bis 1837 und stellen Sie die Gegenmaßnahmen der Restauration dar.
2. Erklären Sie die Zuspitzung der Konflikte in den 40er Jahren.
3. Erläutern Sie Ziele und Verlauf der Revolution von 1848.

1. Während die breite Bevölkerung sich mit den Verhältnissen abfand, sammelten sich die deutschen Studenten unter dem Wahlspruch: Ehre, Freiheit, Vaterland. Die *Burschenschaften* knüpften an die Ideale der Befreiungskriege an und erregten mit ihrem nationalen *Wartburgfest* (1817) großes Aufsehen. Ein Jahr später vereinigten sie sich zur Deutschen Burschenschaft. 1819 reagierte Metternich mit strengen Unterdrückungsmaßnahmen. Ein politisch motivierter Mord durch einen Studenten gab ihm den Vorwand für die *Karlsbader Beschlüsse*. Mit scharfer Pressezensur, Einschränkung der Meinungsfreiheit, Verbot der Burschenschaften, Überwachung der Universitäten und Absetzung unbequemer Hochschullehrer sollte die liberale und nationale Bewegung zerschlagen werden. Tatsächlich wurde sie geschwächt und in den Untergrund abgedrängt. 1830 führten revolutionäre Veränderungen in Frankreich auch im Deutschen Bund vereinzelt zu liberaleren Verfassungen. Auf dem *Hambacher Fest* (1832) kam es erstmals in Deutschland zu einer Massendemonstration, bei der Menschen aus allen Volksschichten Freiheit und nationale Einheit forderten. Trotz der Verfolgungen wuchs die liberale Bewegung. Gesangs- und Turnvereine wurden zu Treffpunkten der national gesinnten Jugend. Als 1837 in Göttingen sieben kritische Professoren entlassen wurden, feierte man sie wie nationale Helden *(Göttinger Sieben)*.

2. Preußen weckte neue Hoffnungen, denn drei der verfolgten Professoren erhielten hier einen Lehrstuhl. Der preußische Thronfolger enttäuschte aber die Erwartungen, sa er die 1815 versprochene Verfassung für Preußen nicht erließ. Er hielt zwar patriotische Reden, war zu demokratischen Reformen jedoch nicht bereit. In dieser Situation erhitzte 1840 die sogenannte *Rheinkrise* zusätzlich die Gemüter der Patrioten, als Frankreich die Rheingrenze für sich beanspruchte. Es erhob sich ein Sturm der Entrüstung, der Rhein als Sinnbild des deutschen Nationalgefühls wurde leidenschaftlich besungen. Neben diesen Ereignissen verschärften sich in den vierziger Jahren auch die sozialen Folgen der Industrialisierung in den Städten und auf dem Land.

3. Im März 1848 griff die französische Februarrevolution auf Deutschland über. Die südwestdeutschen Staaten entsprachen rasch den Forderungen nach konstitutionellen Verfassungen, Presse- und Versammlungsfreiheit, gesamtdeutschem Parlament, Schwurgerichten und Volksbewaffnung . Sie richteten *„Märzministerien"* ein, in denen sie die Liberalen an der Regierung beteiligten. In Österreich und Preußen kam es zu blutigen Unruhen, bis die Monarchien einlenkten. Metternich wurde vertrieben und der preußische König schien sich nach heftigen Kämpfen auf die Seite der Revolution zu stellen. Die konservativen Kreise waren aber nicht geschlagen und entwaffnet, sondern warteten nur auf ein Signal zur Gegenrevolution. Ende März wurde das *Frankfurter Vorparlament* gebildet, das einen Ausgleich mit den Fürsten anstrebte. Es wurde am 18. Mai 1848 durch die frei gewählte *Nationalversammlung* ersetzt. Noch gab es keine Parteien und den meisten Abgeordneten fehlte es an politischer Erfahrung. Die Spaltung zwischen einem radikalen und einem gemäßigten Flügel lähmte die Versammlung. Während die Mehrheit der *Liberalen* nur eine politische Veränderung anstrebte, forderten die *Republikaner* auch eine soziale. So konnte erst im März 1849 die neue *Verfassung* verkündet werden. Da der preußische König jedoch die ihm von der Nationalversammlung angebotene Kaiserkrone als Reichsoberhaupt ablehnte, scheiterte der Nationalstaat. Die Fürsten übernahmen wieder die Macht und führten von oben erzwungene (oktroyierte) Verfassungen ein. Viele Bürger zogen sich enttäuscht aus der Politik zurück.

12.2 Internationale Politik bis 1870

Um gemeinsam gegen revolutionäre Veränderungen vorzugehen, war die *Heilige Allianz* gegründet worden. Doch England, Frankreich und Rußland stellten sich im griechischen Freiheitskampf gegen das Osmanische Reich auf die Seite Griechenlands. Dies zeigte, daß die verbündeten Mächte gegen ihre nationalen Interessen nicht zu gemeinsamem Handeln zu bewegen waren.

1821–1829	**Griechischer Freiheitskampf**
1830	**Julirevolution in Frankreich**
1848	**Februarrevolution in Paris**
1852	**Staatsstreich Napoleons III.**
1853–1856	**Krimkrieg**
1860	**Einigung Italiens**

1. Stellen Sie die Auswirkungen der französischen Julirevolution von 1830 auf Europa dar.
2. Warum war 1848 ein europäisches Revolutionsjahr?
3. Zeigen Sie den Zusammenhang zwischen Krimkrieg und zunehmendem Nationalismus auf.
4. Welche Folgen hatte die italienische Einigung für Deutschland?

1. In der Julirevolution verjagten die Franzosen ihren Regenten und brachten *Louis Philippe* an die Macht. Man nannte ihn den *Bürgerkönig*, weil er seinen Aufstieg dem Großbürgertum verdankte und kein Herrscher von Gottes Gnaden war. Als Gegenleistung gestand er den Bürgern in der neuen Verfassung das Recht zu, Gesetze zu verabschieden. Um die eigene Macht zu sichern, wurde das Wahlrecht nur an Bürger vergeben, die hohe Steuern zahlten. Diese Revolution verstieß gegen die Grundsätze der Heiligen Allianz. Doch England erkannte den neuen König bald an, und in ganz Europa sahen die Liberalen darin ein Signal zur Veränderung. Es kam zu erfolglosen Unruhen in Italien und Polen. *Belgien* spaltete sich von den Vereinigten Niederlanden ab und erklärte sich 1830 für unabhängig und neutral. Da Frankreich ebenso wie die liberale Regierung Englands die Politik der restaurativen Mächte nicht länger stützte, war deren Position geschwächt.

2. Seit den dreißiger Jahren verschärften sich in vielen europäischen Ländern die Gegensätze zwischen Liberalen und Konservativen. In der Schweiz traten die liberalen Kantone aus der Eidgenossenschaft aus und gründeten einen Sonderbund. 1847 setzten sie sich in einem Krieg gegen die konservativen Kantone durch. Damit war der Weg frei zur Gründung des Bundesstaates *Schweiz.* Dadurch angeregt kam es in Oberitalien zu Aufständen gegen die Herrschaft Österreichs. Auch in Deutschland stellte die liberale Bewegung selbstbewußt Forderungen nach politischen Reformen und erhielt immer breitere Unterstützung. In der französischen *Februarrevolution* (1848) erhoben sich in Paris Arbeiter und Kleinbürger gegen die Herrschaft des Großbürgertums und den Bürgerkönig. Frankreich wurde zur Republik, und der revolutionäre Funke griff auf den Deutschen Bund über. Durch nationale Erhebungen in den nichtdeutschen Gebieten der Donaumonarchie weiteten sich die Unruhen auf Tschechen und Ungarn aus. Auch in Italien wurde wieder um Freiheit und nationale Eigenständigkeit gerungen.

3. 1852 hatte *Napoleon III.* durch einen Staatsstreich in Frankreich die Macht übernommen. Um die Anerkennung seines Volkes zu erlangen, bemühte er sich um internationale Erfolge, denn nationale Machtentfaltung und Streben nach militärischem Ruhm bestimmten immer stärker das Handeln der Völker. Gemeinsam mit England verwehrte Frankreich im *Krimkrieg* (1853–56) den Russen erfolgreich den Zugang zum Mittelmeer sowie die Aufteilung der Türkei. Frankreich war damit unbestrittene Vormacht auf dem Festland und hatte den russischen Einfluß auf dem Balkan zurückgewiesen, so daß der Zar den Schwerpunkt seiner Machtpolitik nach Mittelasien verlagerte. Hier sollten sich neue Spannungen mit den Interessen der Weltmacht England ergeben. Auch der *Balkan* blieb weiterhin ein unruhiges Gebiet, in dem slawischer Nationalismus und österreichische Großmachtpolitik aufeinandertrafen.

4. Die italienische Einigung (1860) ließ auch in Deutschland die nationalen Hoffnungen wieder aufleben. Napoleon III. hatte die Italiener erfolgreich unterstützt im Kampf gegen Österreich. Preußen hatte sich bewußt neutral verhalten, obwohl dies von Österreich als Verrat angesehen wurde. Nach dem Verlust seiner italienischen Gebiete versuchte es, seine Position im Deutschen Bund zu festigen. Gleichzeitig sah der preußische Ministerpräsident einen günstigen Zeitpunkt gekommen, sein Land an die Spitze der nationalen Einigungsbewegung zu setzen. Das neue Königreich Italien hatte gezeigt, daß ein Nationalstaat auch einen Machtzuwachs für die Monarchie bedeutete.

Zu einer dauerhaften Friedensordnung in Europa gehörte eine Regelung der *Deutschen Frage*. Der 1815 in Wien beschlossene *Deutsche Bund* entsprach nicht den Forderungen der Liberalen nach Volkssouveränität. Er war eine Kompromißlösung, die auch von Österreich und Preußen nicht als endgültig angesehen wurde.

1815	**Deutscher Bund**
1866	**Deutscher Krieg, Norddeutscher Bund**
1870/1871	**Deutsch-Französischer Krieg**
18. Januar 1871	**Gründung des Deutschen Kaiserreiches**

1. Begründen Sie, warum es 1815 zum Deutschen Bund kam.

2. Beschreiben Sie die Auseinandersetzungen in der Paulskirche über die Ausgestaltung des deutschen Nationalstaates.

3. Nennen Sie die Initiativen Österreichs und Preußens zur Beilegung des deutschen Dualismus.

4. Wie wurde die Reichsgründung in Deutschland und Europa aufgenommen?

1. Die in Wien versammelten Mächte waren an möglichst stabilen Verhältnissen in Europas Mitte interessiert. Gleichzeitig wollten sie verhindern, daß es in Deutschland zur Gründung eines Nationalstaates nach französischem Vorbild kam. Dieser entsprach auch nicht den Vorstellungen der deutschen Fürsten, die in ihren Teilstaaten souverän regieren wollten. Sie lehnten daher eine Rückkehr zum Heiligen Römischen Reich Deutscher Nation ebenso ab wie entscheidende Zugeständnisse an die liberale Bewegung. Der *Deutsche Bund* nahm als loser Staatenbund souveräner Einzelstaaten Rücksicht auf die fürstenstaatlichen Interessen und auf den Gedanken eines Gleichgewichts der Mächte in Europa. Preußen und Österreich blieben Konkurrenten, die die Vorherrschaft jeder für sich entscheiden wollten.

2. Wie der deutsche Nationalstaat aussehen sollte, war 1848 eine der zentralen Fragen der *Nationalversammlung* in der Frankfurter *Paulskirche*. Nur eine Minderheit trat für eine Republik ein. Die Abgeordneten entschieden sich für eine konstitutionelle Monarchie mit einem Erbkaisertum und befürworteten eine kleindeutsche, preußische Lösung. Das bedeutete einen Bundesstaat ohne Österreich, da der Gesamtstaat mit seinen nichtdeutschen Gebieten nicht aufgenommen werden sollte. Deshalb konnten sich die Vertreter eines Zentralstaates ebensowenig durchsetzen wie die Anhänger eines bloßen Staatenbundes.

3. Als *Preußen* zunächst mit dem Konzept eines Fürstenbundes, der Deutschen Union, die Führung übernehmen wollte, lehnten dies die Mittelstaaten ab. Auch Österreich wollte sich nicht aus Deutschland drängen lassen und setzte 1850 die Wiedererrichtung des Deutschen Bundes durch. 1859 übernahm Preußen erneut die Initiative. Schillerfeiern und ein neu gegründeter *Deutscher Nationalverein* ließen die nationale Begeisterung im Bürgertum wieder aufleben. Österreich versuchte in dieser Situation einen Bundesstaat durchzusetzen, um seine Interessen zu wahren. Preußen aber forderte eine echte Nationalvertretung unter Ausschluß der nichtdeutschen Bevölkerung Österreichs. Damit spitzte sich die Konfrontation weiter zu und mündete in den *Deutschen Krieg* von 1866. Der Sieg Preußens bedeutete die endgültige Neugestaltung Deutschlands ohne die Beteiligung Österreichs. Im *Norddeutschen Bund* der mittel- und norddeutschen Staaten sicherte sich Preußen eine Vormachtstellung. Bayern, Württemberg und Baden blieben zunächst selbständig. Gemeinsam mit Preußen siegten sie im *Deutsch-Französischen Krieg* (1870/71) und gründeten unter dem Eindruck nationalen Jubels am 18. 1. 1871 im Spiegelsaal von Versailles das *Deutsche Kaiserreich* .

4. Mit großer Freude nahmen die meisten Deutschen die *Reichsgründung* auf, die vor allem auch ein Erfolg *Otto von Bismarcks* gewesen war, der nun zum ersten deutschen Reichskanzler ernannt wurde. Man erwartete eine glänzende wirtschaftliche und politische Zukunft. Die Bedenken von Liberalen und Katholiken aus Süddeutschland gegenüber der starken Stellung Preußens im Reich traten zurück hinter die Begeisterung über den Sieg gegen den „Erbfeind" Frankreich. Mit Deutschland war im Herzen Europas eine neue Großmacht entstanden, die militärische Stärke bewiesen hatte. Obwohl das Bürgertum der Nachbarstaaten Verständnis für den Wunsch nach einem deutschen Nationalstaat zeigte, gab es auch Befürchtungen. Das europäische Gleichgewichtssystem war gestört, und es bestand die Gefahr, daß Deutschland eine Vormachtstellung anstrebte.

Macht und Politik im Kaiserreich

Mit der Reichsgründung ging für viele ein langgehegter Traum in Erfüllung. Es wurde aber nicht das Reich aller Deutschen. Große Bevölkerungsteile wie Katholiken und Sozialdemokraten oder nationale Minderheiten, etwa Polen, sahen sich bald als Reichsfeinde abgestempelt. Reichskanzler Bismarck, der auch die Verfassung von 1871 entworfen hatte, erkannte das Prinzip der Volkssouveränität und das Parlament als gewählte Volksvertretung zwar an, in Wirklichkeit jedoch isolierte und verfolgte er alle, die seiner Politik entgegentraten. Als Vertrauter des Königs hatte er sich bereits 1862 bei seiner Berufung zum preußischen Ministerpräsidenten über das Parlament hinweggesetzt, um die Heeresreform durchzusetzen. Diesen Verfassungsbruch ließ er sich nachträglich legalisieren (Indemnitätsgesetz 1866). Das Vorgehen zeigt, daß Bismarck sich des Parlamentes und der Parteien nach Belieben bediente oder sie fallen ließ. Im sogenannten Kulturkampf (seit 1871) verfolgte er das katholische Zentrum mit dem Ziel, den politischen Einfluß der katholischen Kirche zu brechen. Unterstützt wurde er dabei von den Liberalen, die von seiner Freihandelspolitik profitierten. Als der Kanzler die Konservativen 1878 für seinen Wechsel zur Schutzzollpolitik als Partner brauchte, verständigte er sich mit den Katholiken. Ein Attentat auf den Kaiser wurde 1878 zum Vorwand genommen, die Sozialdemokraten mit den Sozialistengesetzen zu unterdrücken. Trotz Verfolgung und Behinderung konnte Bismarck die sozialistische Bewegung aber nicht schwächen. Auch die auf sein Betreiben eingeführte Sozialgesetzgebung gewann nicht die Masse der Arbeiter für das Kaiserreich, denn politische Gleichberechtigung wurde ihnen weiterhin verwehrt.

Autoritärer Verfassungsstaat

Nationales Denken bestimmte weitgehend das politische Leben im Kaiserreich und das Gefühl, einer „verspäteten Nation" anzugehören, prägte die Einstellung vieler Deutscher. Besonders hohes Ansehen genoß daher das Militär, das neben der wirtschaftlichen Stärke dem deutschen Selbstwertgefühl Weltgeltung verleihen sollte (Militarismus). Das liberale Bürgertum fand sich immer mehr damit ab, daß Politik in Deutschland nicht nach demokratischen Prinzipien erfolgte, sondern durch autoritäre Entscheidungen. Für die Sozialdemokraten beruhte das Deutsche Reich angesichts der Machtlosigkeit seiner Volksvertretung auf einer Scheinverfassung. Wenn auch der Obrigkeitsstaat jede politische

Reform verhinderte und die politischen Gegner schikanierte, wurden im Kaiserreich von 1871 erstmals in der deutschen Geschichte rechtsstaatliche Grundsätze anerkannt. Es gab verfassungsrechtlich garantierte Grundrechte und in der politischen Öffentlichkeit konnten Informationen und Meinungen verbreitet werden. Auch die Tatsache, daß der Staat eine sozialpolitische Verpflichtung akzeptierte und eine unabhängige Justiz existierte, waren fortschrittliche Merkmale dieses autoritär geprägten Verfassungsstaates.

Wirtschaft und soziale Chancen

Stetiges Wirtschaftswachstum und die Erhöhung des Lebensstandards ließen das Kaiserreich vielen im Rückblick als „gute alte Zeit" erscheinen. Eine expandierende Wirtschaft nahm die stürmische Bevölkerungsentwicklung in den Arbeitsmarkt auf. Vor allem die Montan- und Schwerindustrie, aber auch die Chemie- und Elektrobranche galten weltweit als führend. Der Stolz auf die Leistungsfähigkeit der deutschen Wirtschaft wurde besonders gegenüber England empfunden, das lange als Vorbild gegolten hatte. Wirtschaftliche Interessengruppen schlossen sich zu Verbänden zusammen, um Einfluß auf die Politik zu nehmen. Grundlegend für den wirtschaftlichen Erfolg waren das international vergleichsweise hohe Bildungsniveau in Deutschland sowie die Überlegenheit in naturwissenschaftlicher Forschung und Technologie. Aber nicht alle Bevölkerungsschichten hatten den gleichen Zugang zu höherer Bildung und damit zu führenden Stellungen in Militär, Verwaltung und Wirtschaft. Neben dem privilegierten Adel besuchte vorwiegend das Bildungsbürgertum Gymnasium und Universität. Am deutlichsten benachteiligt neben den Unterschichten wurden Frauen und Juden. Obwohl Frauen die Hälfte der Bevölkerung ausmachten, erhielten nur außergewöhnlich Begabte unter ihnen eine Chance. Erst ab 1900 durften Frauen ein vollwertiges Universitätsstudium aufnehmen. Haushalt, Familie und Kinder galten als die natürliche Bestimmung der Frauen, und die SPD war die einzige Partei, die sich programmatisch für die rechtliche und politische Gleichstellung von Frauen im Kaiserreich einsetzte. Eine zentrale unerfüllte Forderung blieb das Frauenwahlrecht. Trotz formaler Rechtsgleichheit wurden Juden, die häufig einen hohen Bildungsstand hatten, im öffentlichen Leben durch offenen oder verdeckten Antisemitismus diskriminiert. Nationale Überheblichkeit, Fremdenhaß und Sozialneid wandten sich vor allem gegen diese Minderheit. Auch der rassisch-ideologisch begründete Antisemitismus nahm im Kaiserreich seinen Anfang.

13.1 Die Verfassung des Deutschen Reiches

Durch die Reichsgründung von 1871 war ein neues Machtzentrum in Europa entstanden, in dem die Reichsverfassung dem Kaiser als Staatsoberhaupt eine beherrschende Stellung einräumte. Da er gleichzeitig preußischer König war, bestimmten die Interessen des stärksten Bundesstaates entscheidend die Politik im Deutschen Reich. Die Rechte des Parlaments waren nur schwach ausgebildet, entsprechend gering blieb der Einfluß politischer Parteien auf die Reichspolitik.

16. April 1871	**Verfassung des Deutschen Reiches**
1890	**Entlassung Bismarcks; „persönliches Regiment" Wilhelms II.**

1. Welchen Einfluß besaßen die einzelnen deutschen Staaten?
2. Vergleichen Sie die Stellung von Reichstag und Reichskanzler.
3. Welche Folgen ergaben sich aus der Position des Kaisers und der Schwäche der Volksvertretung?

1. Laut *Verfassung von 1871* war das Deutsche Reich ein Bundesstaat. Über Streitkräfte, Zoll-, Handels- und Verkehrsfragen entschied das Reich, aber die Bundesstaaten konnten über ihre Vertretung, den *Bundesrat,* Einfluß auf die Politik nehmen. Die Mitglieder dieses Gremiums waren weisungsgebundene Vertreter der Landesregierungen. Außerdem war das Reich auf Zuschüsse der Bundesstaaten angewiesen, da die Steuereinnahmen zur Deckung des Haushalts nicht ausreichten. Im Bundesrat spielte Preußen eine bedeutende Rolle, denn es konnte mit seinem hohen Stimmenanteil jede Verfassungsänderung verhindern. Auch die süddeutschen Staaten zusammen besaßen dafür genug Stimmen. Die Vertretung der Länder hatte laut Verfassung eine starke Stellung, sie mußte zustimmen bei Kriegserklärungen, Friedensschlüssen und bei der Auflösung des Reichstags, der gewählten Volksvertretung. Um ein Gesetz zu verabschieden, wurde die Mehrheit des Bundesrates benötigt.

2. Als Gegengewicht zur Ländervertretung galt der *Reichstag.* Er wurde nach dem allgemeinen, gleichen und geheimen Männerwahlrecht gewählt. Mit Zustimmung des Bundesrates konnte der Kaiser ihn jederzeit auflösen. Obwohl der Reichstag das Recht zur Gesetzesinitiative besaß, waren seine politischen Möglichkeiten sehr begrenzt. So konnten Gesetze nur mit Zustimmung des Bundesrates verabschiedet werden. Lediglich der Haushalt wurde vom Reichstag bewilligt, ausgenommen der Militärhaushalt, der allein vier Fünftel davon betrug. Daher war das Haushaltsrecht eine entscheidende Möglichkeit, politisch mitzuwirken. Auf die Zusammensetzung der Regierung hatte der Reichstag keinen Einfluß. Der Kaiser berief einen vom Reichstag unabhängigen *Reichskanzler* seines Vertrauens, der gleichzeitig Vorsitzender des Bundesrates und preußischer Ministerpräsident war. Weisungsgebundene *Staatssekretäre* leiteten die einzelnen Fachministerien. Die politische Verantwortung gegenüber dem Reichstag übernahm der Reichskanzler, es bestand aber nicht die Möglichkeit, ihm das Mißtrauen auszusprechen. Solange keine Differenzen zwischen Reichskanzler und Kaiser bestanden, war seine Machtstellung nicht zu erschüttern.

3. Da der *Kaiser* den Oberbefehl über die Streitkräfte besaß und die Außenpolitik unabhängig vom Parlament gestalten konnte, blieb ein zentraler Bereich der Politik völlig ohne Kontrolle. Der Kaiser und der von ihm abhängige Reichskanzler konnten den Reichstag leicht ausschalten, wenn sie eng zusammenarbeiteten. Als *Wilhelm II.* nach der Entlassung von Kanzler Bismarck (1890) immer stärker ein „persönliches Regiment" führte, wurde die Problematik der Machtfülle des Kaisers rasch deutlich. Durch sprunghafte Entscheidungen und einen aggressiven Kurs in der Außenpolitik isolierte Wilhelm II. Deutschland international. Dieses sogenannte *monarchische Prinzip* verhinderte auch, daß die *Parteien* und die von ihnen gestellten Volksvertreter an Entscheidungen beteiligt wurden und wirkliche politische Verantwortung übernehmen konnten. Zum Parteienspektrum gehörten die Konservativen, das katholische Zentrum, die Liberalen, von denen sich die rechts stehenden Nationalliberalen abgespalten hatten, und die Sozialdemokratische Partei. Sie erzielte seit 1890 regelmäßig die meisten Stimmen, konnte aber wegen des Mehrheitswahlsystems und einer ungünstigen Einteilung der Wahlkreise erst 1912 die meisten Sitze im Reichstag erringen. Angeblich überparteilich und dem Gemeinwohl verpflichtet griffen *politische Interessenverbände*, (z. B.) der Deutsche Flottenverein, massiv in politische Entscheidungen ein. In Wahrheit dienten sie dazu, Agitation im Sinne nationalkonservativer und militaristischer Kreise zu betreiben.

13.2 Wirtschaft und Gesellschaft im Kaiserreich

Die Reichsgründung erfolgte in der Phase eines gewaltigen Wirtschaftsaufschwungs. Dieser wurde vor allem durch die 5 Mrd. Franc Kriegsentschädigung ausgelöst, die Frankreich 1871 zu zahlen hatte. Ein einheitlicher Binnenmarkt und ein liberales Wirtschaftssystem begünstigten zusätzlich die Entwicklung Deutschlands zu einer der führenden Industrienationen.

1873–1880	**Gründerkrise**
1878	**Übergang vom Freihandel zur Schutzzollpolitik**
1883–1889	**Einführung der Sozialversicherung (Kranken-, Unfall-, Invaliditäts- und Altersversicherung)**

1. Stellen Sie Ursachen und Folgen der Gründerkrise dar.
2. Beschreiben Sie die Führungsrolle der alten Eliten.
3. Nennen Sie wesentliche Bevölkerungsgruppen und skizzieren Sie deren Situation im Kaiserreich.

1. Beflügelt vom Sieg über Frankreich, von einer großen Investitionsbereitschaft und der Hoffnung auf rasche Gewinne wurden Unternehmen und Banken gegründet. Vor allem Preußen erfaßte ein ungeheures Aktienfieber. Dabei zogen besonders Eisenbahngesellschaften das Kapital der Anleger an. Man sprach 1871–73 von einem Gründerboom, der sich derart überhitzte, daß die Spekulation 1873 in einem Börsenkrach endete. Kurseinbrüche, Konkurse und Arbeitslosigkeit führten zu einer Ernüchterung, die in eine weltweite Wirtschaftskrise mündete. Das Reich wandte sich von der liberalen Freihandelspolitik ab und ging 1878 zu Schutzzöllen über, um den eigenen Markt nach außen abzuschirmen. Dazu verbündete sich Bismarck mit den Konservativen. Sie vertraten die Interessen von Industrie und Landwirtschaft, die vor allem ausländische Konkurrenz fürchteten. Für die Bevölkerung verteuerten Einfuhrzölle auf Vieh und Getreide die Lebenshaltungskosten, während der Export unter den Einfuhrzöllen des Auslands zu leiden hatte. In den folgenden Jahren verlangsamte sich zwar das Wirtschaftswachstum, es kam aber nicht zur gefürchteten großen Depression. Je näher der Erste Weltkrieg heranrückte, um so mehr beschleunigte sich wieder die Entwicklung der Wirtschaft und erreichte schließlich eine Phase der Hochkonjunktur.

2. Der *Adel* spielte im öffentlichen Leben des Kaiserreichs eine bedeutende Rolle. Grundlage seines Einflusses bildeten vielfach persönliche Verbindungen und ausgedehnter Großgrundbesitz. Im Militär besetzten Adlige weitgehend die höheren Ränge des Offizierskorps, ihr Einfluß im Bundesrat konnte politische Entscheidungen und Gesetze nach Belieben blockieren. Immer mehr orientierte sich das wirtschaftlich erfolgreiche Bürgertum am Lebensstil des Adels und distanzierte sich damit von seiner traditionellen Bindung an liberale Ideen. Orden und Adelstitel galten als äußere Zeichen gesellschaftlicher Anerkennung. Dafür grenzten sich die Bürger sozial immer schärfer nach unten ab und drängten die Arbeiterschaft an den Rand der Gesellschaft.

3. Die größte gesellschaftliche Gruppe bildeten die *Arbeiter*, deren Lebensverhältnisse sich mit der Wirtschaftsentwicklung nach 1871 deutlich verbesserten, jedoch stark abgestuft nach Wirtschaftszweigen. Meist lebten sie noch immer in äußerst engen Wohnungen, erhielten aber höhere Löhne, die oft mit größerem Arbeitstempo an den Maschinen bezahlt werden mußten. Die seit 1883 eingeführte Sozialversicherung bedeutete einen großen Fortschritt, auch wenn die Leistungen noch völlig unzureichend waren. Den Zustrom zur Sozialdemokratie und den sozialistischen Gewerkschaften konnte Bismarck auch mit einem Bekenntnis zur sozialen Verpflichtung des Staates nicht eindämmen. Da die Arbeitszeit schrittweise verkürzt wurde, verfügten die Arbeiter erstmals über Freizeit, die in Vereinen für Sport, Gesang oder Bildung genutzt wurde. In diese Zeit fielen die Anfänge der Arbeiterbildung und der politischen Schulung der Arbeiterschaft, Grundlagen für Selbstbewußtsein und ihre Forderung nach politischer Beteiligung. Facharbeiter waren durch Einkommen und Stellung deutlich hervorgehoben und zeigten dies nach außen durch die Ausstattung ihrer Wohnungen und ihren Lebensstil. Das gleiche galt für die neuaufkommende Schicht der Angestellten. Sie konnte sich auf Privilegien wie Kündigungsfristen, Pensionsanspruch und bezahlten Urlaub stützen. Ihr gesellschaftliches Vorbild sahen sie im kaisertreuen Bürgertum und dessen Tugenden wie Fleiß, Gehorsam und Ordnung. Dieser neue Mittelstand überflügelte bald die Handwerker und Gewerbetreibenden, die bis dahin den alten Mittelstand gebildet hatten.

Bis zur Reichsgründung 1871 herrschte zwischen den Großmächten in Europa ein Gleichgewicht. Dies bedeutete, daß der junge deutsche Nationalstaat international zunächst auf Mißtrauen und Ablehnung stieß. Erstes Ziel deutscher Außenpolitik war es daher, einen Ausgleich mit anderen Staaten zu suchen, um als berechenbarer Partner anerkannt zu werden.

1873 **Drei-Kaiser-Abkommen (Deutschland, Österreich-Ungarn, Rußland)**
1878 **Berliner Kongreß**
1882 **Dreibund (Deutschland, Österreich-Ungarn, Italien)**
1887 **Rückversicherungsvertrag (Deutschland, Rußland)**

1. Stellen Sie das Verhältnis Deutschlands zu Frankreich dar.
2. Erläutern Sie das Konzept von Bismarcks Bündnissystem.
3. Nennen Sie die Ergebnisse des Berliner Kongresses.

1. Die erzwungene Abtretung von Elsaß-Lothringen als Folge des Deutsch-Französischen Krieges (1871) wurde von der Öffentlichkeit in Frankreich als besondere Schmach empfunden. Unmittelbar nach der Niederlage rüstete man daher auf mit dem Ziel, die Verluste wieder rückgängig zu machen. Bismarck reagierte darauf scharf, so daß der Eindruck entstand, es handele sich auf beiden Seiten um Kriegsvorbereitungen. Diese *Krieg-in-Sicht-Krise* (Bismarck) wurde mit Unterstützung Englands und Rußlands beigelegt, das Verhältnis der Nachbarn blieb aber weiterhin äußerst gespannt. Von deutscher Seite wurde festgestellt, das Reich sei saturiert und habe keinerlei Ansprüche auf weitere Ausdehnung. Man unterstützte sogar Frankreich bei seinen kolonialen Plänen in Afrika, um französische Revanchegedanken zu entschärfen. Vor allem bemühte sich Bismarck darum, den Nachbarn von Bündnissen in Europa auszuschließen und so zu isolieren.

2. 1877 legte Bismarck im *Kissinger Diktat* die Grundzüge seiner Außenpolitik fest. Danach sollte ein Konflikt in Europa dadurch vermieden werden, daß der Expansionsdrang der Großmächte auf Kolonialgebiete abgelenkt wurde. Außerdem sollte ein Bündnissystem alle Mächte außer Frankreich untereinander verbinden, um damit Koalitionen gegen Deutschland unmöglich machen. Diesem Ziel diente schon das *Drei-Kaiser-Abkommen* von 1873, in dem Deutschland, Österreich-Ungarn und Rußland gemeinsam für die Erhaltung ihrer Interessen in Europa zusammenwirken wollten. Gegen eine mögliche Bedrohung durch Rußland wurde 1879 ein Zweibund mit Österreich-Ungarn geschlossen, der 1882 mit Italien zum *Dreibund* erweitert wurde. Dagegen versicherten sich im *Dreikaiservertrag* (1881) Deutschland, Rußland und Österreich-Ungarn gegenseitiger Neutralität im Kriegsfall. Dies bezog sich auf mögliche Konflikte zwischen Österreich-Ungarn und Italien, Rußland und England sowie eine Zuspitzung der Konfrontation zwischen Deutschland und Frankreich. Zusätzlich sicherte sich Bismarck im *Rückversicherungsvertrag* von 1887 die Neutralität Rußlands, dessen Interessen an einem Zugang zum Mittelmeer anerkannt wurden. Gleichzeitig trat Deutschland für den Bestand der Türkei ein und förderte die Eindämmung des russischen Einflusses auf dem Balkan durch England und Österreich-Ungarn. Solange Frankreich isoliert blieb, waren die Erhaltung der Machtverteilung (Status-quo-Politik) sowie der Friede in Mitteleuropa als das Hauptziel dieser komplizierten Bündnispolitik gewährleistet. Sie bot aber keine Garantie gegen einen militärischen Konflikt, zumal die Weltmacht England sich nicht eindeutig auf ein Defensivbündnis mit Deutschland festlegen wollte. Nach der Abdankung Bismarcks (1890) löste Kaiser Wilhelm II. das Bündnissystem auf, um eine unabhängige Großmachtpolitik zu betreiben (➡ 14.2).

3. Auf dem *Berliner Kongreß* von 1878 trat Deutschland in der Rolle des „ehrlichen Maklers" auf und vermittelte im Krieg zwischen den Interessen von Rußland, Österreich-Ungarn und der Türkei auf dem Balkan. Für das Reich ergab sich damit eine Gelegenheit, öffentlich seinen Verzicht auf jegliche Machterweiterung zu unterstreichen. England sicherte sich Zypern und betonte damit seine Interessen im Mittelmeer. Österreich-Ungarn dehnte seinen Einfluß auf Bosnien und Herzegowina aus, während die Erwartungen Rußlands enttäuscht wurden, das sich eine größere Mitsprache auf dem Balkan erhofft hatte. Vor allem England trat gegen ein russisch dominiertes Großbulgarien mit Zugang zum Mittelmeer ein und setzte sich damit durch. Damit war die von der panslawistischen Bewegung in Rußland geforderte Ausdehnung nach Westen (1878) zunächst verhindert. Seine aggressive Außenpolitik machte Rußland aber zu einem unsicheren Partner und förderte die engere Bindung Deutschlands an Österreich-Ungarn.

Mit *Imperialismus* (lat. imperium = Befehlsgewalt, Herrschaft) bezeichnet man politische Handlungen von Staaten, die auf Unterwerfung und Beherrschung fremder Territorien zielen. In diesem Sinne handelt es sich um eine Erscheinung, die schon für die Antike gilt und besonders eindrucksvoll im „Imperium Romanum" zutage tritt. Der Begriff Imperialismus wurde erst im 19. Jh. geprägt und seit 1880 einengend auf die Politik der europäischen Großmächte, der USA und Japans angewandt. Imperialistische Politik kann sich sowohl formeller als auch informeller Herrschaftsmethoden bedienen. Formelle, direkte Herrschaft entsteht mit offizieller Inbesitznahme eines fremden Territoriums. Daneben gibt es verschiedene Formen der indirekten Kontrolle, die wesentlich darauf beruhen, daß die Gebiete informeller Herrschaft wirtschaftlich, finanziell oder militärisch von der imperialistischen Macht abhängig sind.

Das Zeitalter des Imperialismus

Nachdem sich die alten Kolonialmächte im 19. Jh. zunächst mit neuen Erwerbungen in Übersee zurückgehalten hatten (→ 14.1), verstärkten sie nach 1870 wieder ihre Aktivitäten. Für die Zeit zwischen 1880 und 1918 wurde schon bald nach Kriegsende vom „Zeitalter des Imperialismus" gesprochen. Die Epoche war – in unterschiedlichen Formen und Ausmaßen – gekennzeichnet durch eine „Aufteilung der Welt" unter die europäischen Mächte und die neuen pazifischen Großmächte USA und Japan. Sie wurde eingeleitet mit der Errichtung des französischen Protektorats über Tunesien (1881) und dem Beginn der britischen Besetzung Ägyptens (1882). Die beiden neuen Nationalstaaten Deutschland und Italien fanden sich in der Rolle der Zuspätgekommenen. Aber auch sie meldeten ihren Anspruch auf einen „Platz an der Sonne" (B. von Bülow) an, denn die Bedeutung im europäischen Mächtekonzert definierte sich zunehmend über Besitz und Einfluß in Übersee. Als Antriebskräfte dieses neuen Imperialismus der kapitalistischen Industriestaaten kamen – einzeln oder gebündelt – verschiedene Motive in Frage: Befriedigung des steigenden Bedarfs an Rohstoffen; Erschließung neuer Absatzmärkte; Kapitalexport durch Investitionen (z. B. im Eisenbahnbau); Eroberung von Siedlungsland; Vermittlung der europäischen Zivilisation einschließlich der christlichen Mission; Erhöhung des nationalen Prestiges. Eine Sonderform des Imperialismus war die festländische Expansion Rußlands in Zentral- und Ostasien, nach 1900 verstärkt auch in Richtung Südosteuropa. Der Zusammenbruch der alten Ordnung Europas 1918 markierte schließlich auch das Ende des imperialistischen Zeitalters. Freilich zog sich die beginnende Dekolonisierung über Jahrzehnte hin, wie auch imperialistische Herrschaft, insbesondere informeller Art, bis in die Gegenwart fortdauert.

Imperialismustheorien

Schon die Zeitgenossen versuchten, Triebkräfte und Auswirkungen des Imperialismus zu erklären. Der englische Nationalökonom und Journalist John Atkinson Hobson legte mit seiner Schrift „Imperialism" 1902 die Grundlage für eine allgemeine Theorie. Er interpretierte den Imperialismus vor allem ökonomisch als Folge des Kapitalismus. Einzelne Gruppen der Wirtschaft sowie des Bankenkapitals suchten in Übersee nach neuen, profitablen Anlagemöglichkeiten, die der heimische Markt nicht mehr bieten konnte. Auf Hobson und dem Österreicher Rudolf Hilferding fußten die marxistischen Imperialismustheorien. Während Hobson eine Lösung der Probleme von sozialen und ökonomischen Reformen erwartete, war für die marxistischen Theoretiker wie z. B. Wladimir I. Lenin der Imperialismus eine Konsequenz des Monopolkapitalismus in seiner letzten Phase. Der aus dieser Sicht unvermeidliche Weltkrieg würde dementsprechend zum Zusammenbruch von Kapitalismus und Imperialismus führen. Da die Geschichte anders verlief, wurde Lenins Theorie wiederholt korrigiert und über den Stalinismus in die Phase der „friedlichen Koexistenz" hinein fortgeführt. Elemente der marxistischen Imperialismustheorie wurden auch von den nationalen Unabhängigkeitsbewegungen der Dritten Welt aufgegriffen (Anti-Imperialismus).

Die nicht marxistischen Imperialismustheorien suchten hauptsächlich nach theoretischen Erklärungen für die Epoche des Imperialismus insgesamt. Wirtschaftlichen Faktoren wurde überwiegend eine große aber keine ausschließliche Bedeutung beigemessen. Wegweisend für viele war eine Abhandlung des Soziologen Joseph Schumpeter von 1919, der die Funktion der sozialen Gruppen und Eliten und ihren Anteil am Entscheidungsprozeß imperialistischer Politik untersuchte. In seiner Tradition steht auch die neuere Theorie des „Sozialimperialismus" (Hans-Ulrich Wehler, Volker Berghahn), die im Imperialismus den Versuch der herrschenden Eliten sieht, von internen Spannungen, sozialen und politischen Emanzipationsbestrebungen abzulenken durch äußere Erfolge und Gewinn an nationalem Prestige.

14.1 Die Aufteilung der Welt

Seit dem 16. Jh. sicherten sich die europäischen Seemächte Spanien, Portugal, Holland, England und Frankreich Einflußsphären in Übersee, vor allem in Amerika, Indien und Ozeanien durch Handelsstützpunkte und direkte Annexionen (gewaltsame Aneignung fremder Gebiete). Gegen Ende des 18. Jh. verlangsamte sich diese Expansion. In der Phase des Freihandels (um 1815–1870) traten Bemühungen um eine indirekte, wirtschaftliche Kontrolle überseeischer Gebiete (➞ 14) in den Vordergrund. Das änderte sich seit Beginn der Hochindustrialisierung.

1884	Kongo-Konferenz in Berlin (bis Febr. 1885)
1898	Faschodakrise
1898	Die USA besetzen die Philippinen
1900–1901	Boxeraufstand in China

1. Skizzieren Sie Verlauf und Richtung der Aufteilung Afrikas.
2. Welche Mächte trafen in Ostasien aufeinander?
3. Kennzeichnen Sie die Interessenlage im Mittleren Osten.
4. Richtete sich der Imperialismus auch auf Lateinamerika?

1. Seit den 1870er Jahren wandten sich europäische Staaten verstärkt nach *Afrika*, dem noch „unverteilten" Kontinent. Insbesondere die alten kolonialen Rivalen England und Frankreich stießen hier erneut aufeinander. Nach Eröffnung des Suezkanals (1869) annektierte England Ägypten (1882) und den Sudan (1896–99) zur Sicherung des Seewegs nach Indien. Gleichzeitig entstanden Siedlungsgebiete im Süden (Rhodesien). Auf eine Landverbindung „Cape to Cairo" zielten die Protektorate über Uganda (1895) und Kenia (1886) sowie die Eroberung des Burenstaates (1902) ab. Die französische Expansion richtete sich im Norden auf Tunesien, Algerien und Marokko, in Zentralafrika hauptsächlich auf den Senegal und Gabun. 1898 stießen in Faschoda am oberen Nil französische und englische Truppen zusammen. Die Krise wurde 1899 durch den *Sudanvertrag* überwunden. Die Afrikapolitik anderer Staaten (Italien, Portugal) verlief wesentlich im Windschatten der großen Kontrahenten. Als sich England in den belgisch-französischen Wettlauf um den Kongo einschaltete, wurde auf der *Kongo-Konferenz* in Berlin ein unabhängiger Kongostaat geschaffen, dessen Souverän aber der belgische König war. Deutschland annektierte 1884 Südwestafrika (Namibia), Kamerun und Togo; 1885 Ostafrika (Tansania).

2. In Ostasien trafen die europäischen Kolonialmächte auf die Interessen Rußlands, Japans und der USA. Besonders in *China* wich die Entwicklung vom üblichen Schema ab. 1895 erzwang Japan von China die Unabhängigkeit Koreas (1910 von Japan annektiert). Den Regierungen von Deutschland, Rußland, Frankreich und England mußte die schwache chinesische Regierung 1898 die Häfen Kiautschau, Port Arthur, Kuang-chou-wan und Wei-hai-wei verpachten. Investitionen im Eisenbahnbau trugen zur Verkehrserschließung bei. Direkte Eroberungen wurden besonders durch die Forderung der USA nach einer Politik der „offenen Tür", d. h. nach Handelsfreiheit in China, verhindert. 1900 wurde der gegen die Überfremdung Chinas gerichtete *Boxeraufstand* von einer multinationalen Armee niedergeschlagen. Die USA sicherten sich ihre Einflußnahme durch Annexion direkter Stützpunkte im Pazifik. Der englisch-französische Gegensatz in Hinterindien (Burma, Indochina, Laos) wurde 1896 durch Abgrenzung der Interessensphären im *Siam-Vertrag* beseitigt. Rußland war seit 1850 im fernen Osten aktiv. Im Gelben Meer kam es zu einem Konflikt mit *Japan.* Der Krieg (1904/05) brachte Rußland eine vernichtende Niederlage und etablierte Japan endgültig als pazifische Großmacht.

3. Nach der Eroberung Turkestans durch Rußland (1864) schnitten sich die russischen und englischen Interessenlinien in *Persien* und *Afghanistan.* Beide Seiten strebten nach einer informellen Durchdringung dieser Länder. 1907 einigte man sich auf Einflußzonen in Persien. Afghanistan wurde als englische Einflußzone anerkannt. Ein weiteres Zielgebiet des informellen Imperialismus war das Osmanische Reich. Rußland hatte vor allem strategische Interessen (Meerengen). Die europäischen Mächte verfolgten besonders finanzielle Interessen in dieser Region.

4. Mit Beseitigung der spanischen und portugiesischen Herrschaft entstanden in *Mittel- und Südamerika* unabhängige Staaten. Die USA proklamierten schon 1823 deren Integrität *(Monroe-Doktrin)* und machten im folgenden besonders Zentralamerika zu ihrem Einflußgebiet. Dennoch waren auch wirtschaftliche Aktivitäten europäischer Mächte an der „friedlichen Durchdringung" beteiligt. Die Investitionen des Deutschen Reiches (überwiegend in Brasilien und Argentinien) machten z. B. 1914 15,5% seiner gesamten Auslandsinvestitionen aus.

14.2 Der Weg in den Krieg

1897 proklamierte Wilhelm II. die deutsche „Weltpolitik", mit der dem Kaiserreich ein „Platz an der Sonne" gesichert werden sollte. Die globale Konkurrenz der europäischen Großmächte verschärfte sich nach der Jahrhundertwende auch wieder in Europa. Obwohl sich durchaus Möglichkeiten der friedlichen Konfliktregelung boten, führte ein Zusammenspiel verschiedener Faktoren in den Krieg.

1898/1900	**Flottengesetze des Deutschen Reiches**
1904	**Entente Cordiale zw. England und Frankreich**
1908	**Österreich annektiert Bosnien und Herzegowina**
1906/1911	**Erste bzw. zweite Marokkokrise**
1912/1913	**Erster und Zweiter Balkankrieg**

1. Wie gestaltete sich die Bündniskonstellation nach 1890?
2. Nennen Sie Krisen der internationalen Beziehungen.
3. Charakterisieren Sie den Rüstungswettlauf seit 1900.
4. Wie verhielten sich die gesellschaftlichen Kräfte angesichts des heraufziehenden Krieges?

1. Nach Bismarcks Entlassung nahm die deutsche Bündnispolitik eine andere Richtung. Die Nichtverlängerung des Rückversicherungsvertrages führte zu einer Entfremdung von Rußland, das sich daraufhin Frankreich näherte. Eine Militärallianz (1894) verpflichtete zu gegenseitiger Hilfe bei einem Angriff Dritter. Eine Annäherung zwischen Deutschland und England kam trotz verschiedener Versuche nicht zustande wegen ihrer weltpolitischen Rivalität, die besonders in der Flottenpolitik zutage trat. Wohl aber gelang, entgegen den Annahmen der deutschen Führung, ein Ausgleich der kolonialen Interessen Englands und Frankreichs mit der *„Entente Cordiale"* (1904). Als 1907 eine ähnliche Regelung zwischen England und Rußland zustande kam, schien durch diese *„Tripel Entente"* eine Einkreisung Deutschlands eingetreten zu sein. Der zwischen Deutschland, Österreich-Ungarn und Italien seit 1882 bestehende *„Dreibund"* reduzierte sich de facto auf eine enge Allianz Deutschland–Österreich-Ungarn, durch die das Reich zunehmend in die österreichische Balkanpolitk verstrickt wurde.

2. 1904/05 erlitt Rußland eine schwere Niederlage im Krieg mit Japan und mußte seine Aktivitäten im fernen Osten einschränken. Es wandte sich verstärkt Südosteuropa zu. Durch den Machtverfall des Osmanischen Reiches entstand hier ein Konfliktfeld, in dem sich die Interessen Rußlands, Österreich-Ungarns und der Balkanvölker kreuzten. 1908 annektierte Österreich Bosnien und Herzegowina. Aufgrund der deutschen Rückendeckung mußten Rußland und die Türkei dieses Vorgehen akzeptieren. Zwei Balkankriege 1912/13, an denen Serbien, Griechenland, Montenegro, Bulgarien und die Türkei beteiligt waren, schwächten die Türkei weiter und führten zu neuen Spannungen zwischen Serbien und Österreich-Ungarn. Das Deutsche Reich erlitt 1911 in Afrika eine politische Niederlage. Der Versuch, Frankreich in Marokko zurückzudrängen und gleichzeitig große Gebiete im Kongo zu gewinnen, scheiterte am britischen Widerstand.

3. Die Großmächte verfügten schon 1880 über ein großes Militärpotential. Gegen 1900 setzte jedoch ein verstärktes Wettrüsten ein. Als Konsequenz der „Weltpolitik" wurde es in Deutschland als notwendig angesehen, auf den Weltmeeren militärisch präsent zu sein. Mit zwei *Flottengesetzen* (1898/1900) stimmte der Reichstag dem Bau einer Schlachtflotte zu. Damit war die führende Seemacht England herausgefordert, die ab 1905 mit einer neuen Generation von Schlachtschiffen (Dreadnoughts) antwortete. Deutschland reagierte 1906, 1908 und 1912 mit neuen Flottengesetzen. Andere Großmächte, die USA, Frankreich und Japan, stiegen in die Flottenhochrüstung ein. Auch die Heere wurden in Ausbildung und Waffentechnik ständig modernisiert und durch Wehrgesetze immer wieder verstärkt.

4. Die Motive für Großmachtpolitik und Imperialismus waren vielfältig (→ 14). An der zunehmend technisierten Rüstung war auch die Schwerindustrie stark interessiert. In Deutschland wurde der Einfluß der Armee besonders groß, da diese nicht der parlamentarischen Kontrolle unterlag, sondern direkt unter der Befehlsgewalt des Kaisers stand. In allen Staaten wuchs das Gewicht von Propaganda und öffentlicher Meinung. Durch Vereine, Presse und Publizistik wurde imperialistische Politik zu einer Prestigeangelegenheit der Nationen gemacht. In Werken der Literatur und Kunst wurde der kommende Krieg vorweggenommen, bis hin zur Vorstellung von einem notwendigen „Stahlbad" der Völker. Nur die Arbeiterorganisationen und -parteien wehrten sich im Sinne eines proletarischen Internationalismus lange gegen einen europäischen Bruderkrieg.

14.3 Der Erste Weltkrieg

Der Krieg zwischen 1914 und 1918 erfaßte den größten Teil der europäischen Staatenwelt. Durch die Einbeziehung der Kolonien, aber auch durch die Beteiligung Japans und der USA wurde er zum ersten Weltkrieg in der Geschichte. Es war auch der erste Krieg, in dem die technischen Mittel des industriellen Zeitalters voll zur Geltung kamen.

1. 8. 1914	**Deutsche Kriegserklärung an Rußland**
9. 9. 1914	**„Septemberprogramm" der Reichsregierung**
1914/15	**Schlachten an der Marne, in Flandern und der Champagne**
1916	**„Hölle von Verdun"; Schlacht an der Somme**
1. 2. 1917	**Erklärung des uneingeschränkten U-Boot-Krieges**
6. 4. 1917	**Kriegseintritt der USA**

1. Wie mündete die Juli-Krise 1914 in den Krieg?
2. Charakterisieren Sie den Verlauf des Landkrieges.
3. Welche Bedeutung hatte der Seekrieg für den Kriegsverlauf?
4. Nennen Sie die wichtigsten Kriegsziele der Großmächte.
5. Wie wirkte sich der Krieg wirtschaftlich aus?

1. Am 28. 6. 1914 wurde der österreichische Thronfolger von einem serbischen Nationalisten in Sarajewo ermordet. Österreich-Ungarn forderte am 23. 7. in unannehmbarer Form von Serbien ultimativ Genugtuung. Es wurde dabei vorbehaltlos von Deutschland unterstützt *(Blankoscheck)*. Obwohl klar war, daß Rußland und damit auch Frankreich eingreifen würden, drängte die deutsche politische und militärische Führung auf eine Auseinandersetzung. Eine „Verteidigung nach vorn" sollte Vorteile in Rüstung und Mobilmachung sichern. Auf die Kriegserklärung Österreich-Ungarns an Serbien am 28. 7. folgte die russische Mobilmachung. Daraufhin erklärte Deutschland am 1. 8. Rußland und am 3. 8. Frankreich den Krieg. Die Hoffnung, England werde neutral bleiben, erfüllte sich nicht. Es trat am 4. 8. in den Krieg ein.

2. Die deutsche militärische Planung *(Schlieffen-Plan)* sah eine Kräftekonzentration im Westen vor. Mit einem Hauptstoß durch das neutrale

Belgien nach Nordfrankreich und gegen Paris sollte der Gegner schnell besiegt werden. Dieses Vorhaben mißlang. Als der deutsche Vormarsch nach wenigen Monaten stecken blieb, entwickelte sich ein vierjähriger Stellungskrieg, in dessen Materialschlachten Millionen Menschen umkamen. An der Ostfront und auf dem Balkan waren die russischen Armeen zunächst auf dem Vormarsch. Nach erfolgreichen Gegenoffensiven der Mittelmächte erstarrte auch die Ostfront Ende 1915 im Stellungskrieg. Mit dem Kriegseintritt der Türkei (1914) und Bulgariens (1915) auf seiten der Mittelmächte, Italiens (1915) und Rumäniens (1916) auf seiten der Entente nahmen die Kriegsschauplätze zu.

3. Im *Seekrieg* erwies sich die deutsche Flottenpolitik als Fehlschlag. Die englische Nordseeblockade konnte nicht durchbrochen werden. Die deutsche Schlachtflotte bewährte sich 1916 in der Schlacht am Skagerrak, aber das englische Übergewicht blieb bestehen. Der Einsatz der neuen U-Boot-Waffe führte nach Anfangserfolgen wegen der Versenkung von Handelsschiffen zu Konflikten mit den USA. Der von Deutschland erklärte uneingeschränkte U-Boot-Krieg brachte nicht die erhofften Erfolge und führte 1917 zum Kriegseintritt der USA.

4. Die Mittelmächte beanspruchten, einen Verteidigungskrieg zur Sicherung ihres Besitzstandes zu führen. Im geheimen *„Septemberprogramm"* der Reichsregierung wurden jedoch schon 1914 Gebietsgewinne im Westen (belgische Küste, Erzbecken von Briey), ein mitteleuropäischer Wirtschaftsraum unter deutscher Hegemonie und ein mittelafrikanisches Kolonialreich gefordert. Für den Osten wurden später verschiedene Pläne eines „Sicherheitsgürtels" gegen Rußland entwickelt. Die Entente forderte Elsaß-Lothringen für Frankreich, die deutschen Kolonien für England und Japan, Konstantinopel und die Meerengen für Rußland. Alle Parteien gingen davon aus, daß die besiegten Gegner die gesamten Kriegskosten zu tragen hätten.

5. Die Wirtschaft der Mittelmächte war auf einen langen Abnutzungskrieg nicht vorbereitet. In ihrer Abhängigkeit vom Weltmarkt wurde sie durch die englische Seeblockade schwer getroffen. Während die Rüstungsproduktion durch Notprogramme weiter funktionierte, wurde die Lebensmittelversorgung katastrophal (Hungerwinter 1916/17). Die wirtschaftliche Situation der Westmächte war ungleich günstiger durch den Zugang zu den Weltmeeren und die Unterstützung durch die USA. In Rußland dagegen brach die Industrieproduktion weitgehend zusammen, die Lebensmittelversorgung wurde immer kritischer.

14.4 Kriegsende und Friedensschlüsse

Der Ausbruch der Oktoberrevolution in Rußland schien dem Krieg noch einmal eine Wende zu bringen. Um die Revolution zu retten, suchten die Bolschewiki dringend den Frieden. Im Westen standen die deutschen Truppen noch immer in Frankreich und Belgien, aber durch das Eingreifen der USA wuchs die Überlegenheit der Entente. Im Sommer 1918 scheiterte die letzte deutsche Offensive an der Marne. Aber erst, als die Fronten der Verbündeten im Oktober 1918 zusammenbrachen, gestand die Oberste Heeresleitung (Hindenburg/Ludendorff) die Niederlage ein und drängte auf einen schnellen Waffenstillstand.

25. 10. 1917	**Ausbruch der Bolschewistischen Revolution**
8. 1. 1918	**„Vierzehn Punkte" Präsident Wilsons**
3. 3. 1918	**Friede von Brest-Litowsk**
11. 11. 1918	**Waffenstillstand in Compiègne**
28. 6. 1919	**Friedensvertrag von Versailles**

1. Nennen Sie Friedensbemühungen vor 1918.
2. Charakterisieren Sie den Frieden von Brest-Litowsk.
3. Nennen Sie die wesentlichen Bestimmungen des Versailler Vertrags.
4. Welches waren die Hauptinhalte der anderen Friedensverträge?

1. 1916 wurden von den Mittelmächten erste ernsthafte Friedensabsichten geäußert. Am 19. 7. 1917 bekannte sich die Mehrheit des deutschen Reichstages in einer Friedensresolution zu einem Frieden der Verständigung. Aber nationalistische Interessenverbände, Teile der öffentlichen Meinung, das Militär und die Regierung hielten an Annexionsforderungen fest. Friedensbemühungen von seiten der USA und des Papstes scheiterten daher. Am 8. 1. 1918 proklamierte der amerikanische *Präsident Wilson* einen *14-Punkte-Katalog* als Grundlage künftiger Friedensverhandlungen. Er enthielt u. a.: Freiheit der Meere (2), Abrüstung (4), Räumung Rußlands (6), Räumung und Wiederherstellung Belgiens (7), Abtretung Elsaß-Lothringens (8), autonome Entwicklung für die Völker Österreich-Ungarns (10), unabhängiger polnischer Staat mit Zugang zum Meer (13).

2. Deutschland ignorierte diesen Vorstoß zunächst. Nach dem Zusammenbruch des russischen Heeres im Sommer 1917 drangen die Mittelmächte weit nach Osten vor. Im *Frieden von Brest-Litowsk* wurde die bolschewistische Regierung zu weitgehenden Zugeständnissen gezwungen: Verzicht auf Livland, Kurland, Litauen, Estland, Polen und das Baltikum; Anerkennung Finnlands und der Ukraine als selbständige Staaten; Verpflichtung zu Reparationen. Mit diesem „Diktatfrieden" bestätigten die Mittelmächte ihre auf Annexionen gerichteten Kriegsziele.

3. Nach Österreich-Ungarn (3. 11. 1918) erhielt Deutschland am 11. 11. 1918 einen Waffenstillstand, der einer Kapitulation gleichkam. Der Friedensvertrag von Brest-Litowsk wurde aufgehoben. In den folgenden Friedensverhandlungen gingen die Ententemächte mit ihren Forderungen beträchtlich über Wilsons 14 Punkte hinaus. Der *Vertrag von Versailles* erlegte Deutschland schwere Opfer auf: Gebietsverluste im Westen (Elsaß-Lothringen) und Osten (Westpreußen, Posen, Teile Oberschlesiens, Memelland); Verzicht auf die Kolonien; weitgehende Abrüstung; Entmilitarisierung und Besetzung des Rheinlandes; umfangreiche Reparationen in Sach- und Geldleistungen. Begründet wurde das Diktat mit Artikel 231, der Deutschland die alleinige Kriegsschuld zuwies. Besonders dieser Artikel weckte in Deutschland heftige Emotionen und wurde einhellig abgelehnt. Die nationalistische Rechte aber nutzte die harten Friedensbedingungen für politische Agitationen aus, die wenig später ein günstiges Klima für den Aufstieg der Nationalsozialisten schufen.

4. Mit Deutschlands Verbündeten Österreich-Ungarn, der Türkei und Bulgarien wurden innerhalb eines Jahres in Paris eigene Friedensverträge abgeschlossen. Einschneidendstes Ergebnis war die Auflösung des Habsburger Vielvölkerstaates in kleine Einzelstaaten, ohne daß die Nationalitätenfrage damit zufriedenstellend gelöst werden konnte (u. a. slawische Minderheiten in Ungarn, drei Millionen Sudetendeutsche in der Tschechoslowakei, Deutsche in Südtirol). Der bereits beschlossene Anschluß Deutsch-Österreichs an das Deutsche Reich wurde verboten. Das Osmanische Reich wurde als Großmacht endgültig zerschlagen und verlor nahezu alle nichttürkischen Gebiete in Europa und Kleinasien.

Durch die Pariser Friedensverträge wurde in Ost- und Südosteuropa eine große Zahl von Kleinstaaten geschaffen, die von Anfang an mit beträchtlichen innen- und außenpolitischen Problemen belastet waren.

Die Folgen des Ersten Weltkrieges

Nach dem Ersten Weltkrieg waren auch die militärisch siegreichen Staaten Großbritannien und Frankreich wirtschaftlich geschwächt. Die eigentlichen Gewinner des Krieges waren diejenigen Staaten, die an den militärischen Aktionen wenig oder gar nicht beteiligt waren, aber die Kriegführenden mit Waffen und Lebensmitteln versorgt hatten: die USA und Japan. Damit bahnte sich eine Verschiebung der weltweiten Kräfteverhältnisse zuungunsten Europas an. Zugleich bedingte die in Paris geschaffene Nachkriegsordnung neue Konflikte und begünstigte den nächsten Krieg. Denn die militärischen Verlierer empfanden die ihnen aufgebürdete Kriegsschuld und die Reparationslasten als unerträgliche Ungerechtigkeit. Insbesondere die Deutschen setzten alles daran, eine Revision des Versailler Vertrages zu erreichen. Auch der Versuch, bei der Auflösung der Donau-Monarchie und des Osmanischen Reiches das Prinzip der Selbstbestimmung der Völker zur Geltung zu bringen, schuf bis heute neue Krisenherde: Die Tschechoslowakei und Jugoslawien sind inzwischen wieder zerfallen, Polen wurde nach Westen verschoben, und der Nahe Osten blieb unruhig.

Zwischen Kapitalismus und Kommunismus

Der Krieg hatte die alte Gesellschaftsordnung in vielen Ländern so erschüttert, daß es zu Aufständen und Revolutionen kam: In Rußland, Deutschland, Österreich und Ungarn wurden die Monarchen gestürzt. In Rußland propagierte die Kommunistische Partei ein Modernisierungs- und Industrialisierungskonzept, das mit den westlichen Industriestaaten konkurrierte und insbesondere für Agrargesellschaften attraktiv wurde. Mit China begab sich das volkreichste Land der Erde auf denselben Entwicklungsweg, der in der Sowjetunion bereits in den 30er Jahren zu einer totalitären Diktatur unter Stalin führte. Auch in den westlichen Industriestaaten schlossen sich Teile der Arbeiterbewegung kommunistischen Parteien an. Ihr Ziel, eine Revolution nach dem Vorbild der Sowjetunion durchzuführen, wurde als Bedrohung empfunden und bekämpft, so daß bereits in der Zwischenkriegszeit ein Klima des Kalten Krieges entstand. Aber auch die parlamentarische Demokratie verlor an Überzeugungskraft zugunsten von nationalistischen, rassistischen und autoritär-militaristischen Ordnungsvorstellungen. In Italien und Deutschland, aber auch in Spanien und Japan gewannen diese Bewegungen die

Oberhand. In den meisten anderen Industriestaaten gab es zwar ebenfalls rechtsradikale Bewegungen, aber dort waren die demokratischen Systeme so fest in der Bevölkerung verankert, daß sie nicht gestürzt werden konnten.

Die Weltwirtschaftskrise

Im Ersten Weltkrieg hatten die USA ihre Produktionskapazitäten aufgebläht, um England und Frankreich mit Waffen und Lebensmitteln zu versorgen. Nach 1918 gelang der Industrie zwar rasch die Umstellung auf die Produktion ziviler Güter, aber die Märkte waren bald gesättigt, der Absatz stockte. Gleichzeitig stieg das Geldvolumen, weil England und Frankreich ihre Kriegsschulden bei den USA mit Hilfe der deutschen Reparationen bezahlten. Beides zusammen führte im Oktober 1929 zum Zusammenbruch der New Yorker Börse. Daß dies zu einer langanhaltenden Weltwirtschaftskrise mit einer bis dahin nicht gekannten Massenarbeitslosigkeit führte, lag an der engen wirtschaftlichen Verflechtung aller am Welthandel beteiligten Länder. Amerikanische Banken hatten weltweit kurzfristige Kredite vergeben, die sie nun zurückzogen, was in den Empfängerländern zum Zusammenbruch von Unternehmen und Banken führte. Als alle betroffenen Länder ihre eigene Wirtschaft durch Schutzzölle und Einfuhrbeschränkungen zu schützen suchten, schrumpfte der Welthandel weiter. Die sozialen Folgen der Weltwirtschaftskrise trugen wesentlich zur politischen Radikalisierung in den besonders betroffenen Ländern bei.

Veränderungen im Alltagsleben

Durch die Automobilindustrie und den Straßenbau wurde ein Großteil der Bevölkerung beweglicher. Das Telefon erschloß neue Kommunikationsmöglichkeiten, Rundfunk und Film als neue Medien der Unterhaltung, Kunst und Information kamen auf, und die Massenpresse wurde zu einer politischen Macht. Die Elektrifizierung und die Industrialisierung vieler Arbeitsabläufe veränderten auch die Hausarbeit grundlegend. Nahrungsmittel und Kleidung wurden zunehmend industriell gefertigt. Damit entfiel eine der Grundlagen für die traditionelle Verteilung von Erwerbs- und Reproduktionsarbeit. Immer mehr Frauen wurden erwerbstätig, und viele forderten die politische und rechtliche Gleichstellung. Das Verhältnis zwischen den Geschlechtern begann sich zu verändern. Durch die massenhafte Zugänglichkeit von Konsumgütern und die Verbreitung von Moden und Leitbildern traten die Standes- und Klassenunterschiede im Erscheinungsbild der Menschen in den Industriestaaten zurück.

15.1 Die Russische Revolution und ihre Folgen

Aus einem der wirtschaftlich und politisch rückständigsten Länder Europas entwickelte sich Rußland zwischen den Weltkriegen zu einem Industriestaat, zur zweitstärksten Militärmacht der Welt und zu einer totalitären Diktatur. Die *sozialistische Revolution* von 1917 wälzte nicht nur die politischen und gesellschaftlichen Verhältnisse des Landes um, sondern schuf weltweit einen Gegensatz zwischen kapitalistischer und kommunistischer Weltanschauung.

1905	**Bürgerlich-demokratische Revolution scheitert**
1917	**Februar: Sturz des Zaren**
	Oktober: Machtergreifung der Kommunistischen Partei (Bolschewiki)
1921	**Neue ökonomische Politik**
1929/30	**Zwangskollektivierung der Landwirtschaft**
1936–38	**Massenterror und Schauprozesse unter Stalin**

1. Nennen Sie Gründe für den Sturz des Zarismus.
2. Schildern Sie, worin die Revolution des Jahres 1917 bestand.
3. Beschreiben Sie die wirtschaftliche Entwicklung des Landes.
4. Charakterisieren Sie das Herrschaftssystem Stalins.

1. Rußlands Landwirtschaft war rückständig, seine Industrie wenig entwickelt. Das absolutistische Herrschaftssystem des Zarismus, das die Leibeigenschaft der Bauern erst 1861 aufgehoben hatte, kannte nur wenige politische Mitwirkungsmöglichkeiten für seine Bürger. Nach der Niederlage im Krieg gegen Japan (1904/05) und der Niederschlagung der darauf folgenden Aufstände wurde zwar versucht, durch Reformen den Anschluß an die europäischen Industrienationen zu gewinnen. Aber unter den Belastungen des Ersten Weltkrieges brach nicht nur die Armee, sondern auch die Wirtschaft und die Versorgung der Städte zusammen. Der Zarismus verlor jede Autorität.

2. Ende Februar 1917 erzwangen Massendemonstrationen und Streiks den Sturz des Zaren. Arbeiter-, Bauern- und Soldatenräte (*Sowjets*) wurden gebildet, die die neuentstandene *Provisorische Regierung* kontrollierten. Als diese den Krieg nicht beendete und keine Bodenreform durchführte, bekamen die Bolschewiki in den Sowjets immer mehr Unterstützung. Ende Oktober stürzten sie die Provisorische Regierung und übernahmen unter der Führung *Lenins* die Macht. Die *Bolschewiki* waren eine kommunistische Arbeiterpartei und wollten ihr Ziel, eine klassenlose Gesellschaft, durch die Diktatur des Proletariats und die Verstaatlichung der Produktionsmittel erreichen. Sie unterdrückten die alten herrschenden Klassen – Adel, Geistlichkeit, Bürgertum – sowie ihre politischen Gegner. Die Industrieproduktion stellten sie unter die Kontrolle von Arbeiterräten, verteilten das Land der Großgrundbesitzer an die Bauern und beendeten den Krieg mit einem Waffenstillstand.

3. In den Jahren 1918–1920 wurde das Land durch einen *Bürgerkrieg* zwischen den Befürwortern und den Gegnern der Revolution verwüstet; eine verheerende Hungersnot folgte. Zwischen 1921 und 1926 wurden während der Phase der *Neuen Ökonomischen Politik* Landwirtschaft und Industrie wiederaufgebaut. Dabei waren landwirtschaftliche und kleingewerbliche Betriebe sowie der Einzelhandel zunächst in Privateigentum. Großbetriebe, Banken und der Großhandel aber wurden verstaatlicht. Um die Erträge der Landwirtschaft für den Aufbau der Industrie uneingeschränkt nutzen zu können, wurden die Bauern ab 1929 gezwungen, sich in *Kolchosen*, d. h. landwirtschaftlichen Produktionsgemeinschaften zusammenzuschließen. Dabei kamen Millionen von Menschen durch Vertreibung und Hungersnot um. Schließlich wurde die gesamte Volkswirtschaft einer zentral gelenkten *Planwirtschaft* unterworfen, in der vor allem die Schwer- und Rüstungsindustrie ohne Rücksicht auf Menschen und Umwelt vorangetrieben wurde.

4. Im Bürgerkrieg verkümmerten alle Ansätze zu einer Rätedemokratie. In den Auseinandersetzungen um den richtigen Weg zum Kommunismus und um die Nachfolge Lenins setzte sich nach 1924 *Stalin* durch, schaltete alle seine politischen Konkurrenten aus und ließ sie ermorden. Für alle Schwierigkeiten bei der gewaltsamen industriellen Umgestaltung des Landes wurden Saboteure verantwortlich gemacht. Damit wurde ein dichtes Netz von Geheimpolizei und Spitzeln gerechtfertigt. In den „*Großen Säuberungen*", einem die ganze Gesellschaft durchdringenden Verfolgungs- und Entlarvungswahn, wurden viele Millionen Menschen in Zwangsarbeitslager verschleppt und umgebracht. So entstand eine *totalitäre Diktatur*, in der alle Bereiche der Gesellschaft dem Willen der Partei und ihres Generalsekretärs Stalin unterworfen und gleichgeschaltet waren (Stalinismus).

In der ersten Hälfte dieses Jahrhunderts stiegen die USA von einer Großmacht zur wirtschaftlich und militärisch mächtigsten Nation der Welt auf. Auch im Bereich der politischen Kultur und des Alltagslebens übten sie einen prägenden Einfluß auf die westlichen Industriegesellschaften aus.

1929	Börsenkrach, Beginn der Weltwirtschaftskrise
1933	F. D. Roosevelt Präsident; Beginn des „New Deal"
1941	Japanischer Überfall auf Pearl Harbor, Kriegseintritt der USA

1. Nennen Sie Besonderheiten des amerikanischen Wirtschafts- und Gesellschaftssystems.

2. Erläutern Sie das Programm des „New Deal".

3. Charakterisieren Sie den „American way of life".

4. Beschreiben Sie die Entwicklung der USA zur westlichen Führungsmacht.

1. Im Zuge des wirtschaftlichen Aufschwungs während des Ersten Weltkriegs wuchs die Produktion von Industrie- und Konsumgütern rasch. Die Automobilindustrie, die die Massenproduktion am Fließband entwickelte, wurde zum führenden Industriezweig. Trotz des weltweit einzigartigen Wohlstands wuchs die Kluft zwischen Arm und Reich. Ein soziales Sicherungsnetz im Falle von Krankheit, Alter und Arbeitslosigkeit gab es nicht. Als der Bedarf an Gütern gesättigt war, stockte der Absatz, Betriebe und Banken wurden zahlungsunfähig und die Aktienkurse verfielen. Im Oktober 1929 führte dies zum Zusammenbruch der New Yorker Börse und im Gefolge zur bisher schwersten Wirtschaftskrise mit weltweiten Auswirkungen. Das liberale Wirtschaftssystem, das sich allein auf die Selbststeuerungs- und Selbstheilungskräfte des Marktes verlassen hatte, versagte.

2. Angesichts der anhaltenden Massenarbeitslosigkeit und -verelendung gewann 1932 mit *Franklin D. Roosevelt* ein Politiker die Präsidentschaftswahl, der die Verantwortung des Staates für die öffentliche Wohlfahrt anerkannte und eine stärkere Staatsintervention zur Überwindung der Wirtschaftskrise befürwortete. Im „New Deal" wurde die Arbeitslosigkeit durch staatliche Beschäftigungsmaßnahmen (z. B. Aufforstungen, Einrichtung von Nationalparks, Bau von Straßen und Staudämmen, Verbesserung der Infrastruktur) bekämpft und den Farmern ein Minimaleinkommen gesichert. Außerdem wurden die sozial Schwachen intensiver unterstützt, die Rechte der Gewerkschaften gestärkt und erste Ansätze einer Arbeitslosenversicherung geschaffen. Trotz des Widerstandes in der Großindustrie gegen diese Maßnahmen und obwohl die Wirtschaftskrise erst durch den Rüstungsboom des Zweiten Weltkrieges nachhaltig überwunden werden konnte, stärkte der „New Deal" das Zutrauen der amerikanischen Bevölkerung in die Fähigkeit des demokratischen Systems zur Krisenbewältigung soweit, daß radikale Strömungen keinen Einfluß gewinnen konnten.

3. Während im 19. Jh. gottesfürchtige und fleißige Siedler und Viehzüchter für die amerikanische Gesellschaft prägend gewesen waren, führte die Industrialisierung zu einer Neuorientierung: Städte mit Wolkenkratzern, die Ausstattung der Haushalte mit Waschmaschine und Kühlschrank sowie eine Konsumorientierung, die durch das weitverbreitete Ratenkaufsystem begünstigt wurde, kennzeichneten nun den amerikanischen Lebensstil. Die Hollywood-Filmindustrie war Ergebnis und Multiplikator dieser Entwicklung. Viele Intellektuelle und Künstler fühlten sich von der Besitzgier, Oberflächlichkeit und Intoleranz vieler ihrer Landsleute gegenüber Schwarzen und Minderheiten abgestoßen und emigrierten nach Europa.

4. Als sich *Präsident Wilson* mit seinen Vorstellungen für die künftige Sicherung des Weltfriedens nach dem Ersten Weltkrieg nicht durchsetzen konnte, zogen sich die USA aus der europäischen Politik zurück *(Isolationismus)* und konzentrierten sich darauf, ihre informelle Vorherrschaft insbesondere auf dem amerikanischen Kontinent und im pazifischen Raum mit den Mitteln wirtschaftlicher Durchdringung zu sichern *(Dollarimperialismus)*. Gegenüber Hitlers und Mussolinis aggressiver Außenpolitik verhielten sie sich zunächst strikt neutral. Erst als Japan 1937 China überfiel, begann ein Umdenken. Nach dem Anschluß Österreichs an Deutschland 1938 fingen die USA an aufzurüsten; nach dem deutschen Überfall auf Polen 1939 unterstützten sie die Anti-Hitler-Koalition mit Waffen; nach dem Überfall Japans auf die amerikanische Flotte in Pearl Harbor 1941 traten sie dieser Koalition bei und besiegelten damit die Niederlage der Aggressoren.

15.3 Ostasien und Naher Osten

Japan und China veränderten in der ersten Jahrhunderthälfte ihre Gesellschafts- und Wirtschaftsstruktur grundlegend und wurden zu internationalen Großmächten. Im Nahen Osten begann als Folge der jüdischen Einwanderung in Palästina jener Konflikt zwischen Juden und Arabern, der bis heute andauert.

1853	**Die USA erzwingen Hafen- u. Handelsrechte in Japan**
1906–11	**Chinesische Revolution unter Sun Yat-sen; China wird Republik**
1917	**Balfour-Deklaration über Palästina**
1923	**Errichtung der türkischen Republik**
1937–45	**Japan greift China an: Chinesisch–Japanischer Krieg**

1. Beschreiben Sie Japans Weg zwischen Tradition und Moderne.
2. Wie kam es zum Sieg der Kommunisten in China?
3. Welche Bedeutung hat Palästina für Juden und Araber?

1. Seit dem 17. Jh. hatte sich *Japan* weitgehend von der übrigen Welt abgeriegelt. 1853 wurde es durch US-amerikanische Kriegsschiffe gezwungen, sich dem amerikanischen Handel zu öffnen. Dieser Schock löste einen Modernisierungsschub aus, der den japanischen Feudalstaat in wenigen Jahrzehnten in einen modernen Industriestaat verwandelte. Ab 1895 eroberte Japan ein Kolonialreich, indem es sich Formosa, Korea, Teile Chinas und Indochinas unterwarf. „Japanischer Geist plus westliches Können" hieß das Erfolgsrezept für eine Industrialisierung, die durch die Lieferung von Kriegsmaterial im Ersten Weltkrieg noch beschleunigt wurde. Die damit verbundenen gesellschaftlichen Umschichtungen führten zu einem Verfall traditioneller Werte. Diese Sinnkrise sowie die Auswirkungen der Weltwirtschaftskrise trugen dazu bei, daß sich in Japan in den dreißiger Jahren eine extrem nationalistische, expansionistische Militärdiktatur durchsetzte, die den offenen Krieg mit China provozierte. Der Zweite Weltkrieg an der Seite Deutschlands und Italiens begann für Japan (1941) mit seinem Überfall auf die amerikanische Flotte in Pearl Harbor und endete 1945 mit dem Verlust seiner Kolonien und mit schrecklichen Verwüstungen durch den Abwurf amerikanischer Atombomben über Hiroshima und Nagasaki.

2. Auch Chinas Abschottung gegen äußere Einflüsse wurde mit militärischen Mitteln von den Kolonialmächten aufgebrochen; es mußte Gebietsverluste hinnehmen. 1911 stürzte eine Revolution unter *Sun Yat-sen* das Kaisertum. Tiefgreifende Veränderungen begannen aber erst, als nach dem Ersten Weltkrieg die deutschen Kolonien in China Japan zugesprochen wurden. Dies löste eine nationale Bewegung gegen die Fremdherrschaft und für die Modernisierung des Landes aus. Eine Strömung (KMT = Kuomintang) orientierte sich dabei an den westlichen Demokratien, eine andere an der neu entstandenen Sowjetunion (KPCh). 1927 kam es zum Bruch zwischen beiden Flügeln, und die Kommunisten wurden blutig verfolgt. Die KMT unter *Chiang Kai-shek* erwies sich jedoch als unfähig, das soziale Hauptproblem des Landes, die unbeschreibliche Armut der Bauern (75% der Bevölkerung) zu bekämpfen und das Land wirksam gegen die Japaner zu verteidigen. Die Kommunistische Partei Chinas (KPCh) unter *Mao Tse-tung* machte sich die Interessen der armen Bauern zu eigen (Landreform) und organisierte den Widerstand der Bevölkerung gegen die japanische Besatzung. Dadurch gewann sie immer mehr Anhänger und konnte sich schließlich 1949 auf dem Festland durchsetzen, während die KMT auf die Insel Formosa (Taiwan) zurückgedrängt wurde.

3. Aus dem zerfallenden Osmanischen Reich ging nach dem Ersten Weltkrieg nur die *Türkei* (1923) als selbständiger Staat hervor. Die übrigen Gebiete im Nahen und Mittleren Osten gliederten Großbritannien und Frankreich – teils als Kolonien, teils als Völkerbundmandate – in ihre Kolonialreiche ein. *Palästina* wurde 1920 vom Völkerbund Großbritannien zur Verwaltung übergeben. Obwohl die britische Regierung schon 1915 der arabischen Nationalbewegung Palästina als Herrschaftsgebiet versprochen hatte, erklärte der britische Außenminister *Balfour* 1917, dort solle eine „Heimstätte für das jüdische Volk" entstehen (Balfour-Deklaration). Dies verstärkte nach 1920 die Einwanderungsbewegung von Juden aus aller Welt, die teils von nationalistischen Bewegungen in ihren Herkunftsländern diskriminiert, teils auf der Suche nach einem Gebiet für einen jüdischen Nationalstaat waren, den die zionistische Bewegung seit Mitte des 19. Jh. im Heiligen Land um Jerusalem anstrebte. Je zahlreicher die jüdischen Siedler wurden, desto häufiger gerieten sie in Konflikte mit den dort ansässigen Arabern, den Palästinensern. Der Versuch Großbritanniens (1939), einen binationalen Staat zu errichten, scheiterte an der zunehmenden Unversöhnlichkeit beider Völker. Palästina wird bis heute sowohl von Juden als auch von Arabern aus historischen und religiösen Gründen beansprucht.

15.4 Weimarer Republik – politische Entwicklung

Durch die Novemberrevolution wurde eine Republik geschaffen, in der ein Teil der Bevölkerung und ein Großteil der Führungskräfte in Staat, Wirtschaft und Gesellschaft nach wie vor der gestürzten Monarchie und ihren Wertvorstellungen anhing. Als es im Rahmen der neuen parlamentarischen Demokratie nicht gelang, die wirtschaftlichen und sozialen Probleme für eine Mehrheit zufriedenstellend zu lösen, gewannen diejenigen, die eine autoritäre Staatsordnung mit einem starken Mann an der Spitze wollten, die Oberhand und bahnten Hitler den Weg.

1918	**Ausrufung der Republik (9. 11.)**
1920	**Kapp–Putsch wird durch Generalstreik vereitelt**
1925	**Hindenburg wird Reichspräsident**
1930	**Brüning regiert mit Notverordnungen**
1932	**Reichstagswahl: NSDAP stärkste Fraktion (31. 7.)**
1933	**Ernennung Hitlers zum Reichskanzler (30. 1.)**

1. Erklären Sie die Dolchstoßlegende und ihre Auswirkungen.
2. Erläutern Sie das Parteiensystem der Weimarer Republik.
3. Beschreiben Sie Auflösungssymptome der Republik.

1. Als im August 1918 der militärische Zusammenbruch unabwendbar wurde, wollten die Generäle *Hindenburg* und *Ludendorff* die Verantwortung dafür nicht übernehmen, sondern drängten die zivile Regierung, einen Waffenstillstand abzuschließen. Im November erzwang der Aufstand der Soldaten und Arbeiter das Ende der Monarchie. Nun wurde eine Regierung unter Führung der SPD gebildet. In deren Namen unterzeichnete der Zentrumspolitiker Erzberger den geforderten Waffenstillstand. Dennoch behaupteten die Generäle anschließend, die deutsche Armee sei im Felde unbesiegt geblieben, nur die Revolution in der Heimat habe die Niederlage verursacht *(„Dolchstoßlegende")*. So wurden von weiten Teilen der Bevölkerung die Folgen der Niederlage (Versailler Vertrag, Reparationen) nicht den Kriegstreibern, sondern der Novemberrevolution und der aus ihr hervorgegangenen Weimarer Republik angelastet. Dies diente als Rechtfertigung für zahlreiche

Morde an Repräsentanten der Republik (z. B. an Erzberger und Rathenau).

2. In der Weimarer Republik traten über 30 Parteien bei den Wahlen an. Einige vertraten eine bestimmte Weltanschauung, aus der sie ihr politisches Programm ableiteten. Dies galt insbesondere für Sozialisten und Kommunisten und für das katholische Zentrum. Andere Parteien vertraten vor allem die wirtschaftlichen und politischen Interessen bestimmter Gruppierungen, z. B. des gewerblichen Mittelstandes (DDP), der Schwerindustrie (DVP), der ostelbischen Großagrarier und der Kriegsveteranen (DNVP). Vor allem die Wähler solcher Interessenparteien waren in der Endphase der Republik für die Propaganda der NSDAP empfänglich. Die politische Verfassung der Weimarer Republik wurde lediglich von der SPD, dem Zentrum und der DDP vorbehaltlos unterstützt (Weimarer Koalition). Bereits 1920 verloren diese Parteien die Mehrheit im Reichstag und konnten nur noch mit Unterstützung solcher Parteien eine Regierung bilden, die – wie z. B. die DVP – die Republik nur als kleineres Übel akzeptierten. Viele Parteien bekämpften die Weimarer Republik von Anfang an: Die KPD wollte eine Räterepublik, während die rechten Parteien, z. B. die DNVP, zur Monarchie zurückkehren wollten.

3. Der größte Teil des Staats- und Justizapparats, der aus dem Kaiserreich nahezu unverändert übernommen wurde, lehnte die Republik als „Versailler Diktat" ab. Dasselbe galt für die Reichswehr. Bereits 1920 stand auch die Mehrheit der Reichstagsabgeordneten der Weimarer Republik skeptisch oder feindselig gegenüber. Ab 1925 stand mit Hindenburg ein General an der Spitze des Reiches, der seine monarchistische Gesinnung nie geleugnet hatte. Die faktische Entmachtung des Reichstages ab 1930 und der Staatsstreich des NSDAP-Mannes Göring 1932 gegen die letzte republiktreue Bastion, die SPD-Regierung in Preußen, wurden ohne Gegenwehr hingenommen. Nach 1928 bekam die NSDAP mit ihren demokratiefeindlichen, antisemitischen Parolen und ihrem terroristischen Auftreten immer mehr Zulauf und wurde 1932 zur stärksten Partei im Reichstag. Von Anfang an fielen Vertreter der Republik politischen Morden zum Opfer, aber in der Endphase der Republik kam es immer öfter zu gewalttätigen Übergriffen durch Nationalsozialisten und zu bürgerkriegsähnlichen Auseinandersetzungen zwischen paramilitärischen Organisationen der Rechten und der Linken.

15.5 Weimarer Republik – wirtschaftliche Entwicklung

Nach dem Ersten Weltkrieg stand die deutsche Volkswirtschaft vor vier Hauptproblemen: Die entlassenen Soldaten mußten wiedereingegliedert und die Kriegswirtschaft auf Friedensbedürfnisse umgestellt werden; enorme Wiedergutmachungszahlungen an die Siegermächte und die eigenen Kriegskosten waren zu bewältigen. Nach einer turbulenten Anfangsphase konnte die Wirtschaft nach der Währungsreform 1923 stabilisiert werden, geriet jedoch ab 1927 wieder ins Wanken und brach ab 1931 im Strudel der Weltwirtschaftskrise zusammen. Dies führte zur Arbeitslosigkeit und Verelendung breiter Bevölkerungsschichten, die zunehmend ihre Hoffnungen auf die Nationalsozialisten setzten.

1923	**Ruhrbesetzung durch französische und belgische Truppen; Hyperinflation und Währungsreform (Nov.)**
1929	**„Schwarzer Freitag" an der New Yorker Börse (Okt.)**
1932	**Konferenz von Lausanne: Ende der Reparationen**

1. Beschreiben Sie die Auswirkungen der Inflation.
2. Erläutern Sie Grundsätze der Wirtschaftspolitik.
3. Wie wirkte sich die Weltwirtschaftskrise auf die deutsche Wirtschaft aus?

1. Die *Inflation* beschleunigte sich seit 1922 so, daß schließlich das Geld alle 10 Tage um 90% entwertet wurde. Ihre Ursachen lagen zunächst in der Kriegsfinanzierung, dann in der Bezahlung der Reparationslasten und in der finanziellen Unterstützung des passiven Widerstandes gegen die Ruhr-Besetzung. Die steigenden Staatsausgaben wurden durch eine Vermehrung der Geldmenge finanziert, der keine zusätzlichen wirtschaftlichen Leistungen entsprachen. Von der Inflation profitierten alle, die Schulden machen und sie mit entwertetem Geld zurückzahlen konnten. Dies führte zunächst zu einer Inflationskonjunktur und ermöglichte Vollbeschäftigung, steigende Löhne und sozialen Frieden. 1923 jedoch war die Wirtschaft zerrüttet, und es kam zu sozialen und politischen Unruhen. Die Leidtragenden der Inflation waren vor allem Sparer und Zeichner von Kriegs- und sonstigen Anleihen. Nach der Währungsreform hatten große Teile des Mittelstandes ihr

Vermögen und ihre Alterssicherung verloren. Sie machten die Republik dafür verantwortlich und lehnten sie zunehmend ab.

2. Die *Wirtschaftspolitik* der Weimarer Regierungen hatte einerseits außenpolitische Ziele: Die Bereitschaft zur Bezahlung der Reparationen mußte glaubwürdig demonstriert und zugleich gezeigt werden, daß die Reparationsforderungen unerfüllbar waren. Andererseits mußte die Wirtschaftspolitik die widersprüchlichen Interessen unterschiedlicher Gruppierungen soweit zufriedenstellen, daß die jeweilige Regierungskoalition möglichst lange erhalten blieb. Die *SPD* sicherte zusammen mit den Gewerkschaften für die Arbeitnehmer den 8-Stunden-Tag, Lohnerhöhungen und 1927 die Arbeitslosenversicherung. Die mittelständische *Deutsche Demokratische Partei (DDP)* verhinderte die Durchsetzung weitergehender Forderungen der Arbeiterbewegung und sorgte mit der Währungsreform dafür, daß die deutsche Industrie für amerikanische Banken wieder kreditfähig wurde. Als die *Deutsche Volkspartei (DVP)*, die die Republik nur als zeitweiliges unvermeidliches Übel tolerierte, sich im Interesse der Industrie weigerte, einer Erhöhung der Beiträge zur Arbeitslosenversicherung zuzustimmen, zerbrach 1930 die letzte vom Parlament getragene Regierung der Republik. Reichskanzler *Brüning* setzte anschließend eine rigorose Sparpolitik zur Eindämmung der Staatsausgaben durch Kürzung der Sozialleistungen und staatlichen Gehälter durch, die die Verelendung weiter Teile der Bevölkerung beschleunigte, was letztendlich Hitler zugute kam. Als Brüning 1932 auch die Subventionen für die Landwirtschaft kürzen wollte, verlor er die Unterstützung des Reichspräsidenten Hindenburg, der selbst Gutsbesitzer war, und mußte abtreten.

3. Seit 1923 hatten die Banken der USA die deutsche Wirtschaft mit kurzfristigen Krediten versorgt, mit denen langfristige Investitionen finanziert wurden. Diese Kredite wurden nach dem Zusammenbruch der New Yorker Börse im Oktober 1929 gekündigt. Damit wurde ein Abschwung der wirtschaftlichen Entwicklung dramatisch beschleunigt, der sich bereits seit 1927 durch nachlassende Investitionen und steigende Arbeitslosigkeit abgezeichnet hatte („Krise in der Krise"). 1932 stieg die Zahl der Arbeitslosen auf 6 Millionen, während die Arbeitslosenunterstützung von 26 auf 6 Wochen gekürzt wurde. Die industrielle Produktion sank auf 38% gegenüber 100% in den Jahren 1928/29. Deutschland gehörte zu den von der Weltwirtschaftskrise am schwersten betroffenen Ländern.

15.6 Die Weimarer Republik und Europa

Die Siegermächte gaben Deutschland die Alleinschuld am Ersten Weltkrieg. Dadurch wurde es in der europäischen Völkergemeinschaft geächtet und isoliert. Deshalb war die Außenpolitik der Weimarer Republik darauf gerichtet, wieder ein gleichberechtigtes Verhältnis zu den anderen europäischen Ländern herzustellen. Dies war weitgehend gelungen, als Deutschland in den Völkerbund aufgenommen und die Reparationszahlungen ausgesetzt wurden. In England und Frankreich war die Einsicht gewachsen, daß die Schuldzuschreibung gegenüber Deutschland unangemessen gewesen war. Die Ressentiments, die der Versailler Vertrag in der deutschen Bevölkerung ausgelöst hatte, wurden dadurch allerdings nicht beseitigt. Sie trugen wesentlich zum Aufstieg der Nationalsozialisten und damit zur Zerstörung der europäischen Nachkriegsordnung bei.

1919	**Versailler Vertrag**
1922	**Vertrag von Rapallo mit der Sowjetunion**
1925	**Locarno: Verständigung mit Frankreich**
1926	**Deutschland im Völkerbund**
1932	**Lausanne: Einstellung der Reparationszahlungen**

1. Stellen Sie dar, wie der Versailler Vertrag in Deutschland aufgenommen wurde.

2. Schildern Sie die Bedeutung der Verträge von Rapallo und Locarno.

3. Nennen Sie Ziele und Schwächen des Völkerbundes.

1. Die Friedensbedingungen, an deren Ausarbeitung Deutschland nicht beteiligt gewesen war, wurden einhellig als schmachvolles und ungerechtes Diktat der Siegermächte empfunden, insbesondere, weil Deutschland und seinen Verbündeten die alleinige Kriegsschuld zugewiesen wurde. Als die Rüstungsbeschränkung auf ein 100 000-Mann-Heer sich nicht wie angekündigt als erster Schritt zu einer allgemeinen Abrüstung erwies, fühlte sich Deutschland der militärischen Übermacht der Siegermächte ausgeliefert und begann, heimlich aufzurüsten. Die Reparationszahlungen, die England und Frankreich benötigten, um ihre Kriegsschulden bei den USA zu bezahlen, schienen eine unabsehbare

186

wirtschaftliche Versklavung des deutschen Volkes zu bedeuten. Die Wiederherstellung des Staates Polen auf Kosten von Deutschland, Rußland und Österreich schürte Revanchegelüste.

2. Durch die *Verträge von Rapallo und Locarno* gewann Deutschland seine außenpolitische Handlungsfähigkeit zurück: Während der ersten Weltwirtschaftskonferenz von Genua (1922) verständigten sich die Sowjetunion und Deutschland in Rapallo, auf ihre gegenseitigen Ansprüche aus der Kriegs- und Nachkriegszeit zu verzichten, ihre diplomatischen Beziehungen wiederaufzunehmen und auf wirtschaftlichem Gebiet zusammenzuarbeiten. Beide überwanden damit ihre außenpolitische Isolierung seit dem Ende des Ersten Weltkriegs. Drei Jahre später normalisierte Deutschland durch den Vertrag von Locarno seine Beziehungen zu den ehemaligen Kriegsgegnern im Westen. Die Bemühungen des Außenministers *Stresemann* um die Aussöhnung insbesondere mit Frankreich wurden durch den französischen Außenminister *Briand* unterstützt. Nachdem Deutschland die Unverletzlichkeit seiner neuen Westgrenzen und die Entmilitarisierung des Rheinlandes anerkannt hatte, war das Sicherheitsbedürfnis Frankreichs zufriedengestellt. Deshalb konnte Frankreich der allmählichen Verringerung der Reparationszahlungen und der Aufnahme Deutschlands in den Völkerbund (1926) zustimmen.

3. Der *Völkerbund* war auf Vorschlag des amerikanischen Präsidenten *Wilson* 1919 bei den Pariser Friedensverhandlungen als internationale Friedensorganisation gegründet worden. Durch ihn sollten künftig zwischenstaatliche Konflikte friedlich geregelt werden. Friedensstörer sollten ohne Einsatz von Waffen – z. B. durch Wirtschaftssanktionen – gezwungen werden, auf Eroberungen zu verzichten. Der Völkerbund hatte von Anfang an entscheidende Schwächen: Wichtige Staaten gehörten ihm nicht an, und die USA zogen sich nach 1919 aus den europäischen Angelegenheiten zurück; in Deutschland galt er vielen als Herrschaftsinstrument der Sieger; vor allem aber waren seine Mitglieder nicht bereit, zugunsten des Bundes auf eigene Souveränitätsrechte zu verzichten. So konnte er zwar in einer Reihe von Konflikten schlichtend wirken, aber das Eindringen Japans in China (ab 1931) und die Besetzung Äthiopiens durch Italien (1935) konnte er nicht verhindern. Nach der Machtübernahme der Nationalsozialisten verließ Deutschland den Völkerbund wieder. Gegenüber dem sich anbahnenden Zweiten Weltkrieg war dieser machtlos. 1946 wurde er aufgelöst.

15.7 Gesellschaft und Kultur in der Weimarer Zeit

Die Instabilität der Weimarer Republik auf politischem, wirtschaftlichem und sozialem Gebiet erwies sich für Kunst und Kultur als Chance. Sie ermöglichte die stürmische Entfaltung eines neuen Lebensgefühls und die Freisetzung kreativer Kräfte auf wissenschaftlichem und künstlerischem Gebiet. Dadurch wurde jedoch der Grundkonflikt der Weimarer Gesellschaft zwischen dem Willen zur Modernität und der Angst vor allem Neuen und Fremden noch verschärft. Künstlerische Avantgarde und traditionelle Kunstrichtungen mit kulturpessimistischen, zivilisationskritischen Akzenten standen sich feindselig gegenüber.

1919	**Wahlrecht für Frauen; „Bauhaus" gegründet**
1923	**Rundfunk; Ernst Jünger: „Der Krieg als inneres Erlebnis"; Arnold Schönberg: „Zwölftonmusik"**
1928	**Brecht/Weill: „Dreigroschen-Oper"**
1929	**Tonfilm (z. B. „Im Westen nichts Neues")**
1933	**NS-Ausstellung „Kulturbolschewismus"**

1. Wie entwickelte sich die gesellschaftliche Stellung der Frauen in der Weimarer Republik?

2. Schildern Sie, wie sich die Gesellschaftsstruktur veränderte und wie die Menschen darauf reagierten.

3. Charakterisieren Sie einige für die Weimarer Zeit bedeutsame Kunstströmungen.

1. Nach dem Ersten Weltkrieg wurde den Frauen in fast allen europäischen Ländern das Wahlrecht eingeräumt, so auch in Deutschland. Außerdem wurde ihnen der Zugang zu bisher verschlossenen Bildungs- und Berufsmöglichkeiten eröffnet. Allerdings blieb ihre Entlohnung um 20–40% hinter der der Männer zurück. Etwa ein Drittel der Erwerbstätigen waren nun Frauen, von denen immer weniger als Hausangestellte und immer mehr als Sekretärinnen, Stenotypistinnen, Verkäuferinnen oder Telefonistinnen arbeiteten. Zunehmend blieben auch verheiratete Frauen berufstätig, was durch die Tendenz zur Kleinfamilie und die Konsumgüterindustrie begünstigt wurde.

2. Durch Rationalisierungen, durch das Wachstum der Elektro- und Chemieindustrie und die Ausdehnung des Dienstleistungsbereichs veränderte sich die Beschäftigungsstruktur: Immer mehr Menschen arbeiteten in den Städten, immer weniger dagegen in der Land- und Forstwirtschaft. Außerdem veränderten sich viele Berufsbilder: So wurden die Büros zunehmend eine Domäne weiblicher Arbeitskräfte. Die Einkommens- und Standesunterschiede zwischen Beamten, Angestellten und Arbeitern nahmen ab. Hinzu kamen die Auswirkungen der Inflation, die einem Teil des Mittelstandes die Existenzgrundlage entzogen hatte. Dies alles führte zu einer dynamischen Veränderung altgewohnter Lebensformen, auf die viele mit einer Sehnsucht nach der „guten alten Zeit" vor dem Krieg, mit Großstadtfeindschaft und Agrarromantik, mit einer Ablehnung der Moderne reagierten. Viele junge Männer organisierten sich in autoritär strukturierten Bünden, die an die Stelle der Wandervogelbewegung der Vorkriegszeit traten. Auch die Studenten waren in ihrer Mehrheit antirepublikanisch gesinnt. Von all diesen Strömungen profitierten später die Nationalsozialisten und ihre Parteiorganisationen.

3. In den *„Goldenen Zwanzigern"* entfaltete sich insbesondere in Berlin ein modernes Lebensgefühl, das in zukunftsweisenden Leistungen auf dem Gebiet von Literatur und Theater, Film und Musik, Malerei, Design und Architektur seinen Ausdruck fand. Der *Expressionismus*, der bald nach der Jahrhundertwende entstanden war, beherrschte noch bis 1922/23 die Kulturszene mit seiner Verneinung der Bürgerwelt und seiner Freude am formalen Experiment *(Dadaismus)*. Er wurde von der „Neuen Sachlichkeit" (z. B. der im *„Bauhaus"* zusammengeschlossenen Künstler) abgelöst, die sich um eine nüchterne Auseinandersetzung mit der Wirklichkeit des Alltags bemühte. Die extreme politische Polarisierung gegen Ende der Republik hatte ihre Entsprechung in der Kunst- und Kulturszene. Während ein Teil der Künstler ihr Schaffen in den Dienst des politischen Kampfes der Linken stellte (z. B. Bert Brecht, Kurt Tucholsky), machten die Rechten, insbesondere die Nationalsozialisten, den Kampf gegen den „Kulturbolschewismus" zu ihrem Programm. Diese Auseinandersetzung wurde auch in den neuen Medien Rundfunk und Film und in den Wochenzeitungen und Illustrierten ausgetragen, die neben den Tageszeitungen als neue Printmedien aufkamen. Diese Massenmedien beeinflussen seit der Weimarer Zeit nachhaltig das politische und kulturelle Leben, das Freizeitverhalten und die Alltagskultur.

Der Nationalsozialismus war eine deutsche Spielart des Faschismus, der seinen Namen von einer ähnlichen Bewegung unter Mussolini in Italien erhielt. Auch in anderen europäischen Ländern entstanden nach dem Ersten Weltkrieg faschistische Bewegungen. Ihnen gemeinsam waren übersteigerter Nationalismus, Elitedenken, autoritäre Gesellschaftsbilder, antidemokratische und militaristische Einstellungen, Antikommunismus und oft auch Antisemitismus. Die Abgrenzung von autoritären Militärdiktaturen (z. B. Spanien, Polen) ist schwierig.

Die Entwicklung der NSDAP vor 1933
Am 24. 2. 1920 wurde die 1919 gegründete Deutsche Arbeiterpartei umbenannt in *Nationalsozialistische Deutsche Arbeiterpartei (NSDAP)*. Nach einem mißglückten Putschversuch am 9. 11. 1923 in München wurde die Partei verboten, ihr Führer Adolf Hitler zu 5 Jahren Festungshaft verurteilt. Nach seiner vorzeitigen Entlassung gründete er im Februar 1925 die Partei neu; ebenso die *SA (Sturmabteilung)*, die ein militärisch organisiertes Machtinstrument wurde. Zugleich entstand die *SS (Schutzstaffel)* für den persönlichen Schutz Hitlers. Die zunächst unbedeutende NSDAP wuchs ständig im Verlauf der Weltwirtschaftskrise (1925 = 27 000, Ende 1931 = 800 000 Mitglieder). Bei den Reichstagswahlen erreichte die Partei 1930 18,5%, 1932 37,3% der Stimmen. Sie hatte zwar nicht die absolute Mehrheit, stellte aber die stärkste Fraktion im Reichstag. Hitler forderte das Amt des Reichskanzlers, das ihm vom Reichspräsidenten v. Hindenburg am 30. 1. 1933 übertragen wurde. Danach nahm die NSDAP als Staatspartei einen anderen Charakter an (→ 16.1).

Ideologie und Ziele der NSDAP
Die NSDAP verstand sich als „Weltanschauungspartei". Grundlage dieser Weltanschauung war ein in Ideen des 19. Jh. wurzelnder völkischer Rassismus. Danach bestand die Menschheit aus verschiedenwertigen Rassen, die miteinander im ständigen Kampf um die Herrschaft rangen. Das deutsche Volk sei Kern der am höchsten entwickelten nordischgermanischen (= arischen) Rasse. Es müsse sich im Lebenskampf der Völker behaupten und sein Blut rein halten. Teil dieses Rassismus war der Antisemitismus, da die Juden nach dieser Auffassung auf der untersten Stufe der Rassenskala standen. Ergänzend trat eine mystische,

vorindustrielle Auffassung vom Boden hinzu (Blut- und Bodenideologie), nach der der Boden die eigentliche Existenzgrundlage und das Bauerntum die „Blutquelle" eines Volkes sei. Dem deutschen Volk fehlte nach Hitlers Auffassung der notwendige „Lebensraum", es habe die Pflicht, ihn im Osten (Rußland) zu erobern. Politische Nahziele der NSDAP waren nach 1925 die Erringung der Macht durch Wahlen, dann aber die Zerschlagung des „Weimarer Systems" und die Revision des Versailler Vertrages, vor allem die Rückgewinnung verlorener Gebiete, die Beseitigung der Reparationen und die Aufhebung der Rüstungsbeschränkungen. Insgesamt verfolgten die Nationalsozialisten schon frühzeitig ein außenpolitisches Programm, das zwangsläufig in einen Krieg großen Ausmaßes münden mußte. Als „Sozialistische Arbeiterpartei" zeigte die NSDAP auch gewisse antikapitalistische Züge, die sich aber wesentlich nur gegen Juden richteten und 1934 mit der Entmachtung der SA (➞ 16.1) endgültig verschwanden. Stärker als Arbeiter und Landwirte zog die Partei Angehörige des verarmten oder wirtschaftlich bedrohten Mittelstandes als Mitglieder und Wähler an: Angestellte, Gewerbetreibende und Beamte. Doch auch Angehörige der oberen Schichten gehörten zu den Wählern der NSDAP, die somit auch Züge einer Volkspartei aufwies.

Theorien über den Faschismus
Schon in der Weimarer Zeit ist versucht worden, Wesen und Herkunft des *Faschismus,* insbesondere des *Nationalsozialismus,* zu erklären. Für marxistische Theoretiker war und ist der Faschismus eine Form der politischen Herrschaft des Großkapitals. Nichtmarxistische Forscher sprechen in diesem Zusammenhang dagegen von einem „Bündnis" zweier gleichgewichtiger Lager. Schwer erklärbar bleibt bei allen ökonomischen Theorien erstens die Massenwirksamkeit des Nationalsozialismus und zweitens die Frage, weshalb es in kapitalistischen Staaten wie den USA und England während der Weltwirtschaftskrise nicht zum Faschismus gekommen ist. Verschiedene theoretische Ansätze versuchen hier, jeweils spezielle Erklärungen zu liefern. Die Sozialpsychologie erklärt die Wirkung des Nationalsozialismus auf die Massen mit Persönlichkeitsmerkmalen wie dem autoritären Charakter, der gerade in Deutschland sehr ausgeprägt gewesen sei. Die Theorien vom „deutschen Sonderweg" führen Besonderheiten in der deutschen historischen Entwicklung zur Erklärung an, insbesondere den verspäteten, von oben geschaffenen Nationalstaat von 1871 und die aus dem Ersten Weltkrieg resultierenden Probleme. Insgesamt wird man verschiedene Ansätze miteinander verbinden müssen, um zu befriedigenden Ergebnissen zu gelangen.

16.1 Das Herrschaftssystem der National-sozialisten

Die Nationalsozialisten hatten vor 1933 immer wieder erklärt, die parlamentarische Demokratie beseitigen zu wollen. Dennoch waren sie darauf bedacht, dem Herrschaftswechsel einen legalen Schein zu geben, um ihre konservativen Partner, die sie dafür noch brauchten, nicht zu verschrecken. In einer Mischung aus legalem Handeln und offenem Terror, der sich zunächst hauptsächlich gegen die Linke richtete, wurde nach dem 30. 1. 1933 das politische System der Weimarer Republik innerhalb weniger Monate zerschlagen und durch ein neues Herrschaftssystem ersetzt.

30. 1. 1933	**Ernennung Hitlers zum Reichskanzler**
23. 3. 1933	**Ermächtigungsgesetz**
10. 5. 1933	**Überführung aller Arbeitnehmerorganisationen in die „Deutsche Arbeitsfront" (DAF)**
30. 1. 1934	**Gesetz über den Neuaufbau des Reiches**
2. 8. 1934	**Vereidigung der Reichswehr auf Hitler**

1. Nennen Sie einzelne Schritte zur NS-Herrschaftssicherung.
2. Wie wurde die Rivalität von SA und Reichswehr beseitigt?
3. Charakterisieren Sie das Verhältnis von Partei und Staat.

1. Nachdem Hitler am 30. 1. 1933 von Reichspräsident Hindenburg zum Kanzler einer Koalitionsregierung ernannt worden war, strebten die Nationalsozialisten sofort Neuwahlen an, um ihre Basis im Reichstag zu vergrößern. Der *Reichstagsbrand* am 27. 2. wurde benutzt, um die *Notverordnung „Zum Schutz von Volk und Staat"* zu erlassen, mit der wichtige Grundrechte der Weimarer Verfassung außer Kraft gesetzt wurden. Die Reichstagswahl am 5. März brachte der NSDAP trotzdem nicht die absolute Mehrheit. Nach Verhaftungen von Abgeordneten der KPD und SPD wurde jedoch mit Hilfe der anderen Parteien am 23. März das verfassungsändernde *„Gesetz zur Behebung der Not von Volk und Reich" (Ermächtigungsgesetz)* verabschiedet, das der Regierung die Gesetzgebung übertrug und auf Dauer die alleinige Machtausübung der NSDAP sicherte. Es folgten die Zerschlagung der Gewerkschaften (Mai 1933) und die Auflösung der politischen Parteien außer der NSDAP, die nach dem *„Gesetz zur Sicherung der Einheit von Partei und Staat" (31. 12. 1933)* „Trägerin des deutschen Staatsgedankens und mit dem Staat unlöslich verbunden" sein sollte. Mit dem *„Gesetz über den Neuaufbau des Reiches" (30. 1. 1934)* wurden die Länder entmachtet, der Föderalismus beseitigt. Als *„Gleichschaltung"* betrieben die Nationalsozialisten sowohl die Unterordnung der Länder unter die Zentralgewalt des Reiches als auch die Übernahme der bestehenden Verbände und Organisationen aller Bereiche des gesellschaftlichen Lebens durch Organisationen der NSDAP. Unter deren Kontrolle gerieten damit Berufsverbände, Arbeitnehmerorganisationen, Jugendverbände und die Einrichtungen des kulturellen Lebens (➞ 16.3).

2. Innerhalb der NSDAP drängte besonders die *SA* unter *Ernst Röhm* auf eine Fortführung der „nationalen Revolution" durch eine „zweite braune Revolution". Angestrebt wurde neben dem Nationalsozialismus eine Übernahme der militärischen Gewalt durch Verschmelzung von SA und Reichswehr. Hitler aber brauchte die *Reichswehr* für eine schnelle Aufrüstung und befürchtete eine Verunsicherung der Privatwirtschaft. Mit Hilfe Himmlers und der SS wurden Röhm und die gesamte SA-Führung am 30. 6. 1934 ermordet, die SA neu organisiert und so entmachtet. Mit der nachträglichen Legalisierung der Morde („Gesetz über Maßnahmen der Staatsnotwehr") ernannte sich Hitler zum „obersten Gerichtsherr" der Deutschen. Als Hindenburg am 2. 8. 1934 starb, wurde Hitler am selben Tag per Gesetz zum Reichspräsidenten erklärt, die Reichswehr sogleich auf ihn persönlich vereidigt.

3. Die nationalsozialistische Herrschaft war gekennzeichnet durch ein Nebeneinander von Parteiorganisationen und fortbestehenden Institutionen des Staates und der Verwaltung, die zunehmend von Parteimitgliedern besetzt wurden. *Hitler* war seit dem 2. 8. 1934 zugleich „Führer" der NSDAP, Reichskanzler und Reichspräsident. *Himmler* war „Reichsführer SS", Chef der Polizei und später sogar noch Innenminister in einer Person. Diese Verknüpfung gab es auf allen Ebenen der Herrschaftspyramide bis hinunter zu den Kreis- und Ortsbehörden. Da die eigentliche Befehls- und Entscheidungsgewalt bei der Partei lag, führte das zu einer Aushöhlung des Staates und seiner Organe. Als besonders nach Kriegsbeginn ständig neue Sonderbehörden geschaffen wurden, die oft nur Hitler persönlich verantwortlich waren, entstanden Kompetenzstreit und -chaos. Es ist umstritten, ob diese Entwicklung ungewollt war oder von Hitler gefördert wurde, um die eigene Machtstellung zu sichern.

16.2 NS-Terror und Widerstand

Die Nationalsozialisten waren von Anfang an zur Anwendung von Gewalt bereit. Hitler sprach früh aus, wie er mit Gegnern umzugehen gedenke, wenn er die Macht habe. Vor 1933 wurde offene Gewalt vor allem von der SA gegen politische Gegner ausgeübt, die diese teilweise auch erwiderten. Nach dem 30. 1. 1933 nahm die nationalsozialistische Gewalt sogleich die Form des organisierten Terrors an, der zusammen mit der Propaganda zum wichtigsten Mittel der Herrschaftssicherung wurde.

März 1933	**Erste Konzentrationslager der SA**
27. 2. 1933	**Gründung der Roten Kapelle**
24. 4. 1934	**Einrichtung eines Volksgerichtshofes**
20. 12. 1934	**Heimtückegesetz zum Schutz der Partei**
20. 7. 1944	**Gescheitertes Attentat auf Hitler**

1. Gegen wen richtete sich der Terror?
2. Kennzeichnen Sie Mittel und Formen des Terrors.
3. Nennen Sie wichtige Gruppen und Formen des Widerstandes.

1. Die erste Welle des Terrors setzte unmittelbar nach dem 30. 1. 1933 ein und war auf die politischen Gegner gerichtet, besonders auf Kommunisten und Sozialdemokraten. Weitergehend wurden auch andere vermeintliche oder tatsächliche Gegner des Systems verfolgt, jede Form von Kritik und Nichtkonformität erstickt. Zunehmend wurden dann alle diejenigen Menschen Opfer des NS-Terrors, die aufgrund der Rassenideologie als „minderwertig" und „lebensunwert" eingestuft wurden. Im Krieg erreichte die Gewaltherrschaft eine neue Stufe. Maßnahmen gegen „*Volksschädlinge*", vor allem aber der Vernichtungsterror gegen die europäischen Juden (➞ 16.6) und die Bevölkerung Osteuropas brachten millionenfachen Tod.

2. Mit der Eroberung des staatlichen Machtapparates wurde der Terror in scheinlegale Bahnen gelenkt. Im Februar 1933 wurde die SA zur Hilfspolizei erklärt und gegen politische Gegner eingesetzt. Notverordnungen und Ausnahmegesetze (z. B. „Heimtückegesetz") institutionalisierten den Terror ebenso wie die Ausdehnung der „*Schutzhaft*" auf Zehntausende oder die Einrichtung von Sondergerichten. Seit 1934 war für Hoch- und Landesverrat nicht mehr das Reichsgericht, sondern ein *„Volksgerichtshof"* mit neuen, von Hitler ernannten Richtern zuständig. Die ersten *Konzentrationslager* entstanden bereits im März 1933. Dieser Terror wurde zunehmend verdeckt ausgeübt, begünstigt durch die Verflechtung von Staatsorganen und NS-Apparat (➡ 16.1). Der Reichsführer SS, Himmler, war seit 1934 Chef der *politischen Polizei (Gestapo)* in allen Ländern, seit 1936 Chef der Deutschen Polizei. Neben willkürlicher Verhaftung, Folter und Mord gab es abgestufte Formen des Terrors durch Bespitzelung, Einschüchterung und Bedrohung ebenso wie scheinbar spontane Aktionen, z. B. die Pogrome gegen die jüdischen Mitbürger. Parallel dazu liefen häufig große Propagandamaßnahmen, um emotionale Zustimmung für das Regime zu erzeugen (z. B. Reichsparteitage, Olympiade).

3. Unter diesen Bedingungen war offener *Widerstand* unmöglich. Am besten vorbereitet auf eine Tätigkeit im Untergrund waren die Kommunisten. Alle Versuche, ein größeres Organisationsnetz zu knüpfen, schlugen jedoch fehl. Kommunisten, Sozialisten und Gewerkschaftler konnten nur örtlich isoliert, einzeln oder in kleinen Gruppen arbeiten. Sie stellten zahlenmäßig den größten Teil des Widerstandes im Reich und brachten auch die größten Opfer. Die schon im Februar 1933 gegründete kommunistische *„Rote Kapelle"* war die einzige Widerstandsgruppe mit Kontakten ins westliche Ausland und in die Sowjetunion. Sie wurde 1943 zerschlagen. Widerstand in anderen Schichten der Bevölkerung formierte sich erst später. Er war erschwert durch die breite Zustimmung, die das NS-Regime in Deutschland erfuhr. Die beiden Kirchen verhielten sich abwartend oder kooperationsbereit. Nur die *„Bekennende Kirche"* wehrte sich früh, z. B. gegen einen „Arierparagraphen" für evangelische Geistliche. Gegen die Zwangsorganisation der Hitlerjugend (HJ) entstanden im Rheinland die *„Edelweißpiraten";* Münchener Studenten gründeten 1942 die *„Weiße Rose".* Auch im Militär gab es Gruppierungen von Regimegegnern. Verschiedene Attentatsversuche schlugen jedoch fehl, zuletzt der Versuch des Grafen Stauffenberg („Goerdelerkreis") am *20. Juli 1944.* Die unterschiedlichen Widerstandsgruppen fanden keine Verbindungen untereinander. Lediglich der *„Kreisauer Kreis"* vereinigte Personen aus verschiedenen Lagern (Offiziere, Gewerkschaftler, hohe Verwaltungsbeamte). Widerstandshandlungen reichten von Verweigerung über Hilfe für Verfolgte, Sabotage bis hin zu Umsturzversuchen. Entdeckung bedeutete für die Betroffenen KZ-Haft, Folter und Tod.

Die Veränderung der gesellschaftlichen Einrichtungen und der Zugriff auf Rundfunk, Presse und Film ermöglichten dem NS-Regime eine direkte Beeinflussung der Volksmassen. Hitlers Traum von der Gleichschaltung und Erfassung der Gesellschaft in allen Schichten, Alters- und Berufsgruppen und ihrer lebenslangen nationalsozialistischen Erziehung erwies sich am Ende als Wahnvorstellung, die nur mit massivem Terror durchgesetzt werden konnte. Kunst, Literatur und Musik wurden dem völkischen Ideal gemäß gesäubert und dienten der Verherrlichung der NS-Herrschaft und ihrer Ziele.

13. 3. 1933	**Ministerium für Volksaufklärung u. Propaganda**
10. 5. 1933	**Bücherverbrennung**
22. 9. 1933	**Errichtung der Reichskulturkammer**
März/Juni 1935	**Allg. Wehrpflicht; Arbeitsdienstpflicht**
1. 12. 1936	**Hitlerjugend (HJ) wird Staatsjugend**

1. Wie vollzog sich die Gleichschaltung der Gesellschaft?
2. Erläutern Sie die kulturelle Gleichschaltung.
3. Welchen Zielen diente die NS-Kulturpolitik?

1. Der Aufbau eines Reichsministeriums für *Volksaufklärung und Propaganda* unter *Josef Goebbels* im März 1933 und die zügige Indienstnahme der Massenmedien für die Partei sollten die Mobilisierung der Gesellschaft für das NS-Regime und ihre Gleichschaltung erleichtern. Nach der Zerschlagung der Gewerkschaften wurden alle Arbeitnehmer und Arbeitgeber am 2. 5. 1933 in der Deutschen Arbeitsfront zwangsorganisiert, die 1934 direkt in die NSDAP eingegliedert und zur größten Massenorganisation wurde (25 Mio.). Auch Berufsverbände schloß man der NSDAP an (NS-Juristenbund, NS-Lehrerbund, NSD-Ärztebund, Beamtenbund). Zahlreiche Jugendverbände und nichtorganisierte Jugendliche gingen 1933 freiwillig zur Hitlerjugend über, der Rest wurde später massiv unter Druck gesetzt, da die HJ Ende 1936 zur Staatsjugend erklärt wurde (1932: 100 000; Sommer '33: 3,5 Mio.; 1938: 8,7 Mio.). Neben der HJ und ihren Untergliederungen sollte auch der ab 1935 für alle jungen Frauen und Männer verpflichtende Reichsarbeitsdienst die *Führergefolgschaft* und das Gefühl der *Volksgemeinschaft* stärken. Frauen konnten zwar der NS-Frauenschaft beitreten, wurden jedoch von der Partei auf die Rolle der Gebärerin (Mutter-kreuz, Muttertag) und Hausfrau festgelegt und konsequent aus dem öffentlichen Leben verdrängt. Alle diese Organisationen zusammen mit dem Wehrdienst (ab 1935) und weiteren parteieigenen Gliederungen sowie ein ausgeklügeltes Spitzelsystem boten dem NS-Regime ein perfektes Instrumentarium ideologischer Beeinflussung und gesellschaftlicher Kontrolle, dem sich niemand ohne entsprechende Konsequenzen entziehen konnte (➡ 16.2).

2. Die Verfolgungen der neuen Machthaber richteten sich auch gegen oppositionelle Künstler, Schriftsteller, Wissenschaftler und Journalisten, die mit Berufsverbot belegt wurden. Für viele war die Emigration der einzige Ausweg (z.B. Walter Benjamin, Bertolt Brecht, ,Thomas u. Heinrich Mann, Anna Seghers, Albert Einstein). Als Höhepunkt einer vierwöchigen Aktion „Wider den undeutschen Geist" wurden am 10.5.1933 in Berlin und anderen Universitätsstädten Bücher deutscher Autoren verbrannt, deren Werke nicht weiter verkauft oder gelesen werden durften. Eine 1937 in München eröffnete Wanderausstellung „Entartete Kunst" diffamierte bildende Künstler der Moderne, deren Werke aus öffentlichen Sammlungen entfernt werden mußten (u.a. Max Beckmann, Otto Dix, Paul Klee, Käthe Kollwitz). Die im September 1933 errichtete *Reichskulturkammer (RKK)* mit ihren Unterkammern für Schrifttum, Theater, Film, Musik, bildende Künste, Presse und Rundfunk erfaßte alle in diesen Bereichen Tätigen. Nur wer Mitglied war, konnte seinen jeweiligen Beruf ausüben. Die RKK erhielt Weisungen vom Propagandaministerium, wurde von ihm beaufsichtigt und zensiert. Als kulturvermittelnde Institutionen unterlagen auch Schulen und Hochschulen dem Zugriff der NSDAP.

3. Kunst und Kultur sollten den sozialpolitischen Zielen der NSDAP und der Festigung ihres Regimes dienen. Bezogen auf die NS-Ideologie (➡ 16) hatten „volkhafte Kunst", „heldische Kunst" und „Weihekunst" einen zentralen Stellenwert. Monumentale Plastik, Architektur sowie Malerei und Literatur mit Themen aus Geschichte, Heimat und Volksleben standen im Parteidienst und hatten Ausdruck des „gesunden Volksempfindens" zu sein. Auf den zahlreichen Großveranstaltungen, insbesondere den Parteitagen, wurden Elemente des kultischen Theaters, der Sprache, Musik, Architektur und Plastik massenwirksam in einer Gesamtinszenierung vereinigt und dienten dem Aufbau und der Stärkung des Führerkultes um Adolf Hitler.

16.4 Wirtschaft in der NS-Zeit

Die NSDAP besaß kein einheitliches *Wirtschaftsprogramm*. Das Partei-programm von 1920 versprach eine Förderung des Mittelstandes und enthielt mit seiner Wendung gegen „Zinsknechtschaft", Trusts, Waren-häuser und Bodenspekulation antikapitalistische Züge. Diese wurden jedoch 1928 von Hitler entschärft, der auch nach dem 30. 1. 1933 das Privateigentum an Produktionsmitteln garantierte. Es bestand kein Gegensatz zwischen Nationalsozialismus und kapitalistischer Wirt-schaft, wenn auch seit 1933 erhebliche Eingriffe in das System der libe-ralen Marktwirtschaft erfolgten, die zunächst verdeckt und später offen der Aufrüstung und der „Eroberung von Lebensraum" dienten.

13. 9. 1933	**Reichsnährstand; Kontrolle der Landwirtschaft**
14. 12. 1933	**Benzinvertrag mit der IG-Farben**
9. 9. 1936	**Zweiter Vierjahresplan**

1. Welche Rolle spielte die Industrie bei der Machtübertragung an die Nationalsozialisten?
2. Nennen Sie Ziele und Grundsätze der NS-Wirtschaftspolitik.
3. Erläutern Sie die Wirtschaftsentwicklung während des Krieges.

1. Vor 1933 hatte die NSDAP nur von einzelnen Unternehmern Spen-den erhalten. Hitlers Berufung zum Reichskanzler war dagegen hauptsächlich durch die ostelbische Agrarlobby um Reichspräsident von Hindenburg unterstützt worden. Nach dem 30. Januar aber kam es schnell zu größeren finanziellen Zuwendungen durch die *Großindu-strie* und zu deren Zusammenarbeit mit der NS-Regierung. So leitete der Benzinvertrag mit der IG-Farben (größter Chemiekonzern) Ende 1933 deren Orientierung an Staatsaufträgen ein. Vor allem die Schwer- und Chemieindustrie befürworteten Hitlers Aufrüstungspläne. Sie nah-men das System der staatlichen Wirtschaftslenkung um so eher in Kauf, als Privateigentum und -gewinn garantiert blieben und ihre Ver-treter an wichtigen Entscheidungen beteiligt waren.

2. Die *NS-Wirtschaftspolitik* stand von Anfang an unter den überge-ordneten Zielen von Aufrüstung und Kriegsvorbereitung. Auch Ar-beitsbeschaffungsmaßnahmen wie im Straßenbau (Autobahn) oder im öffentlichen Bauwesen, mit denen zunächst die Arbeitslosigkeit bekämpft wurde, dienten versteckt diesen Zielen. Als Voraussetzung für eine erfolgreiche Kriegsführung wurde in wichtigen Wirtschaftsbereichen die Unabhängigkeit vom Ausland (Autarkie) angestrebt. Das galt sowohl für die Landwirtschaft (Nahrungsmittel, Textilfasern) als auch für industrielle Rohstoffe (Metalle, Öl, Kautschuk, Salpeter), ohne Rücksicht auf Wirtschaftlichkeit. Daß eine Autarkie nur unvollständig erreicht werden konnte, war Hitler klar. „Die endgültige Lösung liegt in einer Erweiterung des Lebensraumes bez. der Rohstoff- und Ernährungsbasis unseres Volkes" (Denkschrift zum Vierjahresplan 1936). Die staatlichen Rüstungsaufträge wurden nach einem Plan des Wirtschaftsministers und Reichsbankpräsidenten *Hjalmar Schacht* finanziert. Wechsel, die auf eine Scheinfirma (Metallurgische Forschungsanstalt = Mefo) gezogen waren, wurden von der Reichsbank diskontiert und nicht wieder vorgelegt. Schon 1936 war Vollbeschäftigung erreicht, teilweise fehlte es bereits an qualifizierten Arbeitskräften. Obwohl der Staat bemüht war, die Löhne auf dem Niveau von 1932 einzufrieren, stiegen die Nettolöhne durch außertarifliche Zulagen besonders in der Großindustrie und im Baugewerbe, um die benötigten Fachkräfte anzulocken. Allerdings stand der wachsenden Kaufkraft kein entsprechendes Angebot an Konsumwaren gegenüber. Die versprochene Mittelstandsförderung fiel der eindeutigen Bevorzugung der Großindustrie zum Opfer.

3. Die direkte *Kriegsproduktion* wurde 1936 mit dem zweiten Vierjahresplan anvisiert. Generalbevollmächtigte waren *Hermann Göring* und der IG-Farben-Manager *Karl Krauch.* So war die 1939 einsetzende Kriegswirtschaft durch staatliche Lenkung und Planung bereits umfassend vorbereitet. Die rücksichtslose Ausbeutung eroberter Territorien gewährleistete für längere Zeit die Versorgung der deutschen Bevölkerung und die Rohstoffbasis für die Rüstungsindustrie. Zu einem Hauptproblem wurde nach dem Scheitern der Blitzkriegstrategie der Mangel an Arbeitskräften. Daher wurden Millionen von Männern und Frauen aus den besetzten Gebieten zur Zwangsarbeit ins Reich deportiert und in Rüstungsindustrie, Landwirtschaft und Bauwesen eingesetzt.
Zur Intensivierung der Kriegs- und Rüstungsproduktion wurde 1940 ein Ministerium für Bewaffnung und Munition unter *Fritz Todt* eingerichtet. Todt und ab 1942 sein Nachfolger *Albert Speer* bezogen in großem Umfang Manager der Schwer- und Chemieindustrie in die Wirtschaftsplanung ein. Trotz der zunehmenden Bombenangriffe der Alliierten erreichte die deutsche Rüstungsproduktion 1944 ihren Höhepunkt.

16.5 Der Zweite Weltkrieg

Der Zweite Weltkrieg war ein technisierter Massenkrieg. Millionenheere bekämpften sich zu Lande, zu Wasser und in der Luft mit neuartigen technischen Waffen, produziert von einer gigantischen Rüstungsindustrie. Er wurde zum totalen Krieg, indem er alle Bereiche der Gesellschaft erfaßte und die Zivilbevölkerung weitgehend in das Kriegsgeschehen hineinzog.

1. 9. 1939	**Überfall Deutschlands auf Polen**
22. 6. 1941	**Deutscher Überfall auf die Sowjetunion**
7. 12. 1941	**Japanischer Luftangriff auf Pearl Harbor**
Januar 1943	**Kapitulation der 6. Armee in Stalingrad**
6. 6. 1944	**Landung der Alliierten in der Normandie**

1. Nennen Sie die Kriegsziele der Großmächte.
2. Beschreiben Sie die Phase der Blitzkriege.
3. Charakterisieren Sie die deutsche Besatzungspolitik.
4. Kennzeichnen Sie Wendepunkte und den weiteren Verlauf des Krieges in Afrika und Europa.

1. Ziele der nationalsozialistischen Kriegsführung waren: Revision des Versailler Vertrages, die Vorherrschaft in Europa, Expansion nach Osten. Auch Deutschlands Verbündete hatten expansionistische Ziele: Italien im Mittelmeerraum; Japan im Pazifik, wo es mit den Interessen der USA zusammenstieß. Die westlichen Alliierten wollten in Europa zunächst nur den Status quo wiederherstellen, vertraten seit 1943 aber die Forderung nach bedingungsloser Kapitulation der Achsenmächte. Die Sowjetunion annektierte bald nach Abschluß des Hitler-Stalin-Paktes die baltischen Staaten und die östliche Hälfte Polens.

2. Nach dem deutschen Überfall auf Polen lösten England und Frankreich zwar ihre Garantieerklärung ein, eröffneten aber keine zweite Front. Polen wurde innerhalb von vier Wochen besiegt und von deutschen und sowjetischen Truppen besetzt. Im Frühjahr 1940 besetzte die deutsche Armee Dänemark und Norwegen und zwang Frankreich in einem zweiten Blitzkrieg zur Kapitulation (22. 6. 1940). Die geplante Invasion Englands kam jedoch nicht zustande, da es nicht gelang, die

Luftherrschaft zu erringen. Die Atlantikschlacht brachte zwar große Erfolge der deutschen U-Boote, sicherte aber nicht die Seeherrschaft. Hitler mußte daher den Krieg auf dem Festland fortführen. Griechenland und Jugoslawien wurden besetzt, am 21. 6. 1941 überfiel die deutsche Wehrmacht die Sowjetunion. Innerhalb weniger Monate wurden riesige Gebiete erobert und ca. 3,8 Mio. Gefangene gemacht. Aber im Dezember kam die deutsche Offensive zum Stehen. Die *Blitzkriegsstrategie* scheiterte an der Weite des Raumes und am russischen Winter. Weitere Kriegsschauplätze entstanden in Afrika und im Pazifik. Italien (Kriegseintritt am 10. 6. 1940) griff die Engländer in Ägypten an, mußte aber deutsche Hilfe anfordern. Das Afrikakorps unter Erwin Rommel stieß 1941/42 bis El Alamein vor. Im Pazifik überfiel Japan im Dezember 1941 die US-Flotte in Pearl Harbor und zog so die USA in den Krieg gegen die Achsenmächte.

3. Die eroberten Gebiete Mittel- und Nordeuropas wurden auf verschiedene Weise der deutschen Kriegswirtschaft nutzbar gemacht. Obwohl die deutsche Herrschaft auch hier durchweg hart war, bestand ein qualitativer Unterschied zur Besatzungspolitik in Osteuropa, besonders in Polen und der Sowjetunion. Diese Territorien, als zukünftiger deutscher „Lebensraum" vorgesehen, wurden schrankenlos ausgebeutet, die Menschen als Arbeitssklaven gedemütigt, teilweise dem Verhungern preisgegeben, deportiert und in großer Zahl ermordet.

4. Offensiven der Alliierten in Ägypten und ihre Invasion in Nordafrika zwangen das Afrikakorps am 13. 5. 1943 zur Kapitulation. An der Ostfront waren die deutschen Armeen 1942 zunächst noch erfolgreich und erreichten die Krim und den Kaukasus. Nach der Katastrophe von *Stalingrad* (Dez. 1942 – Jan. 1943) und der Panzerschlacht im Kurskbogen (Juli 1943) setzte jedoch an allen Fronten der deutsche Rückzug ein. Am 6. 6. 1944 eröffneten die Westmächte mit ihrer *Invasion in der Normandie (Overlord)* die schon seit 1943 versprochene zweite Front. Im Februar 1945 standen die Alliierten überall an den Reichsgrenzen von 1939. Seit Kriegseintritt der USA war die Luftüberlegenheit der Alliierten ständig gewachsen. Ihre strategischen Bombardierungen zerstörten kriegswichtige Ziele; Terrorangriffe auf Wohngebiete sollten die Zivilbevölkerung kriegsmüde machen. Dieses Ziel wurde aufgrund der nationalsozialistischen Endsiegpropaganda und der drohenden Todesstrafe für öffentliche Zweifelsäußerungen kaum erreicht, obwohl über eine Million Zivilisten den Tod fanden und die deutschen Großstädte zerstört wurden.

16.6 Verfolgung und Ermordung der Juden

Rassismus und Antisemitismus waren der Kern der nationalsozialistischen Ideologie. Schon das Parteiprogramm von 1920 forderte klar die Ausgrenzung der Juden. Die NS-Politik gegenüber den Juden seit 1933 stellte eine lückenlose Kette der Demütigung, Ausgrenzung, Verfolgung und Vernichtung dar.

1. 4. 1933	**Boykott jüdischer Geschäfte**
15. 9. 1935	**Nürnberger Gesetze**
9. 11. 1938	**Reichsweites Pogrom gegen Juden**
20. 1. 1942	**Wannsee-Konferenz: Deportation und Vernichtung der Juden**

1. Charakterisieren Sie das Vorgehen gegen die deutschen Juden zwischen 1933 und 1939.
2. Beschreiben Sie die Vernichtung der europäischen Juden.
3. Wie reagierte die nichtjüdische Bevölkerung?

1. Der NS-Staat ging gegen die jüdische Bevölkerung wie gegen die politischen Gegner mit Terror und Willkürgesetzen vor. Mit beiden Mitteln wurde zunächst die wirtschaftliche und psychische, aber auch schon die physische Vernichtung angestrebt. Während der Terroraktionen gegen politische Gegner wurden jüdische Mitglieder der Arbeiterbewegung besonders verfolgt. Am 1. 4. 1933 inszenierte die SA einen Boykott jüdischer Geschäfte und setzte ihn mit Gewalt durch. Der ökonomische Druck wurde auf alle Gruppen der jüdischen Bevölkerung ausgedehnt: Entfernung aus dem öffentlichen Dienst (*Gesetz zur Wiederherstellung des Berufsbeamtentums*, 7. 4. 1933); Verdrängung aus Führungspositionen der Wirtschaft; Verbote für jüdische Freiberufler (Ärzte, Juristen usw.), für Nichtjuden tätig zu sein; „Arisierung" jüdischer Firmen durch Strafmaßnahmen oder Zwang zum Notverkauf; Enteignungen. Höhepunkt des Terrors war die *Pogromnacht* vom 9. 11. 1938 (im NS-Jargon „*Reichskristallnacht*"). Überall in Deutschland brannten Synagogen, wurden Tausende jüdischer Männer verhaftet, jüdische Friedhöfe geschändet und jüdische Geschäfte demoliert, geplündert, anschließend „arisiert", d. h. in nichtjüdischen Besitz überführt. Psychischer Druck, Gesetze und Verordnungen sorgten für eine zunehmende Ausgrenzung der Juden bis hin zum völligen Ausschluß aus dem bürgerlichen Leben. Dazu gehörten Maßnahmen wie Verbot des Besuchs öffentlicher Einrichtungen (1937), Einführung eines Judenausweises (1938), Ausschluß jüdischer Kinder aus deutschen Schulen (1938), Zwang zum Tragen eines „Judensterns" (1941). Zentrale Bedeutung hatten zwei Gesetze von 1935 *(Nürnberger Rassegesetze),* die Juden zu Staatsbürgern mit eingeschränkten Rechten herabstuften und die Eheschließung zwischen Juden und Nichtjuden unter Strafe stellten.

2. In einer Reichstagsrede vom 30. 1. 1939 prophezeite Hitler die „Vernichtung der jüdischen Rasse in Europa" für den Fall eines Krieges. Spätestens seit dem Überfall auf die Sowjetunion (22. 6. 1941) wurde die physische Vernichtung der europäischen Juden in die Tat umgesetzt. „Einsatzgruppen" von SS und Polizei führten zunächst Massenhinrichtungen in den eroberten Gebieten durch. Gleichzeitig erfolgten die ersten Vergasungsversuche im KZ *Auschwitz.* Am 20. 1. 1942 wurden auf einer *Konferenz am Berliner Wannsee* Maßnahmen und Richtlinien zur „Endlösung der europäischen Judenfrage" beschlossen. In allen von Deutschland besetzten Gebieten wurden die Juden zunächst in Durchgangslager gebracht und dann in spezielle Vernichtungslager im Osten transportiert (Auschwitz, Chelmno, Belzec, Sobibor, Treblinka, Maidanek). Dort wurden bis Anfang 1945 ca. 3 Mio. Menschen entweder direkt durch Gas umgebracht, „durch Arbeit vernichtet" oder für medizinische Zwecke mißbraucht. Insgesamt verloren 5–6 Mio. europäische Juden ihr Leben.

3. Der verbreitete *Antisemitismus* in Deutschland erleichterte den Nationalsozialisten das Vorgehen; es gab keine wesentliche Opposition. Der Boykott jüdischer Geschäfte wurde besonders im Mittelstand begrüßt als Ausschaltung lästiger Konkurrenz. Die christlichen Kirchen erhoben keinen Einspruch. Viele Deutsche mieden ihre jüdischen Bekannten schon vor den gesetzlichen Kontaktverboten. Solidarität und Hilfe gab es nur in Einzelfällen. Auch in den besetzten oder verbündeten Staaten erleichterte Antisemitismus teilweise das deutsche Vorgehen. In West- und Nordeuropa erhielten die Juden stärkere Unterstützung durch die Zivilbevölkerung. Dänemark ging offiziell gegen die deutschen Maßnahmen vor. Von Deutschlands Verbündeten widersetzte sich besonders Bulgarien den Vernichtungsplänen. Dort gelang es, die Deportation von ca. 400 000 Juden zu verhindern.

16.7 Kriegsende und Kriegsfolgen

Auf der *Konferenz von Teheran (28.11.–1.12.1943)* wurden wichtige Vorentscheidungen für eine Nachkriegsordnung getroffen. Entgegen Churchills Vorschlag, eine zweite Front auf dem Balkan zu schaffen, wurde auf Stalins Drängen hin die Invasion in der Normandie beschlossen. Stalins Beanspruchung der polnischen Gebiete östlich der Curzon-Linie wurde von Roosevelt und Churchill grundsätzlich akzeptiert. Polen sollte auf Kosten Deutschlands entschädigt werden. Einzelheiten blieben offen, die Vorstellungen über die Behandlung Deutschlands nach der Kapitulation waren noch unbestimmt und über das Kriegsende hinaus umstritten.

7./8. 5. 1945	**Kapitulation Deutschlands**
26. 6. 1945	**Unterzeichnung der UN-Charta**
17. 7.–2. 8. 1945	**Konferenz von Potsdam**
6. 8. 1945	**Atombombe auf Hiroshima**
2. 9. 1945	**Kapitulation Japans**

1. Welche Veränderungen bewirkte der deutsche Zusammenbruch in Europa?
2. Nennen Sie einige Konsequenzen der japanischen Niederlage.
3. Stellen Sie Daten zu Kriegsverlusten und -schäden zusammen.
4. Welche weltpolitischen Perspektiven zeichneten sich 1945 ab?

1. Die Entscheidung der Alliierten für die zweite Front in Frankreich hatte zur Folge, daß Ost- und Südosteuropa von der Roten Armee befreit bzw. erobert wurden. Unter ihrem Schutz wurden mit Ausnahme Griechenlands überall kommunistische Regierungen installiert oder schrittweise durchgesetzt (Polen, Tschechoslowakei), die ihre Staaten der sowjetischen Herrschaft unterordneten. Als die deutsche Wehrmacht am 7. und 8. Mai 1945 kapitulierte, stand die Rote Armee an der Elbe. Sie schuf in Polen und Ostdeutschland vollendete Tatsachen, die von den westlichen Alliierten auf der *Konferenz von Potsdam* vorläufig bestätigt wurden. Die endgültigen Regelungen sollten durch einen Friedensvertrag erfolgen. Polen erhielt als Kompensation für seine verlorenen Ostgebiete die deutschen Gebiete östliche der Oder und Neiße. Bereits erfolgte Vertreibungen und die weitere Zwangsaussiedlung der deutschen Bevölkerung aus diesem Territorium und dem Sudetenland wurden gebilligt. Deutschland wurde in vier *Besatzungszonen* aufgeteilt, die nach gemeinsamen Prinzipien verwaltet werden sollten. Von den deutschen Reparationen wurde der Sowjetunion der größte Teil zugesprochen, da sie am stärksten unter dem Krieg gelitten hatte.

2. Mit der Kapitulation Japans am 2. 9. 1945 brach dessen Kolonialreich, das es seit 1895 (Okkupation Formosas) aufgebaut hatte, zusammen. Auf dem Festland stieg China zur neuen Großmacht unter kommunistischer Führung auf. In anderen Ländern erstarkten die Freiheitsbewegungen. Indien, Indochina, Indonesien und die Philippinen begannen, sich von der europäischen bzw. amerikanischen Kolonialherrschaft zu lösen und erkämpften in den nächsten Jahren ihre Unabhängigkeit.

3. Die Verluste und Schäden des Zweiten Weltkrieges gingen ins Unermeßliche. Die Zahl der Toten wird auf ca. 55 Mio. geschätzt. Am stärksten betroffen waren die Sowjetunion (20. Mio), China (12 Mio.), Deutschland (8 Mio.), Polen (5 Mio.). Über 20 Mio. Tote davon waren Zivilisten. In den deutschen Vernichtungslagern wurden 5–6 Mio. Juden umgebracht. Schon während des Krieges fanden riesige Bevölkerungsbewegungen aufgrund von Deportationen, Umsiedlungen, Flucht und Vertreibungen statt: besonders in Polen und der Sowjetunion durch den Hitler-Stalin-Pakt und die deutsche Okkupation. Bei Kriegsende verloren ca. 12 Mio. Deutsche ihre Heimat durch Flucht vor der Roten Armee und Vertreibung; über 2,5 Mio. kamen auf der Flucht um. Schwer waren auch die materiellen Verluste durch den Boden- und Luftkrieg: Zerstörung von Wohngebieten, Produktionsanlagen, Verkehrswegen und Kulturgütern.

4. Schon 1941 hatten *F. D. Roosevelt* und *W. Churchill* mit der *Atlantic-Charta* eine zukünftige Weltfriedensordnung umrissen. Mit der Gründung der *Vereinten Nationen (UNO)* 1945 wurde dafür die entsprechende Organisation geschaffen. Gleichzeitig zeichnete sich als neuer Konflikt der *Kalte Krieg* ab. Die Ausdehnung des sowjetischen Machtbereichs brachte die Teilung Deutschlands und Europas, so daß Churchill bereits 1946 das Bild vom „*Eisernen Vorhang*" prägte, der quer durch Europa gehe. Aus dem Krieg gingen zwei neue Supermächte hervor. Die USA besaßen für kurze Zeit das Atomwaffenmonopol. Als die Sowjetunion nachzog, setzte ein neues Wettrüsten ein.

Von der Konfrontation zur Zusammenarbeit

Bereits kurz nach dem Ende des Zweiten Weltkriegs brachen neue Konflikte zwischen der Sowjetunion und den drei westlichen Alliierten aus. Die USA als Vorkämpfer für liberale Demokratie und Marktwirtschaft traten dem Machtanspruch der kommunistischen Sowjetunion entgegen. Dieser Ost-West-Gegensatz bestimmte bis zum Zusammenbruch der Sowjetunion (1990) und Osteuropas die Nachkriegspolitik. Nach einer Phase, in der man auf Sicherheit durch Abschreckung vertraut hatte, setzte sich seit den sechziger Jahren allmählich auf beiden Seiten der Wille zur Entspannung und Abrüstung durch. Die atomare Bewaffnung führte dazu, daß keine Seite mehr einen Krieg gewinnen konnte, worin einige einen wichtigen Faktor der Friedenssicherung sahen. Es wurde aber immer schwieriger, die komplizierten Waffensysteme technisch zu beherrschen und die rapide wachsenden Kosten zu finanzieren. Vielmehr setzte sich die Erkenntnis durch, daß nur mit gemeinsamen Anstrengungen eigene Interessen durchzusetzen und die weltumspannenden Probleme zu bewältigen seien. Dazu gehören die Bevölkerungsexplosion und die damit verbundene Sicherung der Ernährungsgrundlagen, die Durchsetzung der Menschenrechte, die zunehmende Kluft zwischen armen und reichen Ländern, der ständig wachsende Energiebedarf bei gleichzeitigem Rückgang der Rohstoffreserven sowie die globale Umweltproblematik, insbesondere die drohende Klimakatastrophe.

Krisenherde

In Afrika und Asien drängten die Kolonien nach Selbständigkeit, teilweise auch gewaltsam. Zwischen den jungen unabhängigen Staaten brachen bald Gegensätze auf, innere Machtkämpfe steigerten sich zu Bürgerkriegen. Ost und West unterstützten diese Länder mit Waffen und militärischen Beratern. In die Konflikte in Korea und Vietnam griffen die USA mit Truppen direkt ein. Hunger und Unterentwicklung erwiesen sich immer deutlicher als tiefere Ursache der instabilen Verhältnisse in Asien, Afrika und Lateinamerika. Die kommunistischen Staaten förderten hier linksgerichtete Befreiungsbewegungen, während die USA antikommunistische Regime unterstützten. Die im Nahen Osten lagernden Erdölreserven machten diese Region wiederholt zum Brennpunkt internationaler Krisen. Durch die Islamische Revolution und den Sturz des prowestlichen Schahregimes im Iran (1979) wurde das Gleichgewicht im gesamten arabischen Raum schwer erschüttert. Von Teheran unterstützte, militante Moslems wandten sich gegen moderne westliche Einflüsse und forderten für alle islamischen Länder die Rückkehr zur schiitisch-islamischen Lehre. Auch in einigen Staaten, die nach 1990 aus der ehemaligen UdSSR hervorgegangen sind, gewann der islamische Fundamentalismus starken Zulauf und ist zu einer politischen Kraft geworden.

Die Vereinten Nationen

Die Vorstellung von einer Welt, in der alle Staaten gemeinsam ihre Probleme lösen würden, stand 1945 hinter der Gründung der Vereinten Nationen (UNO). Frieden, Freiheit und Gleichberechtigung sollte diese Weltorganisation den Völkern bringen. Die Welt war jedoch lange Zeit in verschiedene unversöhnliche Lager gespalten, wodurch die Arbeit der UNO immer wieder blockiert wurde. Dies galt vor allem im Sicherheitsrat, der bis heute von den Großmächten beherrscht wird. Da immer mehr Staaten unabhängig wurden, wuchs ihre Zahl und damit auch ihre Bedeutung in der Vollversammlung der UNO. In gleichem Maße trat neben die Bemühungen um Frieden die Aufgabe, eine gerechtere Weltordnung anzustreben, in der alle Staaten ohne Not existieren können. Große Beachtung fanden die Einsätze von UNO-Soldaten, um Kriege und Bürgerkriege zu beenden. Der langjährige Einsatz im ehemaligen Jugoslawien sicherte das Überleben zahlreicher Menschen , doch die Bemühungen der UNO und der EG um eine politische Lösung des Konfliktes in Bosnien-Herzegowina blieben bis heute erfolglos. Wertvolle, wenn auch weniger beachtete Hilfe leisten die sozialen, kulturellen, wissenschaftlichen und wirtschaftlichen Sonderorganisationen der UNO, z. B. für die Millionen von Flüchtlingen in aller Welt oder für die Ausbildung, Ernährung und Gesundheitsfürsorge von Kindern in Entwicklungsländern.

Wandel der internationalen Beziehungen

Weltumspannende Kommunikationssysteme, die rasche Entwicklung der Verkehrstechnik, der wissenschaftliche und kulturelle Austausch, vor allem aber die Verflechtung des Welthandels haben dazu geführt, daß viele Staaten immer näher zusammenrücken. Die gegenseitige Abhängigkeit wächst, regionale Interessenkonflikte lassen sich kaum noch begrenzen und nehmen Einfluß auf die Weltpolitik. Fast alle Staaten sind daher an stabilen internationalen Verhältnissen interessiert. Eine Folge davon ist, daß die Konferenz- und Gipfeldiplomatie an Bedeutung gewonnen hat. Im Rahmen der UNO oder bei Abrüstungskonferenzen hat sie inzwischen zu weitreichenden Vereinbarungen geführt.

Die USA hatten durch ihr wirtschaftliches und militärisches Potential den Zweiten Weltkrieg wesentlich mitentschieden und waren 1945 die einzige Atommacht. Über den weltpolitischen Verstrickungen als westliche Führungsmacht wurden die inneren Probleme lange vernachlässigt, so daß es zu Bürgerrechtsbewegungen und Rassenunruhen kam.

1961–1973	**Amerikanische Phase des Vietnamkriegs**
1962	**Kubakrise**
1964	**Gesetzliche Aufhebung der Rassentrennung**
21. 7. 1969	**Neil Armstrong erster Mensch auf dem Mond**
1973	**Abzug amerikanischer Truppen aus Vietnam**
1974	**Watergate-Skandal, Rücktritt Präsident Nixons**
1993	**Bill Clinton (Demokrat) 42. Präsident der USA**

1. Skizzieren Sie die Politik der USA nach 1945.
2. Beschreiben Sie die innere Entwicklung des Landes.
3. Welche Merkmale kennzeichnen die Situation der 90er Jahre?

1. Die USA vertraten den Anspruch, weltweit Frieden, Freiheit und Demokratie zu verteidigen. Als stärkste Wirtschafts- und Militärmacht genoß das Land nach 1945 großes Ansehen und verkörperte für viele Menschen das Ideal eines modernen, konsumorientierten und demokratischen Staates. Seit Ausbruch des „Kalten Krieges" führte der Ost-West-Gegensatz zum Wettrüsten mit der UdSSR. Um den Kommunismus zurückzudrängen, verfolgten die USA eine Politik militärischer Abschreckung, schlossen verschiedene Bündnisse (NATO, SEATO) und sicherten sich strategisch wichtige Stützpunkte. Im *Koreakrieg* (1950–53) traten sie mit anderen UNO-Staaten einer kommunistischen Expansion in Süd-Korea mit Waffengewalt entgegen. Die *Kubakrise* (1962), ausgelöst durch die versuchte Stationierung sowjetischer Raketen auf Kuba, führte die Welt an den Rand eines Atomkriegs. Sie endete mit einem diplomatischen Erfolg *Präsident Kennedys*, der sich seitdem um Entspannungspolitik bemühte. Die Verwicklung in den *Vietnamkrieg* schadete dem internationalen Ansehen der USA. Ihr moralischer Anspruch als westliche Führungsmacht wurde in Frage gestellt, während die machtpolitische Überlegenheit unangefochten blieb. Auch in den USA selbst wurde die Art der Kriegführung zunehmend kritisiert und führte zu zahlreichen Protestaktionen.

2. Vom Wirtschaftsaufschwung in den USA nach dem Krieg profitierte besonders die Mittelschicht. Mit Stolz feierte sie die Erfolge der Weltraumfahrt und die erste Mondlandung. Die farbige Bevölkerung lebte vielfach weiterhin nahe am Existenzminimum und darunter. Zu der sozialen Benachteiligung kam die Rassendiskriminierung, denn die in der Verfassung garantierten Grundrechte wurden den Farbigen in der Realität oft vorenthalten, so daß es zu blutigen Rassenunruhen kam. Aber es formierte sich auch eine gewaltlose *Bürgerrechtsbewegung* unter der Führung von *Martin Luther King*. In den sechziger Jahren wurde die Rassentrennung im öffentlichen Leben aufgehoben. Die tatsächliche Gleichstellung kam jedoch nur langsam voran, so daß militante Gruppen (Black Power) zu gewalttätigen Aktionen aufriefen. In den Slums herrschte hohe Arbeitslosigkeit; Drogenmißbrauch und steigende Kriminalität verschärften soziale Spannungen und Rassenkonflikte. Ehrgeizige Rüstungs- und Raumfahrtprogramme benötigten große Summen, während die sozialen Probleme ungelöst blieben. Auch das Ende des heftig umstrittenen, kostspieligen Vietnamkrieges 1973 brachte keine innenpolitische Wende. 1974 mußte *Präsident Nixon* zurücktreten, weil er in Wahlkampfmanipulationen verstrickt war *(Watergate-Skandal)*. Der republikanische *Präsident Reagan* (1981–88) setzte auf einen Wirtschaftsaufschwung durch Steuersenkung und Rüstungsausgaben. Die Sozialausgaben wurden gekürzt, wodurch sich die Situation der Armen noch mehr verschlechterte und der Verfall ganzer Stadtteile voranschritt. Dennoch genoß Reagan großes Ansehen und wurde ein zweites Mal zum Präsidenten gewählt.

3. Nach der Auflösung der UdSSR wuchs die Bedeutung der USA als größte Weltmacht. 1990 hatte *Präsident Bush* im Auftrag der UNO mit einem Militäreinsatz gegen den Irak deutlich gemacht, daß die USA für ihre wirtschaftlichen Interessen in der Golfregion einzutreten bereit war. 1993 folgte ein UNO-Engagement zur Befriedung in Somalia. Die Wirtschaftsprobleme der USA und die steigende Staatsverschuldung stellten das Land jedoch vor große Probleme. Es fehlte an Mitteln für notwendige Investitionen, etwa im Bildungsbereich oder für die Sanierung der Großstädte. Der demokratische *Präsident Clinton* versprach 1993 mehr soziale Gerechtigkeit, Abbau der Schulden und eine wirtschaftliche Erholung der USA, um ihre Position als eine der führenden Industrienationen gegenüber Japan und Europa zu behaupten.

17.2 Der Ost-West-Konflikt

Unmittelbar nach Kriegsende zerbrach das Bündnis zwischen der UdSSR und den USA. Beide Staaten vertraten unterschiedliche Weltanschauungen und strebten nach einer Führungsrolle in der Weltpolitik. Die Konfrontation war verbunden mit Wettrüsten und ständiger Kriegsdrohung. Erst in den sechziger Jahren wurde dieser „Kalte Krieg" schrittweise von Entspannungspolitik abgelöst.

April 1949	**Gründung der NATO**
August 1949	**Erster Atomtest der UdSSR**
1955	**Gründung des Warschauer Paktes**
1972	**SALT-I-Abkommen**
1979	**SALT-II-Abkommen; NATO-Doppelbeschluß**
1991	**Ende des Ost-West-Konflikt**

1. Stellen Sie die Entwicklung des Ost-West-Konflikts dar.
2. Beschreiben Sie den Übergang zur Entspannungspolitik.
3. Welche Erfolge erzielten die Abrüstungsverhandlungen?
4. Wie wirkte sich der Zerfall des Ostblocks aus?

1. Zwischen 1944 und 1948 dehnte die UdSSR ihren Machtbereich auf Ost- und Südosteuropa aus. Mit der *Truman-Doktrin* (1947) versuchten die USA, ein weiteres Vordringen des sowjetischen Einflusses (z. B. in Griechenland) zu verhindern, indem sie diejenigen Staaten, die sich zur westlichen Gesellschafts- und Wirtschaftsordnung bekannten, wirtschaftlich *(Marshall-Plan)* und militärisch unterstützten. Hierfür wurden mit dem *Nordatlantikpakt (NATO)* und dem Südostasienpakt (SEATO) weitreichende Bündnissysteme geschaffen. Als Antwort darauf entstand mit dem *Warschauer Pakt* (1955) ein Bündnissystem des Ostblocks. Durch zweiseitige Verträge waren diese Staaten bereits seit Kriegsende mit der UdSSR verbunden. Während es in Europa beim Kalten Krieg blieb, kam es in *Korea* (1950–53) zu direkter militärischer Konfrontation zwischen den unterschiedlichen Systemen, die mit der Teilung des Landes endete. Noch stärker als bisher wurde nun aufgerüstet. Seit 1949 besaß auch die UdSSR atomare Waffen, die jeden Krieg zu einem unkalkulierbaren Risiko werden ließen. Man fand sich daher mit dem momentanen Zustand in Europa ab (Status-quo-Politik), denn sowohl die UdSSR als auch die USA wollten sich nicht in den Machtbereich des Gegners einmischen. Die Konfrontation verlagerte sich auf wirtschaftliche und technische Konkurrenz, insbesondere in der Weltraum- und Raketentechnik. Die Rüstungsspirale drohte außer Kontrolle zu geraten.

2. Nach der *Kubakrise* (1962), die die Gefahr eines Nuklearkriegs heraufbeschworen hatte, näherten sich die Supermächte einander an. Sie strebten nach einer begrenzten Zusammenarbeit, um weltweit den Frieden zu sichern und vereinbarten 1963 den *„Heißen Draht"* zwischen Washington und Moskau, über den sie sich in Krisensituationen rascher verständigen konnten. Ein weiterer Schritt war der Atom-Teststop-Vertrag im gleichen Jahr. Die weltanschauliche Konfrontation war damit jedoch nicht überwunden. Mißtrauen und Konflikte in Drittländern (Vietnam, Naher Osten) verhinderten bis Anfang der siebziger Jahre Erfolge bei Verhandlungen über Rüstungsbegrenzungen.

3. Mit dem *SALT-I-Vertrag* (1972) vereinbarten die Supermächte ein atomares Gleichgewicht. *SALT II* wurde 1979 von den USA wegen der Besetzung Afghanistans durch die UdSSR zwar nicht ratifiziert, dennoch hielten sich beide Parteien an die Rüstungsbegrenzungen. Trotz ihres atomaren Übergewichts in Europa stationierte die UdSSR in den siebziger Jahren weitere Raketen. Die NATO antwortete mit „Nachrüstung" und bot gleichzeitig Gespräche über Abrüstung an *(NATO-Doppelbeschluß)*. Seit 1987 begann durch die Reformpolitik *Michail Gorbatschows* der Abbau der Mittelstreckenraketen. 1991 wurde mit dem *START-I-Vertrag* und 1993 mit dem START-II-Vertrag eine deutliche Verringerung der strategischen Atomwaffen angestrebt (um 66% bis zum Jahr 2003). Durch gegenseitige Kontrollen sollen die Vereinbarungen überprüft werden.

4. 1990 wurde der Warschauer Pakt als Folge der demokratischen Veränderungen in Osteuropa aufgelöst. Auch die Sowjetunion zerfiel in Teilrepubliken. Dies bedeutete das Ende des Ost-West-Konflikts und eine Verschiebung des weltpolitischen Kräfteverhältnisses. Die osteuropäischen Staaten bemühen sich darum, in die NATO aufgenommen zu werden, und international stehen sich nicht mehr zwei Supermächte gegenüber. Diese Entwicklung wirkte der atomaren Hochrüstung entgegen, gleichzeitig stärkte sie die politische Bedeutung des zusammenwachsenden Europas.

17.3 Krisenherde im Nahen und Mittleren Osten

Seit dem Zusammenbruch des Osmanischen Reiches standen die arabischen Länder unter französischer und britischer Kolonialherrschaft. In kaum einer Region der Welt schienen nach dem Abzug der Kolonialmächte die politischen und religiösen Konflikte so unlösbar zu sein wie im Nahen und Mittleren Osten. Außerdem entstand durch den Ölreichtum in diesem Gebiet ein internationales Krisenzentrum.

14. 5. 1948	**Gründung des Staates Israel**
Okt./Nov. 1956	**Sueskrise**
1967/1973	**Kriege zwischen Israel und den arabischen Nachbarn**
26. 3. 1979	**Friedensvertrag zwischen Israel und Ägypten**
1981-1988	**Erster Golfkrieg (Irak – Iran)**
1991	**Zweiter Golfkrieg (Irak – Kuwait/UNO)**

1. Beschreiben Sie die Staatsgründung Israels und ihre Folgen.
2. Was versteht man unter dem Palästinenser-Problem?
3. Nennen Sie wesentliche Konflikte im Nahen Osten.

1. Während des Zweiten Weltkriegs hatten Tausende von Juden im britischen Mandatsgebiet *Palästina* Zuflucht gesucht und sich dort angesiedelt. Eine von der UNO 1947 beschlossene Teilung des Landes zwischen Juden und Arabern wurde nur von der jüdischen Seite akzeptiert. Eigenmächtig gründeten die Juden 1948 den in kurzer Zeit wirtschaftlich blühenden Staat Israel, den sie erfolgreich gegen arabische Angriffe verteidigen konnten. Bis 1949 hatten die Israelis 800 000 Palästinenser vertrieben. Deren Zahl stieg bis 1973 auf 1,3 Mio. Menschen, die seither in Flüchtlingslagern lebten. Gestützt von den USA behauptete sich Israel seit seiner Gründung in einer Art Belagerungszustand gegen arabische Angriffe (1956, 1967). Es besetzte Ostjerusalem mit seinen heiligen Stätten und weitere arabische Gebiete, die systematisch besiedelt wurden. Eine Niederlage gegen Ägypten (1973) führte zur Rückgabe der Sinaihalbinsel. Durch Vermittlung der USA kam es 1979 zu einem Friedensvertrag mit Ägypten. Das Verhältnis zu den übrigen Nachbarn blieb trotz ständiger Friedensbemühungen weiterhin gespannt. Die selbst in Israel umstrittene Siedlungspolitik, die Forderung nach einem Palästinenserstaat und der Terror radikaler Gruppen verhinderten eine Verständigung.

2. Die aus Israel, der besetzten Westbank und dem Gazastreifen vertriebenen Palästinenser verloren nach Jahrzehnten die Hoffnung auf Rückkehr in ihre Heimat. Sie versuchten daher mit Untergrundaktionen auf ihr Anliegen aufmerksam zu machen. In der *Palästinensischen Befreiungsorganisation (PLO)* organisierten sich die wichtigsten Gruppen, die neuerdings um Verhandlungslösungen mit Israel und den Nachbarn bemüht sind. Proiranische Fundamentalisten versuchen dagegen weiterhin, den Friedensprozeß durch Terrorüberfälle vor allem aus dem Libanon zu stören. Israel hatte jahrelang den Kontakt mit der PLO und ihrem Führer *Yassir Arafat* verboten. Es setzte sich jedoch die Überzeugung durch, daß ein Friede für den Nahen Osten ohne Lösung der Palästinenserfrage nicht möglich sei. Schließlich kam es 1993 zur gegenseitigen Anerkennung Israels und der PLO; die Palästinenser erhielten eine Teilautonomie im Gazastreifen und in Jericho.

3. Seit sich England als Kolonialmacht aus dem Nahen Osten zurückgezogen hatte, lenkten die Supermächte USA und UdSSR ihr Interesse auf dieses Gebiet. Amerikanische Juden forderten die Unterstützung Israels, und die US-Wirtschaft verlangte eine Sicherung der Ölquellen am Golf. Die USA unterstützen deshalb die konservativen Regierungen der arabischen Halbinsel. Auch die UdSSR versuchte, durch Waffenlieferungen und Wirtschaftshilfe Einfluß zu nehmen. Mit Geschick nahm Ägypten wiederholt eine Vermittlerposition ein und profitierte vom Osten wie vom Westen. Der von Christen und Muslimen bewohnte *Libanon* wurde durch jahrelangen Bürgerkrieg ruiniert und in syrische, proiranisch-palästinensische und israelische Interessengebiete aufgespalten. 1981 eröffnete der Irak den *Ersten Golfkrieg* gegen den von fundamentalistischen Schiiten geführten Iran. Dabei unterstützten West und Ost die Iraker, um das Machtgleichgewicht zu wahren und den islamischen Fundamentalismus zu schwächen. Im *Zweiten Golfkrieg* (1991) drängten UNO-Truppen unter der Führung der USA die Iraker aus Kuwait zurück, das diese annektiert hatten. Die Verhältnisse im Nahen und Mittleren Osten sind weiterhin instabil. Flüchtlingswellen von Kurden, Schiiten und Palästinensern verschärfen ebenso die Lage wie die Unterdrückung religiöser und politischer Minderheiten in fast allen Staaten. Radikale moslemische Strömungen gewinnen unter der verarmten Bevölkerung immer mehr Anhänger.

17.4 Ostasien – China und Japan

Das kaiserliche Japan war mit Hilfe des Militärs seit Mitte des 19. Jh. zur Vormacht in Ostasien aufgestiegen. China konnte sich dagegen erst nach Jahren des Bürgerkriegs und der Besetzung durch Japan zu einer bedeutenden Macht entwickeln. Der Krieg um die Vorherrschaft im Pazifik gegen die USA überforderte jedoch die japanischen Kräfte und endete 1945 mit der völligen Niederlage. Dennoch wuchs Japan seit den fünfziger Jahren zu einer Weltwirtschaftsmacht heran.

Okt. 1949	**Gründung der Volksrepublik China**
1966–69	**Kulturrevolution in China**
Juni 1989	**Niederschlagung der Demokratiebewegung in China**

1. Stellen Sie den Weg zur Gründung der Volksrepublik China und deren innere Entwicklung dar.
2. Nennen Sie wichtige Merkmale der chinesischen Außenpolitik.
3. Beschreiben Sie Japans Aufstieg nach 1945 und dessen Folgen.

1. Bereits 1911 hatten chinesische Revolutionäre das zweitausend Jahre alte Kaisertum gestürzt und eine Republik errichtet. Mit dem Widerstand gegen die neue Kolonialmacht Japan entstand eine Erneuerungsbewegung, aus der sich 1921 die *Kommunistische Partei Chinas* abspaltete. Die Konkurrenz beider Gruppen gipfelte in einem Bürgerkrieg, den die Kommunisten unter *Mao Tse-tung* durch die Unterstützung der Landbevölkerung gewannen. Die nationalistisch orientierte Gruppierung um *Chiang Kai-shek* gründete 1949 auf der Insel Taiwan das westlich orientierte, autoritär geführte Nationalchina. In Peking wurde die Volksrepublik China ausgerufen. Ziel der Kommunisten war die revolutionäre Umgestaltung des Landes. Durch ständige Massenkampagnen (Landreform, Kollektivierung der Landwirtschaft, Verstaatlichung von Industrie und Banken) sollten die Grundlagen für einen Industriestaat mit einer kommunistischen Gesellschaft geschaffen werden. Politisch abweichendes Verhalten wurde daher gewaltsam unterdrückt. In der sogenannten *Kulturrevolution* (1966–1969) sollte bürgerlich-kapitalistisches Denken aufgespürt und ausgeschaltet werden. In einer großen Verfolgungswelle wurden Zehntausende, vor allem auch politisch und

214

wirtschaftlich führende Personen, Opfer dieser Kampagnen, so daß Wirtschaft und Verwaltung schwer geschädigt wurden. Nach Maos Tod setzten sich die gemäßigten Kommunisten durch, die im Rahmen der Planwirtschaft marktwirtschaftliche Elemente zuließen. Die gewaltsame Niederschlagung der Demokratiebewegung (1989) beendete unzählige Hoffnungen auf ein baldiges politisches Umdenken.

2. Außenpolitisch war China seit Mitte der fünfziger Jahre selbstbewußt und konfliktbereit gegenüber der UdSSR, da es für sich beanspruchte, einen eigenen Weg zum Sozialismus eingeschlagen zu haben. Es trat für ein starkes Europa als Gegengewicht zur Sowjetunion ein. Anfang der siebziger Jahre verließ China mit seinem Eintritt in die UNO die selbstgewählte Isolation. Es normalisierte aus wirtschaftlichen Gründen die Beziehungen zu den USA, die bis dahin als Hauptfeind galten. Entwicklungsländern bot China praktische Wirtschaftshilfe an und unterstützte Freiheitsbewegungen vor allem in Asien und Afrika.

3. Nach der bedingungslosen Kapitulation *Japans* im Zweiten Weltkrieg wurde das Land in eine parlamentarische Demokratie umgewandelt. Der Kaiser behielt als Staatsoberhaupt symbolische Bedeutung. Die von den USA anfänglich angestrebte Demokratisierung von Wirtschaft und Gesellschaft wurde nur halbherzig betrieben, denn seit 1950 war es dem Westen wichtiger, Japan als Bundesgenossen gegen den Kommunismus zu gewinnen. Die USA sicherten sich Militärbasen in Japan, das auf eine eigene hochgerüstete, kostspielige Armee verzichtete. Mit einem weltweit bewunderten Wirtschaftsaufschwung wurde das rohstoffarme Land in wenigen Jahrzehnten zu einer wirtschaftlichen Weltmacht. Enge Beziehungen zu den USA und stabile innere Verhältnisse förderten diese Entwicklung ebenso wie die hohe Arbeitsmoral und das Pflichtbewußtsein der Arbeiter. Die japanischen Unternehmer und der Staat setzten sich gemeinsam für eine Exportoffensive hochwertiger technischer Produkte in alle Welt ein. Diese Erfolge bedeuteten eine Herausforderung für die übrigen Industrienationen, die um ihre Position auf dem Weltmarkt fürchten mußten. Der Einfluß unabhängiger Gewerkschaften war in Japan stets gering. Lange Arbeitszeiten, relativ hohe Preise und kleinere Wohnungen als in vergleichbaren Industrieländern sind ein Kennzeichen der Lebens- und Arbeitsbedingungen. Eine hohe Lebenserwartung und ein im Weltvergleich hochentwickeltes Gesundheits- und Bildungswesen stehen dem gegenüber. Japanische Arbeits- und Produktionsmethoden beeinflussen zunehmend auch europäische und amerikanische Firmen.

17.5 Afrika, Südasien, Lateinamerika

Während sich die Länder Lateinamerikas im 19. Jh. ihre politische Unabhängigkeit erkämpften, wurden Afrika und Asien bis zur Mitte des 20. Jh. weitgehend von europäischen Kolonialmächten bevormundet und ausgebeutet. Die meisten Staaten dieser Kontinente leiden noch heute unter den Folgen der Abhängigkeit und gehören zu den ärmsten der sogenannten Entwicklungsländer.

15. 8. 1947	**Unabhängigkeit Indiens und Pakistans**
26. 4. 1954	**Indochina-Konferenz (bis 21. 7.)**
Januar 1959	**Revolution in Kuba**
1990	**Formale Aufhebung der Apartheid in Südafrika**

1. Stellen Sie die Etappen der Entkolonialisierung Afrikas dar.
2. Unter welchen Problemen leidet Afrika?
3. Wie verlief die Entwicklung in Südasien?
4. Beschreiben Sie die Situation in Lateinamerika.

1. Am Ende des Zweiten Weltkriegs kontrollierten die Kolonialmächte England und Frankreich allein drei Viertel Afrikas. Ägypten, Äthiopien, Liberia und Südafrika waren zu diesem Zeitpunkt die einzigen unabhängigen Staaten. Der Druck afrikanischer Unabhängigkeitsbewegungen und der öffentlichen Meinung in Europa förderte in den fünfziger und sechziger Jahren den Prozeß der *Entkolonialisierung*. England entließ seine Gebiete rasch in die Unabhängigkeit und suchte in der Verbindung des *Commonwealth* weiterhin engen Kontakt zu ihnen. Frankreich gab Algerien (1962) nach blutigen Kämpfen auf, und Portugals Kolonien (Angola, Moçambique) wurden nach jahrzehntelangem Krieg erst 1975 unabhängig. Als letzter afrikanischer Staat erlangte Namibia (1990) die Souveränität. In der Republik *Südafrika* verfolgte die weiße Minderheitsregierung eine Politik der Rassentrennung *(Apartheid)*. Seit 1989 wurden erste Reformmaßnahmen zur Überwindung der Apartheid ergriffen. 1992 bestätigte die Mehrheit der weißen Bevölkerung diese Politik. Im April 1994 fanden die ersten freien Wahlen für alle Bevölkerungsgruppen statt, aus denen *Nelson Mandela* als erster schwarzer Präsident hervorging.

216

2. Da die meisten Staaten Afrikas ohne Vorbereitung in die Unabhängigkeit entlassen wurden, hatten sie von Anfang an mit Schwierigkeiten zu kämpfen. Es fehlte an Fachleuten für Wirtschaft und Verwaltung. Die Bildungssysteme und die medizinische Versorgung waren nur schwach entwickelt, auch qualifizierte politische Führungsschichten waren kaum ausgebildet. Die Staatsgrenzen hatten die Kolonialmächte willkürlich gezogen und keine Rücksicht auf rivalisierende Stämme und unterschiedliche Sprachen genommen. Die Bevölkerung lehnte vielfach das neue politische System ab oder stand ihm verständnislos gegenüber. In den meisten Staaten führte dies zu Bürgerkriegen, Stammesfehden oder zur Herrschaft korrupter Familienclans. Da auch das Kapital für den Aufbau einer Industrie fehlte, war man auf den Export von Rohstoffen und landwirtschaftlichen Produkten angewiesen und von den Weltmarktpreisen abhängig. In einigen Gebieten wurden durch Raubbau die natürlichen Ressourcen völlig zerstört. Da die Bevölkerung stark zunahm, kam es zu Versorgungsproblemen. Ungünstige klimatische Bedingungen, Bürgerkriege und Flüchtlingswellen führten zu katastrophalen Hungersnöten (Äthiopien und Somalia).

3. In Indien leistete eine starke Unabhängigkeitsbewegung unter *Mahatma Gandhi* gewaltlosen Widerstand gegen England. Der Subkontinent wurde 1947 mit Indien und Pakistan in einen selbständigen Hindu- und einen Moslemstaat geteilt. Die Niederlande mußten 1949 Indonesien als Staat anerkennen. Auch Frankreich verlor 1954 nach einer militärischen Niederlage seine Kolonien in Indochina. Kambodscha und Laos wurden kommunistisch, ebenso der Norden Vietnams, während der Süden im Vietnamkrieg von den USA (1963–73) gestützt wurde.

4. Die Länder *Lateinamerikas* leiden bis heute unter Massenarmut, einer rasch wachsenden Bevölkerung, Umweltzerstörung und krassen sozialen Gegensätzen. Riesige Slumviertel umgeben die Großstädte, die durch Landflucht und Verelendung weiter anschwellen. Die wirtschaftliche und politische Macht liegt in den meisten Staaten in der Hand des Militärs und weniger Familien. In vielen Staaten, z. B. in Chile oder Nicaragua, nahmen die USA starken politischen Einfluß. Das kommunistische Kuba wurde isoliert. Die Abhängigkeit von Nordamerika bestimmte die wirtschaftliche Ausrichtung dieser Staaten. Mißwirtschaft, Korruption, enorme Inflation und hohe Schuldenbelastung kennzeichnen die Lage auch in dem als Schwellenland eingestuften Brasilien, das auf dem Weg zum modernen Industriestaat ist.

17.6 Der Nord-Süd-Konflikt

Die überwiegende Mehrzahl der entwickelten Industrienationen liegt im nördlichen Teil der Erde, während die meisten wirtschaftlich unterentwickelten Länder Asiens, Afrikas und Lateinamerikas im südlichen Teil liegen. Diesen Gegensatz von Armut und Reichtum bezeichnet man als Nord-Süd-Konflikt, der sich trotz weltweiter Bemühungen in den letzten Jahrzehnten stetig verschärft hat.

April 1955	**Konferenz von Bandung**
seit 1975	**Internationale Beratungen über neue**
	Weltwirtschaftsordnung
1977	**Einsetzung der Nord-Süd-Kommission**

1. Welche Merkmale kennzeichnen die sog. Entwicklungsländer?
2. Wodurch wird wirtschaftlicher Fortschritt behindert?
3. Stellen Sie internationale Initiativen zur Entschärfung des Nord-Süd-Konfliktes dar.
4. Erklären Sie den Unterschied zwischen Entwicklungshilfe und Entwicklungspolitik.

1. Die unterentwickelten Staaten sind fast alle ehemalige Kolonien europäischer Staaten gewesen und gehören heute zur sogenannten *Dritten Welt*. Man bezeichnet sie auch als Entwicklungsländer. Nach einer Definition der UNO handelt es sich dabei um Staaten, deren Pro-Kopf-Einkommen weniger als 25% des Einkommens der Industrieländer beträgt. Inzwischen hat die UNO die am „wenigsten entwickelten Länder" als Staaten der *Vierten Welt* zusammengefaßt. Gemeinsam ist ihnen, daß sie über keine Bodenschätze verfügen, die Erträge in der Landwirtschaft gering sind und der Boden ungleich verteilt ist. Vielfach verfügen Großgrundbesitzer über ausgedehnte Ländereien, die von mittellosen Landarbeitern bewirtschaftet werden. Da die Bevölkerung rasch und unkontrolliert wächst, kann die Grundversorgung oft nicht gesichert werden. Über die Hälfte der Menschheit lebt heute in den 45 ärmsten Ländern der Erde. Sie leidet unter Mangelernährung, unhygienischen Wohnverhältnissen, fehlender medizinischer Versorgung, hoher Arbeitslosigkeit und einer steigenden Analphabetenrate. Nur in wenigen dieser Staaten findet man Demokratien, meist werden sie von

Militärdiktaturen beherrscht. Neben materiellem Elend werden der Bevölkerungsmehrheit auch grundlegende Menschenrechte vorenthalten. Vor allem die Lage von Frauen und Kindern ist gekennzeichnet von Ausbeutung und Rechtlosigkeit.

2. Soweit diese Staaten über eine eigene Industrie verfügen, ist sie oft rückständig und international nicht konkurrenzfähig. Da die internationalen Handelsbedingungen von den Industrieländern zu deren eigenen Gunsten festgelegt werden, sinken die Einkünfte der Entwicklungsländer aus dem Export von Rohstoffen und Agrarprodukten. Die notwendigen Importe können aus den Exporterlösen nicht bezahlt werden. Daher müssen sich die Länder hoch verschulden und einen Großteil ihrer Exporterlöse für die Zahlung der Zinsen und die Tilgung der Kredite aufwenden. Zudem mangelt es an gut ausgebildeten Fachkräften, die für den Aufbau effektiver Verwaltungen, handwerklicher Betriebe, industrieller Fertigung und Vermarktung notwendig wären.

3. Die Industrienationen versuchten seit den sechziger Jahren, die notleidenden Staaten durch *Entwicklungshilfe* und direkte Investitionen zu fördern. Die Wirtschaft sollte möglichst nach dem eigenen Vorbild organisiert werden. Häufig scheiterten diese Projekte aber, da man die besonderen kulturellen und sozialen Verhältnisse nicht beachtete. Viele Staaten sind inzwischen zu umfassender *Entwicklungspolitik* übergegangen, die auf Hilfe zur Selbsthilfe und auf internationale Zusammenarbeit setzt. Man rückte immer mehr von Großprojekten ab und konzentrierte sich auf kleine Initiativen zur Sicherung der Grundbedürfnisse, die von den Betroffenen selbst, teilweise mit Unterstützung von Kirchen und Hilfsorganisationen weitergeführt werden können. Ausbildung, technische Beratung, medizinische Aufklärung und Eigeninitiative spielen dabei eine wichtige Rolle.

4. Bereits 1955 formulierten afrikanische und asiatische Staaten auf der *Konferenz von Bandung* eine gemeinsame Politik. Daraus entwickelte sich die Bewegung der *Blockfreien Staaten*, der die meisten Entwicklungsländer angehören. Sie stellen die Mehrheit in der UNO und können durch gemeinsames Auftreten politischen Einfluß ausüben. Die *Welthandels- und Entwicklungskonferenz (UNCTAD)* bemüht sich darum, Zölle abzubauen und den Zugang der Entwicklungsländer zum Weltmarkt zu erleichtern. Während bislang auf internationaler Ebene erfolglos über eine neue, gerechte Weltwirtschaftsordnung verhandelt wird, wächst die Kluft zwischen reichen und armen Staaten.

Der Kalte Krieg in Europa

Seit die Anti-Hitler-Koalition auseinanderbrach und sich die Gegensätze zwischen den Supermächten bis zum „Kalten Krieg" steigerten, war Europa durch einen „Eisernen Vorhang" geteilt. Osteuropa wurde von der UdSSR in Wirtschafts- und Militärbündnisse integriert, während West- und Südeuropa sich politisch und militärisch an die USA anlehnten und ihre wirtschaftliche Verflechtung vorantrieben. Auch die innerstaatlichen Auseinandersetzungen, die politischen Abgrenzungen und Feindbilder wurden durch die Fronten und Themen des Kalten Krieges bestimmt. Erst die Entspannung zwischen den Supermächten in den sechziger und siebziger Jahren milderte die Spaltung etwas und eröffnete in der Wirtschafts-, Außen- und Innenpolitik der europäischen Staaten neue Spielräume, die jedoch in den Satellitenstaaten der UdSSR eng begrenzt blieben. Der Zusammenbruch des Gesellschafts- und Wirtschaftssystems in den Ostblockstaaten Ende der achtziger Jahre eröffnet Möglichkeiten, die Spaltung Europas wieder zu überwinden.

Die Technisierung des Alltags und der Arbeitswelt

Technische Entwicklungen wurden zu beherrschenden Faktoren der Arbeits- und Alltagswelt: Auto und Flugzeug wurden zu Massenverkehrsmitteln; das Telefon wurde – jedenfalls in Westeuropa – allgegenwärtig; die Kommunikationsmöglichkeiten wurden seit den siebziger Jahren bis zur weltweiten Vernetzung ganzer Datenbanken erweitert; immer mehr Tätigkeiten werden von computergesteuerten Maschinen übernommen, was viele Berufe grundlegend verändert; die Grenzen zwischen Hand- und Kopfarbeitern sind fließend geworden. Die Technisierung der Haushalte, insbesondere durch Wasch- und Spülmaschinen, Staubsauger, Kühl- und Gefriergeräte, eröffnete für die Frauen zusammen mit sicheren Methoden zur Geburtenkontrolle seit den sechziger Jahren neue Möglichkeiten der Lebensplanung.

Veränderungen in der Familien- und Altersstruktur

Durch die außerhäusliche Erwerbsarbeit wurden Frauen zunehmend finanziell unabhängig. Dadurch sank die Bedeutung der Ehe als Versorgungseinrichtung, so daß heute in den hochindustrialisierten Staaten etwa jede dritte Ehe wieder geschieden wird. Die sozialstaatliche Absicherung von Lebensrisiken verstärkte den Zerfall der Großfamilien und den Trend zur Ein-Kind-Familie. Zusammen mit der höheren Lebenserwartung, die durch eine gesündere Ernährung und Fortschritte im Gesundheitswesen erreicht wurde, führte dies zur Veränderung der Altersstruktur der Bevölkerung. Der Anteil älterer Menschen steigt im Verhältnis zur Bevölkerung im erwerbsfähigen Alter. In allen europäischen Ländern nahm der individuelle Wohlstand und die Orientierung an materiellen Gütern zu.

Die Medienherrschaft

Seit Ende der fünfziger Jahre breitete sich das Fernsehen flächendeckend aus und veränderte grundlegend die Mechanismen der politischen Meinungsbildung, Lebenseinstellungen, Konsum- und Freizeitgewohnheiten sowie Moden. Es begünstigte die weltweite Vorherrschaft des US-amerikanischen Lebensstils (way of life) vor allem durch die Unterhaltungsindustrie, so daß dieser trotz staatlich-ideologischer Gegenmaßnahmen auch in den osteuropäischen Ländern zum Vorbild wurde (z. B. Coca Cola, Popmusik, Jeans). Seit den achtziger Jahren verändert sich die Medienlandschaft durch die rasche Verbreitung elektronischer Medien, die einerseits eine Individualisierung der Programmgestaltung erlauben (Videos, Computerspiele), deren Einsatz aber andererseits durch wenige große Medienkonzerne gesteuert wird.

Vom Kolonialismus zur Weltwirtschaft

Der allmähliche Bedeutungsverlust Europas seit dem Ersten Weltkrieg setzte sich auch nach dem Zweiten Weltkrieg fort: Alle europäischen Staaten waren wirtschaftlich geschwächt und mußten ihre Kolonien in die politische Unabhängigkeit entlassen. Die zunehmende weltwirtschaftliche Verflechtung, die nach 1945 durch den Währungsfond und das allgemeine Zoll- und Handelsabkommen (GATT) ermöglicht wurde, erlaubte ihnen jedoch, die Handelsbedingungen zum eigenen Vorteil zu beeinflussen: Die Preise für Rohstoffe, die zu den Hauptexportprodukten der Entwicklungsländer gehören, sanken im Vergleich zu den Preisen für Industrieprodukte. Dies führte zur Verschuldung der armen Länder und ließ den Kapitaltransfer in Form von Kreditzinsen von den Entwicklungsländern in die Industriestaaten ständig steigen. Das enorme Wohlstandsgefälle zwischen Europa und den umliegenden Ländern und Kontinenten hat zu einer Wanderungsbewegung geführt, die in den europäischen Ländern zunehmend Intoleranz gegenüber Ausländern hervorruft. Die Bedeutung Europas auf dem Weltmarkt nimmt ab: Insbesondere Japan hat in den neuen Technologien die europäischen Länder überholt, und auch in anderen Staaten Südostasiens wird inzwischen vieles billiger und besser produziert als auf dem „alten Kontinent".

18.1 Von der UdSSR zur GUS

Der Sieg über Hitler-Deutschland festigte das stalinistische Herrschaftssystem (→ 15.1), das nun auf die von der Roten Armee befreiten und besetzten osteuropäischen Staaten übertragen wurde. Erst nach Stalins Tod (1953) wurde es möglich, einen Teil der Verbrechen des Diktators und seiner Helfer offenzulegen und Veränderungen im Wirtschafts- und Gesellschaftssystem in Angriff zu nehmen, um die Weltmachtstellung der UdSSR aufrechtzuerhalten. Dies war jedoch nur auf militärischem Gebiet und auf Kosten des Lebensstandards der Bevölkerung möglich. Ende der achtziger Jahre brach das System zusammen, und die UdSSR löste sich 1991 auf.

1956	**XX. Parteitag der KPdSU – Beginn der Entstalinisierung durch Chruschtschow**
1964–1982	**Breschnew-Ära**
1985–1991	**Gorbatschow – Politik der Perestroika**
1991	**Auflösung der UdSSR**

1. Beschreiben Sie die weltpolitische Bedeutung der UdSSR.
2. Charakterisieren Sie die Rolle und Bedeutung der KPdSU.
3. Warum scheiterten alle Versuche, das Wirtschaftssystem leistungsfähiger zu gestalten?
4. Schildern Sie den Auflösungsprozeß der UdSSR.

1. Im Laufe des Zweiten Weltkriegs konnte die Sowjetunion ihren Einfluß über ganz Osteuropa ausdehnen und wurde damit zur Supermacht. Zugleich verkörperte sie ein sozialistisches Gesellschaftsmodell: eine Einparteiherrschaft mit zentral gelenkter Planwirtschaft ohne Privateigentum an Grund und Boden und den Betrieben. Dieses System war ein Gegenmodell zu den privatwirtschaftlich organisierten Staaten und hatte eine Vorbildfunktion für kommunistische Oppositionsbewegungen in allen westlich orientierten Ländern und in den Entwicklungsländern, die sich aus der Abhängigkeit von den Industriestaaten befreien wollten. Als die Sowjetunion in den achtziger Jahren an ihrer Reformunfähigkeit, aber auch unter den wirtschaftlichen Folgen des Rüstungswettlaufs zusammenbrach, war damit auch dieses Gesellschaftsmodell gescheitert.

2. Die *Kommunistische Partei der Sowjetunion (KPdSU)* hatte die Führungsrolle in allen politischen, gesellschaftlichen und wirtschaftlichen Bereichen. Da eine freie Meinungs- und Willensbildung bereits in den zwanziger Jahren zugunsten einer straffen Führung durch die obersten Parteigremien (Generalsekretär, Politbüro, Zentralkomitee) erstickt worden war, wurde die Partei zum Herrschaftsinstrument der Parteiführung (Parteidiktatur). Alternative Vorstellungen zu den Parteirichtlinien durften nicht entwickelt und diskutiert werden, so daß der gesellschaftliche Entwicklungsprozeß erlahmte.

3. Das Wirtschaftssystem der UdSSR, in dem die Betriebe die Produktion an zentral vorgegebenen Wirtschaftsplänen ausrichteten, konnte Erfolge aufweisen, solange es um eine quantitative Steigerung der Produktion ging. Als aber die Produkte qualitativ verbessert und an die Konsumentenwünsche angepaßt werden sollten, erwiesen sich die Steuerungsinstrumente als unbrauchbar. Seit Ende der fünfziger Jahre wurde immer wieder versucht, sie zu verbessern und die Arbeiter zu höheren Leistungen zu motivieren, um das Niveau der westlichen Industriestaaten zu erreichen. Dies gelang nur in der Rüstungswirtschaft. Die Versorgung der Bevölkerung mit Konsumgütern, die sich bis in die siebziger Jahre allmählich verbessert hatte, verschlechterte sich wieder, die Arbeitsmotivation brach in vielen Bereichen zusammen. Neben der offiziellen Planwirtschaft breitete sich besonders im Verteilungssektor eine kriminelle Schattenwirtschaft aus.

4. *Gorbatschow* versuchte nach 1985, durch einen Umbau von Wirtschaft und Gesellschaft *(Perestroika)* die Entwicklungs- und Veränderungsfähigkeit der Sowjetunion wiederherzustellen. Deshalb ließ er Meinungs- und Pressefreiheit *(Glasnost)* zu, um die Auseinandersetzung über die Fehlentwicklungen in der sowjetischen Gesellschaft und über Lösungswege zu ermöglichen. Bald zeigte sich, daß dies innerhalb der bestehenden Strukturen nicht möglich war. Die KPdSU zerfiel, und die Sowjetunion löste sich in autonome Einzelrepubliken auf, von denen sich im Dezember 1991 ein Teil erneut zur *Gemeinschaft Unabhängiger Staaten (GUS)* zusammenschloß. Viele Betriebe, die nach dem Ende der Planwirtschaft auf eigene Rechnung wirtschaften mußten, gaben auf. Hohe Arbeitslosigkeit, steigende Preise, eine schlechte Versorgungslage, der weitgehende Zusammenbruch der öffentlichen Ordnung und des Rechtsbewußtseins sowie blutig ausgetragene Nationalitätenkonflikte kennzeichnen die Situation zu Beginn der neunziger Jahre in der ehemaligen UdSSR.

Die Befreiung von den deutschen Truppen und die Besetzung durch die Rote Armee führte in den osteuropäischen Staaten zur engen Anbindung an die UdSSR und zur weitgehenden Übernahme des sowjetischen Gesellschafts- und Wirtschaftssystems. Nur Jugoslawien konnte sich dem teilweise entziehen. Versuche zu einer eigenständigen Entwicklung wurden solange blutig unterdrückt, bis sich die UdSSR selbst in einem Veränderungs- und Auflösungsprozeß befand.

1949	**Rat für gegenseitige Wirtschaftshilfe (RGW)**
1955	**Warschauer Pakt**
1956	**Aufstände in Ungarn und Polen**
1968	**Niederschlagung des „Prager Frühlings"**
1980	**Solidarność in Polen**

1. Nennen Sie Etappen bei der Herausbildung und Vereinheitlichung des Ostblocks.

2. Schildern Sie die Versuche einiger Staaten zu einer eigenständigen Entwicklung.

3. Erklären Sie die Bedeutung von Solidarność für die Entwicklung in Polen.

1. Die Kommunistischen Parteien, die mit Hilfe der Roten Armee in Osteuropa die Macht ergriffen, waren im Widerstand gegen die deutsche Besatzung geformt worden. In *Jugoslawien,* das sich aus eigener Kraft unter der Führung *Titos* befreit hatte, wurde der Anspruch auf einen eigenen Weg im Rahmen einer sozialistischen Staatengemeinschaft am nachdrücklichsten erhoben. Die Sowjetunion setzte ihren Führungsanspruch deshalb als Kampagne gegen den „Titoismus" durch und veranlaßte 1948–1952 *Schauprozesse* gegen kommunistische Führer in Ungarn (L. Rajk) und der ČSSR (R. Slanský), die eine eigenständige Entwicklung hätten vertreten können. In allen Ostblock-Staaten wurden Wirtschaft, Gesellschaft und Politik nach sowjetischem Vorbild umgestaltet. Als Reaktion auf das Europäische Wiederaufbauprogramm (ERP) im Rahmen des Marshall-Plans der USA (1947) gründeten die Länder des Ostblocks 1949 den *Rat für gegenseitige Wirt-*

schaftshilfe. 1955 schlossen die Staaten des Ostblocks ein Militärbündnis, den *Warschauer Pakt*, nachdem die Bundesrepublik in das westliche Militärbündnis NATO aufgenommen worden war.

2. Nach Stalins Tod (1953) und nachdem *Chruschtschow* auf dem *XX. Parteitag der KPdSU* (1956) dessen Verbrechen gegen Parteimitglieder enthüllt hatte, wurden auch in den übrigen Ostblock-Ländern wieder Forderungen nach größerer Unabhängigkeit von der UdSSR laut. 1953 kam es zum Arbeiteraufstand in der DDR und 1956 zu Aufständen in Polen und Ungarn, die unter Mithilfe sowjetischer Truppen blutig unterdrückt wurden. Die Reformversuche der sechziger Jahre in der UdSSR stärkten auch in anderen Ostblockstaaten die Reformkräfte. In der ČSSR führte dies 1968 zum „*Prager Frühling*", der durch Liberalisierung und Demokratisierung einen „Sozialismus mit menschlichem Antlitz" anstrebte. Im August machte der Einmarsch der Truppen des Warschauer Paktes diesem Experiment ein blutiges Ende. Er wurde durch die *Breschnew-Doktrin* gerechtfertigt, wonach die UdSSR die Vorherrschaft über die Staaten des sozialistischen Lagers beanspruchte und deren Souveränität einschränkte. Damit waren eigenständigen Entwicklungen in den Staaten Osteuropas enge Grenzen gesetzt, bis sich die UdSSR selbst zu Reformen in Politik und Wirtschaft gezwungen sah und ihren Führungsanspruch in Osteuropa nicht mehr mit Gewalt aufrecht erhielt.

3. Bereits 1956 richteten sich die Unruhen in Polen sowohl gegen die sowjetische Dominanz als auch gegen die schlechte Versorgungslage. 1970 und 1976 führten Preiserhöhungen zu Arbeiteraufständen besonders in den Hafenstädten. Aus den Komitees, die zur Verteidigung der verhafteten Arbeiter gegründet worden waren, entwickelte sich die zunächst illegale Gewerkschaftsbewegung *Solidarność*, die 1980 im Laufe erneuter Streiks und Unruhen von der polnischen Regierung zugelassen werden mußte. Solidarność hatte bald an die 10 Mio. Mitglieder und wurde zu einer politischen Alternative im Einparteienstaat. Schon 1981 wurde sie wieder verboten und das Kriegsrecht verhängt, auch um ein militärisches Eingreifen der UdSSR zu verhindern. Da es aber weiterhin nicht gelang, die Wirtschafts- und Versorgungskrise zu überwinden, mußte die polnische Regierung 1989 Solidarność wieder legalisieren und mit ihr Reformen in Wirtschaft und Politik vereinbaren. Solidarność und die katholische Kirche hatten sich als Sammlungsbewegungen des polnischen Widerstands gegen das kommunistische Herrschaftssystem erwiesen. Bei den ersten freien Wahlen 1990 wurde der Gewerkschaftsführer *Lech Wałęsa* zum Staatspräsidenten gewählt.

18.3 Westeuropa seit 1945

Mit dem Zweiten Weltkrieg endete auch die Vormachtstellung Westeuropas, dessen seit dem 16. Jh. aufgebaute Kolonialreiche nun auseinanderbrachen. Die wirtschaftliche Zerrüttung dagegen konnte mit Hilfe der USA bald überwunden werden und machte einem beispiellosen Aufschwung Platz, von dem insbesondere die hochindustrialisierten Teile Westeuropas profitierten. Er wurde nicht zuletzt durch das atomare Patt zwischen den Supermächten USA und UdSSR begünstigt: Im Zeichen des „Kalten Krieges" genoß Westeuropa unter dem Atomschild der USA eine der längsten Friedenszeiten seiner Geschichte.

1949 **Gründung der NATO**
1958 **De Gaulle wird Staatspräsident in Frankreich**
1963 **Vertrag über deutsch-französische Zusammenarbeit**
1975 **KSZE-Schlußakte (Konferenz für Sicherheit und Zusammenarbeit in Europa)**

1. *Charakterisieren Sie die Lage Westeuropas nach dem Sieg über Hitler-Deutschland.*
2. *Stellen Sie dar, wie sich die politische Verfassung in Westeuropa weiterentwickelte.*
3. *Was bedeutete das Ende des Kolonialzeitalters für Großbritannien und Frankreich?*

1. Die Folgen des Zweiten Weltkriegs prägten in allen Ländern noch lange die Nachkriegszeit. Die von Deutschland besetzten und von den alliierten Truppen befreiten Länder waren in weiten Teilen zerstört. England und Frankreich waren wegen der Waffenkäufe bei den USA hoch verschuldet, von denen nun auch das übrige Westeuropa politisch und militärisch abhing. Der allen gemeinsame Haß gegenüber den Deutschen war um so größer, je mehr Tote und materielle Schäden ein Land zu beklagen hatte und je stärker die innere Zerrissenheit war, weil ein Teil der Bevölkerung während der deutschen Besetzung mit den Nationalsozialisten – auch bei der Judenverfolgung – kollaboriert, ein anderer Teil aber Widerstand geleistet hatte. Als der Kalte Krieg begann, wurden diese Gegensätze durch die Notwendigkeit überdeckt, den Frontstaat Westdeutschland in den „Westblock" zu integrieren.

Dies gelang seit 1947 durch den *Marshall-Plan,* mit dem die USA den wirtschaftlichen Aufschwung Westeuropas unterstützten, und durch die Aufnahme in das westliche Verteidigungsbündnis NATO (1955). Die von de Gaulle und Adenauer vorangetriebene deutsch-französische Versöhnung half wesentlich mit, die Spaltungen innerhalb Westeuropas zu überwinden.

2. In Westdeutschland wurde durch die Besatzungsmächte wieder die parlamentarische Demokratie etabliert. Lediglich in Südeuropa konnten sich noch lange Diktaturen halten: In Spanien blieb *Franco* als Diktator von 1938 bis zu seinem Tod (1975) an der Macht; danach konnte sich eine parlamentarische Demokratie durchsetzen. In Portugal wurde die 1933 von *Salazar* begründete Diktatur 1974 durch Teile des Militärs gestürzt. Danach entstand eine parlamentarische Demokratie, die sich nach mehreren Verfassungsreformen in den achtziger Jahren festigte. In Griechenland folgte der deutschen Besetzung ein Bürgerkrieg (1944–1949) zwischen kommunistischen und bürgerlich-konservativen Kräften, aus dem eine instabile Demokratie hervorging, die durch eine Militärdiktatur unterbrochen wurde (1967–1974). In den parlamentarischen Demokratien bestand das Parteienspektrum, das sich in der ersten Jahrhunderthälfte herausgebildet hatte, fort. Bei der Ausgestaltung ihres politischen Systems setzten die westeuropäischen Länder unterschiedliche Akzente: So förderten die nordeuropäischen Staaten besonders die öffentlichen Wohlfahrtseinrichtungen; Frankreich dagegen betonte seine nationalstaatliche Eigenart und Selbständigkeit.

3. Großbritannien hielt zwar einen Teil seiner ehemaligen Kolonien in einem losen Staatenverbund, dem *Commonwealth of Nations*, zusammen, wurde dadurch aber bei der Integration in die europäische Gemeinschaft behindert. Gleichzeitig sah es sich mit einem Strom von Immigranten konfrontiert, der zu zahlreichen sozialen Konflikten führte. Die Schrumpfung auf eine europäische Mittelmacht verstärkte die wirtschaftlichen Folgen des Zweiten Weltkriegs auch für Frankreich, das die Verselbständigung seiner Kolonien gewaltsam zu verhindern suchte (1946–54 *Indochinakrieg,* 1954–62 *Algerienkrieg).* In der dadurch ausgelösten politischen Krise setzte Frankreichs Präsident *de Gaulle* 1958 eine Verfassungsreform durch, in der die Position des Staatspräsidenten gestärkt wurde, und erreichte die Unabhängigkeit für Algerien (1962). Als Überrest der ehemaligen Weltmachtstellung blieben Großbritannien und Frankreich die eigene Atomrüstung und der Sitz im Sicherheitsrat der Vereinten Nationen.

18.4 Auf dem Weg in ein vereintes Europa

Bereits nach dem Ersten Weltkrieg gab es eine paneuropäische Bewegung, die die Zersplitterung Europas in feindliche Nationalstaaten und damit eine Ursache für kriegerische Konflikte überwinden wollte. Sie setzte dabei auf die gemeinsame Kultur- und Geistesgeschichte der Europäer. Nach 1945 wurde dieser Gedanke wieder aufgegriffen. Trotz des Widerstands der Nationalstaaten gegen eine Einschränkung ihrer Souveränitätsrechte wurden unter dem Druck vor allem wirtschaftlicher Notwendigkeiten allmählich gesamteuropäische Institutionen geschaffen, die zu einer Europäischen Union führen sollen.

1957	**Verträge von Rom: EWG und EURATOM**
1973	**Beitritt Großbritanniens, Irlands und Dänemarks**
1979	**EWS (Europäisches Währungssystem),**
	Direktwahl des Europäischen Parlaments
1981/1986	**Beitritt Griechenlands, Spaniens und Portugals**
1991	**Verträge von Maastricht**
1993	**Europäischer Binnenmarkt**

1. Beschreiben Sie den Weg in die Europäische Union.
2. Nennen Sie die Organe der EG und deren Befugnisse
3. Erörtern Sie Vor- und Nachteile der EG.

1. Nachdem bereits der Marshall-Plan (1947) eine Zusammenarbeit der west- und südeuropäischen Staaten bei einem gemeinsamen Wiederaufbauprogramm bewirkt hatte, entwickelten Frankreich, Deutschland, Italien und die Benelux-Staaten ab 1950 die *Europäische Gemeinschaft für Kohle und Stahl (EGKS/Montanunion),* die sie ab 1955 durch die *Europäische Wirtschaftsgemeinschaft (EWG)* und die *Europäische Atomgemeinschaft (EURATOM)* zur *Europäischen Gemeinschaft (EG)* ausweiteten. Bis 1986 vergrößerte sich die EG um sechs weitere Staaten zur Zwölfergemeinschaft. Dabei zeigte sich, daß jede Erweiterung die interne Angleichung der wirtschaftlichen und rechtlichen Verhältnisse in den EG-Ländern erschwerte. Die politische und militärische Integration, die sich zunächst als schwierig erwiesen hatte – der Europarat (1949) blieb ohne Einfluß, die *Europäische Verteidigungsgemeinschaft (EVG)* scheiterte (1954) am Veto Frankreichs –, wurde 1991 mit den Verträgen von Maastricht in Angriff genommen, deren Umsetzung die *Europäische Union (EU)* verwirklichen soll. Seit dem Zusammenbruch des Ostblocks und der deutschen Wiedervereinigung ist das Gewicht Deutschlands in der Gemeinschaft gewachsen, aber auch die Spannungen haben zugenommen, da die BRD nun größer, jedoch weniger zahlungsfähig ist. Weitere europäische Staaten – auch aus dem ehemaligen Ostblock – und die Türkei möchten in die EU aufgenommen werden.

2. Das wichtigste Entscheidungsgremium der EG ist der *Ministerrat,* der von den Ministern der Mitgliedsländer gebildet wird. Seine Entscheidungen werden von der *EG-Kommission* vorbereitet und ausgeführt, deren 17 Mitglieder von den Regierungen der Mitgliedsstaaten bestimmt werden. Seit 1979 gibt es ein *Europäisches Parlament* in Straßburg mit 518 (alle 5 Jahre) direkt gewählten Abgeordneten. Sie haben bis jetzt sehr eingeschränkte Befugnisse, sollen aber bis zur Verwirklichung der EU volle parlamentarische Rechte erhalten. Die 13 unabhängigen Richter des *Europäischen Gerichtshofs* achten darauf, daß die EG-Organe die vertraglichen Bestimmungen einhalten. Jede Bürgerin und jeder Bürger eines EG-Staates hat dort Klagerecht.

3. Durch den Wegfall der Zoll- und Handelsschranken innerhalb der EG wurde 1993 ein *Binnenmarkt* für 346 Mio. EG-Bürger verwirklicht, der 1994 im Europäischen Wirtschaftsraum (EWR) auf die EFTA-Staaten ausgeweitet wurde und nun 373 Mio. Einwohner hat (vgl. USA: 252 Mio.). Da im *Europäischen Währungssystem (EWS)* seit 1979 die Wechselkursschwankungen begrenzt sind, wird der Austausch von Waren und Dienstleistungen zusätzlich erleichtert. Die angestrebte Angleichung der wirtschaftlichen Verhältnisse bleibt jedoch trotz der Zuschüsse für unterentwickelte Regionen hinter den Erwartungen zurück. Insbesondere die Agrarpolitik der EG erweist sich zunehmend als problematisch: Um das Einkommen der Landwirte zu sichern, werden ihnen Preis- und Abnahmegarantien gegeben. Dies hat zu nicht marktgerechten Preisen, Überproduktion und riesigen Lagerbeständen geführt, die auf dem Weltmarkt verschleudert werden und dabei u. a. Agrarexporte aus der Dritten Welt behindern. Auch die Angleichung der rechtlichen Verhältnisse in den Mitgliedsstaaten hat nicht nur Vorteile: In der Sozial- und Umweltpolitik kann sie für manche Staaten eine Verschlechterung bereits erreichter Rechte und Schutzbestimmungen bedeuten. Zusammen mit der Bürgerferne der EG-Institutionen und ihrem Bürokratismus hat dies zu einer EG-Verdrossenheit bei vielen Bürgern der Mitgliedsländer geführt.

1870/71 war das Deutsche Reich nach dem Deutsch-Französischen Krieg gegründet worden. 75 Jahre später, in denen es zwei Weltkriege entfesselt hatte, wurde es wieder aufgelöst. Seine östlichen Teile fielen an die UdSSR und Polen, die dort lebenden Deutschen wurden vertrieben. Den Rest teilten die Besatzungsmächte unter sich auf. Weite Teile des Landes waren zerstört und Millionen Menschen umgekommen. Schon zehn Jahre später gab es wieder zwei weitgehend souveräne Staaten, die sich wirtschaftlich erholt hatten und in ihrem jeweiligen Bündnissystem als gleichberechtigte Partner anerkannt wurden. Da sie verfeindeten Blöcken mit gegensätzlichen Wirtschafts- und Gesellschaftsordnungen angehörten, entwickelten sie sich auseinander. Der Zusammenbruch des Ostblocks Ende der achtziger Jahre ermöglichte schließlich die Wiederherstellung eines gesamtdeutschen Staates.

Die wirtschaftliche Entwicklung in beiden deutschen Staaten

Die wirtschaftliche Ausgangslage der beiden deutschen Staaten war sehr unterschiedlich: Die meisten Rohstoffvorkommen und die Schwerindustrie des Deutschen Reiches lagen im Westen oder in den nun polnischen Gebieten. Für die DDR fiel deshalb die Trennung von ihren traditionellen Zulieferer- und Absatzmärkten besonders ins Gewicht. Auch von der Demontage der Industrieanlagen war Ostdeutschland weit stärker betroffen als die Westzonen. Diese wurden außerdem vor allem von den USA wirtschaftlich unterstützt. Die BRD erreichte mit ihrer Industrieproduktion eine Spitzenstellung in der Welt. Aber bei der Entwicklung der Mikroelektronik, die seit den siebziger Jahren alle Produktionsbereiche revolutioniert, geriet sie ins Hintertreffen. Etwa gleichzeitig zwang das steigende Umweltbewußtsein der Öffentlichkeit die Industrie, ökologische Gesichtspunkte zu berücksichtigen. Die DDR konzentrierte sich zunächst auf den Aufbau einer eigenen Grundstoffindustrie und Energieversorgung. Außerhalb des Ostblocks wurde sie jedoch nicht wettbewerbsfähig. Die Privatisierung und marktwirtschaftliche Umgestaltung nach der Vereinigung mit dem Westen führte zum Zusammenbruch vieler Betriebe und zu hoher Arbeitslosigkeit.

Frauen zwischen Beruf und Familie

Die Stellung der Frauen in der Gesellschaft und das Geschlechterverhältnis veränderten sich nach 1945 wesentlich, allerdings auf ganz unterschiedliche Weise in beiden deutschen Staaten. Nach dem Krieg waren die Frauen weit in der Überzahl und trugen die Hauptlast beim Kampf ums Überleben. Nach der Rückkehr der Männer zogen sich in Westdeutschland die meisten von ihnen wieder aus der Erwerbsarbeit in die Familien zurück, wie es die Familienpolitik und das öffentliche Frauenleitbild verlangten. Frauen wurden weiterhin beruflich weniger qualifiziert, geringer bezahlt und hatten weniger Aufstiegschancen als Männer. Anders in der DDR: Durch den Arbeitskräftemangel wurde qualifizierte Frauenarbeit dort zu einer wirtschaftlichen Notwendigkeit. Um Berufstätigkeit und Mutterschaft zu vereinbaren, wurden für alle Kinder Tagesstätten eingerichtet und Mütter durch sozialpolitische Maßnahmen unterstützt. 1971 waren 80 % der Frauen erwerbstätig. Daß sie daneben weiterhin für den Haushalt zuständig blieben, führte allerdings zu einer Doppelbelastung der Frauen. Der Aufstieg in Führungspositionen wurde ihnen genauso erschwert wie in der BRD. Dort entstand Ende der sechziger Jahre eine neue Frauenbewegung, die sich gegen die Diskriminierung von Weiblichkeit und Frauenarbeit auflehnte. Sie baute eine feministische Gegenkultur auf und sorgte in den achtziger Jahren für Gleichstellungsgesetze und Frauenförderpläne. Auch in Kunst und Wissenschaft entwickelte sie neue Perspektiven. Die politische Wende 1989/90 hat jedoch in Ostdeutschland die Situation von berufstätigen Frauen mit Kindern verschlechtert. Die Geburtenrate ist deshalb drastisch zurückgegangen.

Aufarbeitung des Nationalsozialismus

Mit dem Dritten Reich brach nicht nur eine politische Ordnung zusammen. Zugleich wurden durch die Konfrontation mit den Vernichtungslagern des Nationalsozialismus auch die mörderischen Konsequenzen einer Weltanschauung deutlich, die viele Deutsche seit den zwanziger Jahren übernommen hatten. Für sie bedeutete dies Verunsicherung und Schuldgefühle. Dies wurde in Ost und West unterschiedlich verarbeitet: Im Westen konzentrierten sich die Menschen auf die Mehrung ihres individuellen materiellen Wohlstandes; die Verbrechen im Dritten Reich wurden mit den Verbrechen verrechnet, die gegen Deutsche begangen worden waren. In Ostdeutschland ermöglichte es die Unterscheidung der Sowjets zwischen dem „guten" deutschen Volk und der „verbrecherischen" Führung, daß sich der Großteil der Bevölkerung entschuldigt fühlen konnte, wenn er sich am sozialistischen Aufbau beteiligte. Faschismus und Krieg wurden zur Sache der Westdeutschen, Ostdeutschland dagegen rechnete sich zum antifaschistischen Friedenslager. Daß auch hier nationalistische Einstellungen weiterwirkten, wurde nach der „Wende" (1989) überdeutlich.

1945 endeten die deutschen Großmachtträume in Massengräbern, Gefangenenlagern, Flüchtlingstrecks und zerstörten Städten. Deutschland wurde von den Truppen jener Länder, die es überfallen hatte – UdSSR, Großbritannien und Frankreich – und von den USA besetzt, mußte ein Drittel seines Gebietes abtreten, verlor seine staatliche Souveränität und wurde unter den Siegermächten aufgeteilt. In den folgenden vier Jahren sollten die Weichen für die Gründung zweier deutscher Staaten mit unterschiedlichen Gesellschafts- und Wirtschaftssystemen gestellt werden.

1945	**Konferenz von Potsdam (17. 7.–2. 8.)**
1945/46	**Enteignungen in der sowjet. Besatzungszone (SBZ)**
1946	**Gründung der SED aus KPD und SPD in der SBZ**
1947/48	**Zusammenschluß der Westzonen zur Bi- und Tri-Zone**
1948	**Währungsreform in den Westzonen (20. 6.)**
1948	**Berlin-Blockade (24. 6. 48–12. 5. 49)**

1. Welche Pläne hatten die Alliierten für Deutschland?
2. Beschreiben Sie Alltagsprobleme im Nachkriegsdeutschland.
3. Nennen Sie Gründe für die Teilung Deutschlands.

1. Auf der *Konferenz von Potsdam* legten die Alliierten fest, wie sie mit Deutschland verfahren wollten: Es wurde in vier Besatzungszonen (Berlin in vier Sektoren) aufgeteilt, die dem Militärbefehlshaber der jeweiligen Besatzungsmacht unterstanden. Ein Alliierter Kontrollrat sollte – einstimmig – alle Fragen entscheiden, die Deutschland als Ganzes betrafen. Reparationen zur Wiedergutmachung der Kriegsschäden sollte jede Besatzungsmacht aus ihrer Zone entnehmen, der Sowjetunion wurden aufgrund ihrer hohen Verluste darüberhinaus Rohstoffe und Industriegüter insbesondere aus dem Ruhrgebiet zugesagt. Bei der Neuordnung Deutschlands sollten die „4 Ds" berücksichtigt werden: *Demokratisierung, Denazifizierung, Demilitarisierung, Dezentralisierung.* Die Gebietsabtretungen an die Sowjetunion und Polen sowie die Vertreibung der dortigen deutschen Bevölkerung wurde von allen Siegermächten akzeptiert, jedoch die endgültige Festlegung der Westgrenze Polens bis zu einem Friedensvertrag zurückgestellt.

2. Für die Menschen standen nach Kriegsende elementare Überlebensfragen im Vordergrund, die vor allem von den Frauen bewältigt werden mußten, da über 3 Mio. Männer im Krieg umgekommen und 11 Mio. zunächst in Gefangenschaft waren. Vor allem in den Städten war die Situation dramatisch: 18 % des Wohnraums waren vernichtet, 29 % beschädigt, und die Versorgung mit Energie und Wasser sowie das Verkehrssystem waren vielfach unterbrochen. Die Wohnungsnot wurde durch die Beschlagnahmungen der Siegermächte und durch die 12 Mio. Flüchtlinge und Vertriebenen noch verschärft. Fast jede Familie war auf der Suche nach Angehörigen. Nahrungsmittel, Kleider, Brennstoff u. a. waren rationiert. Im Winter 1946/47 brach die Versorgung der Städte weitgehend zusammen. Viele konnten nur durch Hamsterfahrten aufs Land, durch Tauschhandel und Mundraub überleben.

3. Der *Alliierte Kontrollrat* erwies sich im Zeichen des Kalten Krieges als unfähig zu einvernehmlichen Beschlüssen. Dennoch hielten Frankreich und die Sowjetunion am Anspruch einer einheitlichen Verwaltung fest, um ihre Reparationsforderungen durchsetzen zu können. Die USA und Großbritannien dagegen wollten vor allem die wirtschaftliche Lage in ihren Zonen stabilisieren. Deshalb gründeten sie die *Bi-Zone*, der sich Frankreich bald anschloß. Sie wurde der erste Schritt zur wirtschaftlichen und politischen Westintegration der Westzonen. Damit erledigte sich eine tiefergreifende Entnazifizierung, da auch die Funktionäre des NS-Regimes nun wieder als „Fachleute" in Wirtschaft und Verwaltung benötigt wurden. Anders in der *SBZ:* Dort wurden die führenden Nationalsozialisten konsequenter verfolgt und ihr Besitz verstaatlicht. Außerdem wurde das Land der Großgrundbesitzer enteignet und an ca. 500 000 landarme Bauern verteilt. Auf dem Gebiet der Verwaltung und Politik wurden in allen Zonen bald wieder Deutsche hinzugezogen und die Bildung von Parteien und Verbänden zugelassen, deren Handlungsspielraum allerdings eng begrenzt blieb. Nach dem Ausbruch des Kalten Krieges wollten die Besatzungsmächte den Einfluß der jeweils gegnerischen Ideologie in ihren Zonen bekämpfen. Dies führte in der SBZ u. a. zum Zwangszusammenschluß von KPD und SPD zur Sozialistischen Einheitspartei Deutschlands (SED), der sich die übrigen Parteien unterzuordnen hatten. In den Westzonen wurde der kommunistische Einfluß durch die Hebung des Lebensstandards, durch das Wiederaufbauprogramm für Europa *(Marshall-Plan)* und durch Informationen über die Verhältnisse in der SBZ zurückgedrängt. Währungsreform und Berlin-Blockade trugen dazu bei, die Teilung weiter zu vertiefen.

Die aus den Westzonen hervorgegangene Bundesrepublik erlebte einen in der deutschen Geschichte einmaligen wirtschaftlichen Aufschwung, wurde in das westliche Bündnissystem integriert und gewann die volle politische Souveränität zurück. Das parlamentarisch-demokratische System erwies sich erstmals als stabil. Die Mehrzahl der Bürgerinnen und Bürger der BRD gewöhnte sich an steigenden öffentlichen und privaten Wohlstand, an einen Rechtsstaat, der Gewalt und staatliche Willkür in Grenzen hielt, und an die Möglichkeit, sich frei zu äußern und sowohl beruflich als auch privat zu entfalten.

1949 Grundgesetz der Bundesrepublik Deutschland (23. 5.)
1955 Beitritt zur NATO
1957 Mitbegründung der Europäischen Gemeinschaft
1966 Große Koalition zwischen CDU/CSU und SPD
1968 Studentenunruhen
1970 Gewaltverzichtsverträge mit Polen und der UdSSR

1. Erklären Sie das „Wirtschaftswunder".
2. Wie verständigte sich die BRD mit den Siegermächten?
3. Nennen Sie Etappen der innenpolitischen Entwicklung der BRD.

1. Der wirtschaftliche Aufschwung der BRD in den fünfziger Jahren hatte vor allem folgende Ursachen: Viele Arbeitskräfte waren qualifiziert und hoch motiviert, und die große Nachfrage nach Konsumgütern und Wohnraum kurbelte die Wirtschaft an. Der Ausbau der Produktionsanlagen konnte durch die Marshall-Plan-Hilfe finanziert werden. Zudem verbesserten sich die Exportchancen durch die Unterbewertung der Deutschen Mark und den Koreakrieg. Der Aufschwung wurde auch dadurch erleichtert, daß es wenig Streiks gab, denn das anfänglich sehr niedrige Lohnniveau stieg kontinuierlich. Außerdem wurden nach dem Konzept der *sozialen Marktwirtschaft* (Ludwig Erhard) die sozialen Folgen einer ungezügelten Marktwirtschaft durch sozialpolitische Maßnahmen eingedämmt. Hierzu gehörten u. a. der *Lastenausgleich* (1952), durch den die materiellen Kriegsfolgen gleichmäßiger verteilt wurden, und die *Rentenreform* (1957), die die Renten an die Entwicklung der Löhne und Gehälter koppelte. Der Wirtschaftsaufschwung kam in den sechziger Jahren ins Stocken. Nun begann der allmähliche Übergang von der Industrie- zur *Dienstleistungsgesellschaft:* Die Zahl der in der Industrie Beschäftigten geht immer mehr zurück, weil bei steigender Produktivität die Nachfrage schrumpft. An die Stelle des Arbeitskräfte-mangels der sechziger Jahre, der durch das Anwerben von Gastarbei-tern gemildert wurde, ist eine strukturelle Arbeitslosigkeit getreten.

2. Die BRD wollte wieder als gleichberechtigtes Mitglied in die Völker-gemeinschaft aufgenommen werden und strebte daher unter *Konrad Adenauer* (1949–1963 Kanzler, CDU) den Beitritt zu den westlichen Bündnissystemen an. Im Zeichen des Kalten Krieges erschien auch den Westmächten ein deutscher Verteidigungsbeitrag angebracht, so daß sie die BRD 1955 in den Nordatlantikpakt (NATO) aufnahmen. Eine Nor-malisierung der Beziehungen zu den osteuropäischen Staaten war ange-sichts des Kalten Krieges unmöglich, wurde aber auch von Teilen der deutschen Bevölkerung abgelehnt, die darauf hofften, die ehemaligen Ostgebiete von Polen und der Sowjetunion zurückzugewinnen. Erst die sozialliberale Koalition ab 1969 ermöglichte eine Verständigung: 1970 wurden in den *Ostverträgen* mit Polen und der UdSSR die 1945 geschaffenen Grenzen anerkannt, 1972 regelte der *Grundlagenvertrag* die Beziehungen zur DDR. Danach wurden beide Länder in die Ver-einten Nationen aufgenommen.

3. Im ersten Jahrzehnt der BRD nahm die Mehrheit der Bevölkerung in politischen Fragen eine „Ohne-mich"-Haltung ein und konzentrierte sich aufs Geldverdienen. Lediglich die Wiederbewaffnung und später die atomare Bewaffnung der Bundeswehr stießen auf Protest, der sich jedoch gegen die konservative Grundstimmung („keine Experimente") der Bevölkerungsmehrheit nicht durchsetzen konnte. Das Ende der Nachkriegskonjunktur leitete einen politischen Umschwung ein: Ab 1966 war die SPD an der Regierung beteiligt (Große Koalition) und stellte 1969–1982 die Kanzler *Willy Brandt* und *Helmut Schmidt.* Seit die FDP 1982 als Koalitionspartner zur CDU wechselte, stellte diese mit *Helmut Kohl* wieder den Kanzler. Ab Mitte der sechziger Jahre ent-standen außerparlamentarische Protestbewegungen, die Probleme auf-griffen, welche von den Parteien vernachlässigt worden waren: Bil-dungsreform, Gleichberechtigung der Frauen, Umweltzerstörung und atomare Bedrohung. Diese Bewegungen brachten Bürgerinitiativen und 1980 *„Die Grünen"* als neue politische Partei hervor und beeinflußten auch die Zielsetzungen der übrigen Parteien. Mit dem Beitritt der DDR 1990 endete die Geschichte der BRD als deutscher Teilstaat.

19.3 Die Deutsche Demokratische Republik (DDR)

Die aus der sowjetischen Besatzungszone entstandene DDR wurde in den Ostblock integriert und übernahm im wesentlichen das Wirtschafts- und Gesellschaftssystem der Sowjetunion. Innerhalb des Ostblocks erreichte sie die größte wirtschaftliche Produktivität und den höchsten Lebensstandard für ihre Bevölkerung.

1949	Verfassung der DDR (geändert 1968 u. 1974)
1953	Arbeiteraufstand (17. 6.)
1955	Unterzeichnung des Warschauer Paktes
1961	Bau der Berliner Mauer (13. 8.)
1989	Öffnung der Berliner Mauer (9. 11.)

1. Charakterisieren Sie die Rolle der SED in der DDR.
2. Erläutern Sie das Wirtschaftssystem der DDR.
3. Beschreiben Sie Besonderheiten der DDR-Gesellschaft.
4. Nennen Sie Ursachen für den Zusammenbruch der DDR.

1. Die SED-Führung war die oberste Entscheidungsinstanz in allen politischen, wirtschaftlichen und gesellschaftlichen Bereichen. Zwar gab es auch andere Parteien und Verbände, sie waren jedoch nicht unabhängig, sondern hatten den Willen der *SED* auf ihre Bereiche zu übertragen (Transmissionen). Bei der Besetzung der gesellschaftlichen Führungspositionen war Loyalität im Sinne der SED entscheidend. Die Massenmedien und kulturellen Einrichtungen wurden von der SED kontrolliert und dienten der Herrschaftssicherung sowie der „sozialistischen Erziehung" aller Bürger. Der *Generalsekretär* war als oberster Parteifunktionär der mächtigste Mann der DDR: 1950 bis 1971 war dies *Walter Ulbricht*, 1971 bis 1989 *Erich Honecker*.

2. Dem staatssozialistischen Wirtschaftsmodell entsprechend wurde in der DDR zunächst die Industrie und 1972 der Handwerks- und Dienstleistungssektor verstaatlicht. Die Landwirte waren schon ab 1952 gedrängt worden, sich zu *Landwirtschaftlichen Produktionsgenossenschaften (LPG)* zusammenzuschließen. Die Produktion der Betriebe richtete sich nach einem zentralen Plan, der die Erzeugung und Verteilung von Gütern und Dienstleistungen regelte. Ihr Erfolgskriterium war die Planerfüllung, nicht die Zufriedenheit der Kunden. Preise wurden vor allem nach politischen Gesichtspunkten festgelegt, so daß eine genau Kontrolle der Kosten-Nutzen-Relation bei der Produktion nicht mehr möglich war. Auch Reformversuche seit 1963 konnten diese Mängel nur kurzfristig lindern. In den achtziger Jahren verschlechterte sich sowohl die Versorgung der Bevölkerung mit Konsumgütern als auch die wirtschaftliche Gesamtsituation rapide.

3. Der Umbau der Gesellschaft führte zu einer Angleichung der Einkommens- und Lebensverhältnisse trotz der Privilegierung der Partei-Elite. Die Mieten waren niedrig, aber die Bausubstanz der Wohnungen verfiel. Lebensnotwendige Waren und Dienstleistungen waren billig, da der Staat sie subventionierte. Die Ausbildung und Berufstätigkeit der Frauen wurde gefördert. Alle Lebensrisiken wurden durch ein soziales Netz abgesichert (Versorgungsstaat). Dafür wurde der politische Spielraum der Bevölkerung stark eingeschränkt und durch ein engmaschiges Überwachungsnetz des Staatssicherheitsdienstes *(STASI)* kontrolliert. Obwohl die DDR-Bürger den höchsten Lebensstandard im Ostblock hatten, waren sie damit unzufrieden, denn das Westfernsehen und Westkontakte konfrontierten sie mit dem Lebensstandard der BRD.

4. (1) Dem SED-Regime mißlang es, eine dauerhafte Identifikation der Bevölkerung mit dem eigenen System zu erreichen. 1953 und vor 1961 kam es zu Höhepunkten des Flüchtlingsstroms aus der DDR: Im Zusammenhang mit dem *Arbeiteraufstand* im Juni 1953, der durch eine Erhöhung der Arbeitsnorm ausgelöst worden war und mit Hilfe sowjetischer Panzer niedergeschlagen wurde, war der politische Druck besonders groß. Ende der fünfziger Jahre führte der Druck auf den noch unverstaatlichten Wirtschaftssektor zu einem erneuten Anschwellen des Flüchtlingsstroms, den Ulbricht durch den Berliner *Mauerbau* abschnitt. (2) In der *Planwirtschaft* hatte der Einzelne wenig Eigenverantwortung; dies führte zu Demotivation, Risikoscheu und verantwortungslosem Verhalten, was die Arbeitsproduktivität negativ beeinflußte. (3) In den achtziger Jahren unternahmen Polen, Ungarn und die UdSSR Reformversuche, denen sich das SED-Regime widersetzte und so jede Hoffnung auf innere Reformen zunichte machte. Als Ungarn 1989 nicht mehr bereit war, DDR-Flüchtlinge festzuhalten, als es im Oktober zu *friedlichen Massendemonstrationen* für Reformen und gegen den Staatsterror kam und als die UdSSR nicht mehr bereit war, ihre Truppen gegen die Demonstranten einzusetzen, mußte die DDR-Führung die Mauer öffnen.

19.4 Das deutsch-deutsche Verhältnis

Zwischen 1949 und 1990 gab es zwei deutsche Staaten, die jeweils Vorposten und Aushängeschild unterschiedlicher Gesellschafts- und Wirtschaftssysteme waren, die sich feindlich gegenüberstanden. Deshalb wurde das Verhältnis der beiden deutschen Staaten zueinander wesentlich vom Kalten Krieg und dessen Verlauf geprägt.

1955 Zwei-Staaten-Theorie der DDR;
Hallstein-Doktrin der BRD
1972 Grundlagenvertrag zw. BRD und DDR

1. Welche Bedeutung hatte die deutsche Frage für die internationale Politik?

2. Beschreiben Sie, wie sich die beiden deutschen Staaten gegenseitig beeinflußten.

3. Schildern Sie die Kontroverse zwischen dem Alleinvertretungsanspruch der BRD und der Zwei-Staaten-Theorie der DDR.

1. Für die Westmächte war die Teilung Deutschlands auch ein Schutz vor erneutem deutschen Großmachtstreben. Die UdSSR dagegen war an einem gesamtdeutschen Staat als neutraler Pufferzone in Mitteleuropa interessiert. 1952 versuchte *Stalin* deshalb durch ein Wiedervereinigungsangebot, die Eingliederung der BRD in das westliche Militärbündnis zu verhindern. Als dies nicht gelang, wurde auch die DDR voll in den Ostblock integriert. Das deutsch-deutsche Verhältnis und insbesondere die Kontrollen an den Zufahrtswegen nach *Berlin* wurden zum Gradmesser für den Kalten Krieg. Die Entspannungsbemühungen der Supermächte konnten sich erst ab 1967 auf Deutschland auswirken, nachdem die CDU-SPD-Regierung Westdeutschlands anfing, die DDR offiziell zur Kenntnis zu nehmen. 1971 einigten sich die ehemaligen Siegermächte über den künftigen Status von Berlin und anerkannten die Bindung Westberlins an die BRD (Viermächteabkommen). Nach den Ostverträgen mit Polen und der UdSSR und nach dem Grundlagenvertrag zwischen BRD und DDR wurden beide deutsche Staaten in die UNO aufgenommen und unterzeichneten 1975 die Schlußakte der Konferenz für Sicherheit und Zusammenarbeit in Europa (KSZE). Zu einem internationalen Problem wurde die deutsche

Frage erst wieder 1990 mit dem Beitritt der DDR zur BRD, der wieder alte Ängste vor einem deutschen Übergewicht in Europa weckte.

2. Die Menschen in beiden deutschen Staaten waren durch eine gemeinsame Kultur und Geschichte und durch vielfältige verwandtschaftliche Beziehungen miteinander verbunden, so daß die Vorgänge im jeweils anderen Deutschland aufmerksam verfolgt wurden. Dies wirkte sich auf die Politik beider Staaten unmittelbar aus: In der BRD wurden z. B. die Mitbestimmungsregelungen und die Rentenreform dadurch begünstigt, die Schulreform dagegen erschwert. Die DDR-Führung wollte die Defizite im Konsumbereich und die fehlende Meinungsfreiheit durch unentgeltliche Sozialleistungen ausgleichen und lebte dabei über ihre Verhältnisse. In beiden Staaten wurden die Anhänger des jeweils anderen Systems verteufelt und verfolgt. Dem waren in der BRD allerdings rechtsstaatliche Grenzen gesetzt. Die Unterdrückung von Andersdenkenden in der DDR fand ihren krassesten Ausdruck darin, daß an der innerdeutschen Grenze mehrere hundert Menschen bei dem Versuch, aus der DDR zu fliehen, getötet wurden. Die Erweiterung der Reise- und Ausreisemöglichkeiten in den siebziger Jahren ließ sich die DDR vom Westen mit Krediten und Handelserleichterungen bezahlen. Dadurch wurde ihre Lage stabilisiert und der wirtschaftliche Niedergang hinausgezögert; andererseits wurde vielen Menschen geholfen, und familiäre und kulturelle Beziehungen blieben erhalten.

3. Die Bundesregierung erhob den Anspruch, alle Deutschen, also auch die Bewohner der DDR zu vertreten, da nur sie durch freie Wahlen legitimiert war; sie leugnete die Existenz der DDR als Staat. Die DDR dagegen wollte Verhandlungen zwischen den beiden deutschen Regierungen über die Wiedervereinigung („Deutsche an einen Tisch"). Erst 1955, nach der Eingliederung der BRD in die NATO, richtete sie sich auf die Westintegration der BRD ein und vertrat nun die *Zwei-Staaten-Theorie*: Danach hatten sich aus den vier Besatzungszonen zwei neue Staaten auf dem Gebiet des Deutschen Reiches gebildet. Um ihren Alleinvertretungsanspruch durchzusetzen und die internationale Anerkennung der DDR zu verhindern, unterhielt die BRD – mit Ausnahme der UdSSR – nur zu solchen Staaten diplomatische Beziehungen, die die DDR nicht anerkannten *(Hallstein-Doktrin)*. Daher blieb die DDR außerhalb des Ostblocks isoliert. Erst durch die neue Ostpolitik der sozialliberalen Koalition wurden die erstarrten Fronten zwischen beiden deutschen Staaten aufgebrochen.

Seit 1990 sind die beiden deutschen Staaten wieder vereint. Die anfängliche Euphorie über diese unverhoffte Entwicklung ist angesichts einer Fülle unerwarteter Probleme rasch der Ernüchterung gewichen: Die Ostdeutschen hofften auf eine rasche Angleichung ihrer Lebensverhältnisse an das Westniveau; stattdessen ist ihre Wirtschaft in weiten Teilen zusammengebrochen. Die Westdeutschen sind irritiert wegen der steuerlichen Belastungen, die ihnen für die neuen Bundesländer abverlangt werden, und machen sie für den Konjunktureinbruch in Westdeutschland verantwortlich.

1990	Währungs-, Wirtschafts- und Sozialunion (1. 7.)
1990	Beitritt der DDR zur BRD (3. 10.)
1991	Berlin wird zur Hauptstadt der BRD gewählt (20. 6.)

1. Beschreiben Sie den Vereinigungsprozeß von BRD und DDR.
2. Wie wirkte sich die Vereinigung auf die Wirtschaft aus?
3. Schildern Sie Mentalitätsprobleme im vereinigten Deutschland.

1. Der Sturz Honeckers und die Öffnung der Mauer (1989) wurden durch eine friedliche Revolution von Teilen der DDR-Bevölkerung erzwungen, die insbesondere auf den Montagsdemonstrationen in Leipzig eine Demokratisierung und Liberalisierung der Verhältnisse in der DDR verlangten. Aber bald entwickelte sich eine starke Strömung, der es um einen möglichst raschen Anschluß an die Bundesrepublik ging. Gleichzeitig siedelten wöchentlich Tausende aus der DDR in die BRD über, was in beiden Staaten zu wirtschaftlichen und sozialen Problemen führte. Die beiden deutschen Regierungen sahen sich deshalb zu einer möglichst raschen Vereinigung gezwungen: Bereits im Mai 1990 wurde der *Vertrag über die Schaffung einer Währungs-, Wirtschafts- und Sozialunion* unterschrieben, der am 1. 7. 1990 in Kraft trat. Am 3. Oktober 1990 schloß sich die DDR der BRD an. Zu dieser Eile trug bei, daß auch die politischen Verhältnisse in der UdSSR sich rasch änderten und nicht sicher war, wie lange Präsident *Gorbatschow* seine Bereitschaft, die DDR aus dem Ostblock zu entlassen und einer Vereinigung Deutschlands zuzustimmen, aufrechterhalten konnte.

2. Ab dem 1. Juli 1990 galt die DM auch in der DDR. Löhne, Gehälter und Renten wurden im Verhältnis 1:1, größere Sparguthaben im Verhältnis 1:2 umgestellt. Damit sollte eine Verarmung der DDR-Bevölkerung vermieden werden, für die Wirtschaft der DDR hatte dies jedoch katastrophale Folgen: Die bisherigen Absatzmärkte in den RGW-Ländern fielen u.a. wegen des dortigen Devisenmangels weg, für die Westmärkte dagegen waren die DDR-Produkte nicht konkurrenzfähig, und in der DDR selbst kauften die Bürger anfänglich nur Westwaren. Viele Betriebe mußten aufgeben, und die dort Beschäftigten – insbesondere Frauen – wurden arbeitslos. Die Wirtschaft im Westen dagegen erlebte einen unverhofften Aufschwung. Parallel dazu begann die vom Bund eingesetzte Treuhandanstalt mit der Privatisierung der DDR-Wirtschaft, die mangels Interessenten zu einem Ausverkauf wurde. Neue Betriebe konnten nur schwer aufgebaut werden, da die Verstaatlichungen rückgängig gemacht wurden und deshalb die Eigentumsverhältnisse bei vielen Immobilien nicht geklärt waren. Um die Infrastruktur in den neuen Bundesländern zu sanieren, den Arbeitslosen und Rentnern das Existenzminimum zu sichern und den Neuaufbau der Wirtschaft zu subventionieren, stellten der Bund und die alten Länder Milliarden zur Verfügung, die durch zusätzliche Steuern und Staatsschulden aufgebracht wurden. Nachdem die Vereinigungskonjunktur abgeflaut war, verstärkte dies einen Konjunktureinbruch in Westdeutschland, so daß auch hier die Arbeitslosigkeit neue Rekorde erreichte.

3. In der 45 Jahre währenden Teilung hatten sich die beiden Bevölkerungsteile nicht nur auf der politischen Ebene, sondern auch in ihrer Alltagskultur und selbst auf sprachlicher Ebene auseinanderentwickelt. Dies führte nach der Vereinigung zu erheblichen Verständigungsschwierigkeiten. Da die DDR sich der BRD anschloß, verloren dort fast alle bisher für das öffentliche und private Leben geltenden Regeln plötzlich ihre Gültigkeit. Dies bedeutete für die Menschen aus der DDR, daß ihr lebenslang angesammeltes Wissen in diesen Bereichen plötzlich nutzlos wurde und sie auf Experten aus dem Westen angewiesen waren, die ihnen die nun geltenden Regeln erklärten („Besser-Wessis"). Bestürzung löste auch die Offenlegung der Akten des Staatssicherheitsdienstes *(STASI)* aus, der ein dichtes Netz der Bespitzelung und Denunziation aufgebaut hatte, von dem fast alle erfaßt worden waren. Die Erschütterungen des Vereinigungsprozesses verstärkten in ganz Deutschland auch die Anfälligkeit für Fremdenhaß und nationalistisches Gedankengut.

Personen- und Sachwortregister

Mittlerer und Ferner Osten	Naher Osten	Griechenland	Rom
3200–2800 Zwischen Euphrat und Tigris gründen die Sumerer die ersten Stadtstaaten.	**um 3000** Am Nil entsteht eine neue Hochkultur. König Narmer einigt Ober- und Unterägypten.		
2500–1800 In Indien entwickelt sich am Indus eine Hochkultur.	**um 2500** Der Pyramidenbau erreicht seinen Höhepunkt.		
2340–2284 Sargon errichtet in Mesopotamien das „erste Weltreich".		**2000–1450** Minoische Kultur auf Kreta	
1792–1750 Hammurabi herrscht über Babylonien.	**1715–1600** Ägypten erstmals unter Fremdherrschaft		
1500–1000 In China entstehen am Huang-ho befestigte Städte mit Tempelanlagen.	**1490–1436** Unter dem Pharao Thutmosis III. erstreckt sich das Ägyptische Reich bis nach Syrien.	**1550–1150** Blütezeit der mykenischen Kultur	
	seit 1100 Das Ägyptische Reich zerfällt und gerät immer wieder unter Fremdherrschaft.	**ab 1200** Einwanderung neuer Völker.	
	um 1000–965 David vereinigt die hebräischen Stämme unter seiner Herrschaft.		**ca. 10. Jh.** Siedlung im Bereich des Forum Romanum
884–612 Die Assyrer erobern Syrien, Palästina und Ägypten.	**seit 932** Das Jüdische Reich zerfällt. **um 597** Die Juden geraten in die sogenannte „Babylonische Gefangenschaft".	**800–500** Archaische Zeit: Die Polis entsteht. Griechen gründen Kolonien an den Küsten des Mittelmeeres und des Schwarzen Meeres.	**ca. 9.–8. Jh.** Siedlungen auf Palatin, Quirinal, Esquilin **8.–6. Jh.** Etruskische Könige herrschen in Rom.
559–530 Unter Kyros dehnen die Perser ihre Herrschaft bis nach Kleinasien und an den Indus aus.			**um 500** Rom wird Republik. Patrizier verwalten den Staat.

250

Mittlerer und Ferner Osten	Naher Osten	Griechenland	Rom
		490 u. 480/479 Die Griechen besiegen die Perser. **480–430** Das „goldene Zeitalter" der griechischen Kunst und Literatur	
			470–300 „Ständekampf", Auseinandersetzungen zwischen Patriziern und Plebejern
		431–404 Peloponnesischer Krieg: Athen und Sparta kämpfen um die Vormacht in Griechenland. **404–371** Vorherrschaft Spartas	
			264–241 1. Punischer Krieg
		338 Philipp von Makedonien besiegt die Griechen bei Chaironeia.	**218–201** 2. Punischer Krieg: Rom besiegt Karthago endgültig. **2. Jh.** Das östliche Mittelmeer gerät immer mehr unter römischen Einfluß.
		334–323 Alexander erobert das Perserreich und dringt bis nach Indien vor.	**133–31** Soziale Konflikte und Bürgerkriege erschüttern das Römische Reich.
	30 v. Chr. Ägypten wird römische Provinz. **70 n. Chr.** Eroberung und Zerstörung Jerusalems durch die Römer	**323–30** Hellenismus: Die griechische Kultur dehnt sich weiter nach Osten aus.	**27 v.Chr.–14 n.Chr.** Augustus beherrscht als Prinzeps das Römische Reich. **seit 64 n.Chr.** Christenverfolgungen **seit 162/167** Iranische und germanische Völker drängen das Römische Reich in die Defensive. **313** Konstantin toleriert das Christentum. **395** Das Römische Reich wird in ein Westreich (bis 476) und in ein Ostreich (bis 1453) aufgeteilt.

Mitteleuropa	Süd-/Westeuropa	Nord-/Osteuropa	außereurop. Bereiche
4.–6. Jh. n. Chr. Völkerwanderung und germanische Reichsgründungen	**482–511** Chlodwig eint das Frankenreich. **527–565** Kaiser Justinian		
6.–8. Jh. Grundherrschaft und Lehnswesen entstehen			**seit 632** Ausbreitung des Islam in Nordafrika
751–911 Herrschaft der Karolinger	**seit 711** Die Araber erobern Spanien.	**seit 8. Jh.** Wikinger/Normannen breiten sich aus.	
800 Kaiserkrönung Karls d. Gr. (768-814) in Rom **ab 843** Aufteilung des Karolingerreichs **919–1024** Sächsische Herrscher (Ottonen: Otto I. d. Gr. 936–973).		**um 880** Gründung des Reichs von Kiew **um 960** Gründung eines Polnischen Reichs **967–1306** Przemysliden-Könige in Böhmen	
	seit 987 Kapetinger als Könige in Frankreich	**seit 988** Christianisierung in Rußland (Reich von Kiew)	
1024–1125 Herrschaft der Salier (Heinrich IV. 1056–1106).	**1066** Eroberung Englands durch Wilhelm, Herzog der Normandie		
um 1060–1122 Reformpapsttum und Investiturstreit			
	1073–1085 Papst Gregor VII.	**12. Jh.** Reich von Nowgorod	**1096** Beginn der Kreuz-züge
um 1100 bis ca. 1350 starkes Bevölkerungswachstum, Binnensiedlung, Ostsiedlung und Stadtentwicklung			
1138–1268 Herrschaft der Staufer (Friedrich I. Barbarossa 1152-1190; Friedrich II. 1212–1250).		**seit 1206** Mongolisches Großreich (Dschingis Khan und Nachfolger)	**1204** Eroberung von Byzanz durch Kreuzfahrerheer

252

Mitteleuropa	Süd-/Westeuropa	Nord-/Osteuropa	außereurop. Bereiche
12./13. Jh. Blütezeit des Rittertums und der höfischen Kultur	**1214** Schlacht bei Bouvines zwischen England und Frankreich **1215** Magna Charta (Zugeständnisse des engl. Königs an den Hochadel) **1339–1453** Hundertjähriger Krieg zwischen England und Frankreich		**seit dem 13. Jh. bzw. 14. Jh.** Inka- bzw. Azteken-reich in Amerika **1250–1517** Mameluckenherr-schaft in Ägypten **1258** Ende des Kalifats Bagdad, Kairo neuer Mittelpunkt des Islam

um 1350
Pestwellen und Bevölkerungsrückgang um ca. ein Drittel, Agrarkrise

1356
Goldene Bulle: Königswahl durch die 7 Kurfürsten

Mitteleuropa	Süd-/Westeuropa	Nord-/Osteuropa	außereurop. Bereiche
14./15. Jh. Krise im Deutschen Reich; Erstarkung der Territorialgewal-ten **seit 1438** Herrschaft der Habs-burger **um 1450** Gutenberg erfindet den Buchdruck mit beweglichen Metall-lettern.	**um 1400** Beginn der Renaissance in Italien **1492** Vertreibung der letz-ten Araber aus Spanien	**1386** Vereinigung Litauens mit Polen **seit 1462** Sammlung der russi-schen Erde: Moskau als Reichszentrum	**1368–1644** Ming-Herrschaft in China **um 1400–1591** Songhai-Reich in Westafrika **1453** Ende des Byzantinischen Reichs **1492** Kolumbus landet in Amerika. **1498** Vasco da Gama erreicht Indien auf dem Seeweg.

Mitteleuropa	Süd-/Westeuropa	Nord-/Osteuropa	außereurop. Bereiche
	15./16. Jh. Aufstieg Spaniens zur Großmacht	**16. Jh.** Höhepunkt des Osmanischen Reiches unter Selim I. und Süleyman II.	
		um 1500 Großfürstentum Moskau unter Iwan III. von Mongolenherrschaft befreit	**1501–1722** Reich der Safaviden in Persien
1517 Luthers Thesen: Beginn der Reformation in Deutschland			**1505** Beginn des transatlantischen Sklavenhandels
			1519-22 Weltumsegelung durch Magellan
1524/5 Bauernkrieg			**1521/1533** Zerstörung des Azteken- bzw. Inkareiches
			1526–1857 Mogulreich in Indien
	seit 1541 Calvin schafft neue Kirchenordnung in Genf.		
1555 Augsburger Religionsfrieden: zwei Konfessionen im Deutschen Reich.	**1545-63** Konzil von Trient: Beginn der Gegenreformation.		
um 1560–1640 Höhepunkt der Hexenverfolgung.			
	1581 Unabhängigkeitserklärung der Niederlande von Spanien		
	1588 Zerstörung der spanischen Armada durch die englische Flotte		
	1598 Toleranzedikt von Nantes beendet die französischen Religionskriege: zwei Konfessionen in einem Staat bis 1685		**1600/1602** Englische bzw. holländische Ostindienkompanie

Mitteleuropa	Süd-/Westeuropa	Nord-/Osteuropa	außereurop. Bereiche
1618–48 Dreißigjähriger Krieg			
1648 Westfälischer Friede: deutsche und europäische Friedensordnung	**1649** Hinrichtung König Karls I. von England		
1640–88 Aufstieg Brandenburgs unter Friedrich Wilhelm I.	**1661–1715** Ausprägung des französischen Absolutismus unter Ludwig XIV. mit vielen Expansionskriegen	**1683** Zweite Belagerung Wiens durch die Osmanen gescheitert	
	1688–89 „Glorious Revolution" in England	**1689–1725** Aufstieg Rußlands zur Großmacht unter Peter I.	
1701 Friedrich I. (seit 1618 Kurfürst zu Brandenburg) zum König in Preußen gekrönt		**1700–21** Nordischer Krieg: Vorherrschaft Rußlands in der Ostsee **1718** Friede von Passarowitz: beendet Krieg gegen die Osmanen; größte Ausdehnung Österreichs	**18. Jh.** Expansion des Kolonialwarenhandels
1740–86 Friedrich II.: aufgeklärter Absolutismus in Preußen		**1740–90** Maria Theresia (bis 1780) und Joseph II. (ab 1765): aufgeklärter Absolutismus in Österreich.	
1756–63 Siebenjähriger Krieg um Vorherrschaft bzw. Gleichgewicht der Mächte in Europa und Übersee			
	um 1760 Beginn der Industriellen Revolution in England	**1772–95** Polen wird von Rußland, Preußen und Österreich dreimal geteilt.	

Deutschland	Europa	Welt
	18. Jh. Aufklärung in Europa	**1775–83** Unabhängigkeitskrieg der englischen Kolonien in Nordamerika
		1776 Unabhängigkeitserklärung der englischen Kolonien in Nordamerika
		1787 Verfassung der USA
	1789–99 Französische Revolution **1791** Erste Verfassung der Franz. Revolution	**1788** Sydney englische Sträflingskolonie: Besiedlung Australiens
1803 Reichsdeputationshauptschluß (Reduzierung der Vielstaaterei)	**1804** Kaiserkrönung Napoleons	
1806 Ende des Heiligen Römischen Reiches Deutscher Nation	**1805** Die Franzosen besiegen ein vereinigtes Heer der Russen und Österreicher bei Austerlitz.	
Preußen wird bei Jena und Auerstedt von den Franzosen besiegt.	**1812** Untergang der „Grande Armee" in Rußland	
1815 Deutscher Bund **1817** Wartburgfest **1819** Karlsbader Beschlüsse	**1814–15** Wiener Kongreß	
	1821 Beginn des griechischen Freiheitskampfes **1830** Julirevolution in Frankreich	**1823** Monroe-Doktrin: Amerika den Amerikanern
1832 Hambacher Fest	Belgien unabhängiger Verfassungsstaat. **1830/31** Polnischer Aufstand im russischen Teilgebiet	
1834 Gründung des Deutschen Zollvereins		
1839 Arbeitsverbot für Kinder unter neun Jahren	**1847** Manifest der Kommunistischen Partei	

Deutschland	Europa	Welt
1848/49 Märzrevolution **18. 5. 1848** Eröffnung der ersten deutschen Nationalversammlung.	**1848** Februarrevolution in Paris **1851** Staatsstreich Louis Napoleons (ab 1852 Kaiser Napoleon III.)	
	1853–56 Krimkrieg **1860** Italienische Einigung	**1853** USA erzwingen Öffnung der japanischen Häfen.
1863 Allgemeiner Deutscher Arbeiterverein **1866** Deutscher Krieg; Norddeutscher Bund **1869** Sozialdemokratische Arbeiterpartei Deutschlands	**1861** Aufhebung der Leibeigenschaft in Rußland **1867** Doppelmonarchie Österreich-Ungarn	**1861–65** Bürgerkrieg zwischen Nord- und Südstaaten in den USA **1869** Eröffnung des Sueskanals
1870 schrittweise Durchsetzung des 12-Stunden-Tages		
18. 1. 1871 Gründung des Deutschen Kaiserreiches **16. 4. 1871** Verfassung des Deutschen Reiches	**1870/71** Deutsch-Französischer Krieg	
1873–80 Gründerkrise **1878** Übergang vom Freihandel zur Schutzzollpolitik; Sozialistengesetz (bis 1890)	**1873** Drei-Kaiser-Abkommen (Deutschland, Österreich, Rußland) **1882** Dreibund Deutschland-Österreich-Italien	**1880–1918** Zeitalter des Imperialismus **1884/85** Kongo-Konferenz
1883–89 Einführung der Sozialversicherung (Kranken-, Unfall-, Invaliditäts- und Altersversicherung) **1890** Abdankung Bismarcks, „persönliches Regiment" Wilhelms II. **1898/1900** Flottengesetze	**1887** Rückversicherungsvertrag (Deutschland, Rußland) **1891** Päpstliche Enzyklika „Rerum Novarum" zur Lösung der Arbeiterfrage **1904** Entente Cordiale zwischen England und Frankreich	**1898** Faschodakrise; USA besetzen Philippinen **1900–1901** Boxeraufstand in China

Deutschland	Europa	Welt
	1905 Scheitern der Revolution in Rußland **1908** Österreich annektiert Bosnien und Herzegowina. **1912/13** Erster und Zweiter Balkankrieg	**1904/05** Russisch-Japanischer Krieg **1906–11** Chinesische Revolution unter Sun Yat-sen. China wird Republik. **1911** Marokkokrise
1914 „Burgfrieden" der Parteien; „Septemberprogramm" (Kriegsziele der Reichsregierung)	**1914** Julikrise und Ausbruch des Ersten Weltkriegs **1914/15** Schlachten an der Marne, in Flandern, in der Champagne	**1914** Eröffnung des Panamakanals **1914–18** Erster Weltkrieg
1916/17 Hungerwinter infolge der Seeblockade	**1916** „Hölle von Verdun"; Somme-Schlacht	
1917 Friedensresolution des Reichstags	**1917** Revolution in Rußland: Sturz des Zaren, Machtergreifung der Bolschewiki	**1917** Kriegseintritt der USA
1918 Ausrufung der Republik (9.11.)	**1918** Friede von Brest-Litowsk (3.3.) Waffenstillstand in Compiègne (11.11.)	**1918** „Vierzehn Punkte" Präsident Wilsons
1919 Verfassung von Weimar	**1919** Friedensvertrag von Versailles (28.6.)	**1919** Gründung des Völkerbundes
1920 Gründung der NSDAP; Kapp-Putsch	**1922** Vertrag von Rapallo (Deutschland-Sowjetunion) **1922–43** Mussolini-Diktatur in Italien	**1922** Ende des Osmanischen Reiches (seit 1290). Türkische Republik unter Kemal Atatürk
1923 Ruhrbesetzung, Hyperinflation, Währungsreform		
1925 Hindenburg Reichspräsident **1926** Deutschland im Völkerbund **1930–32** Regierung Brüning	**1925** Vertrag von Locarno (Deutschland-Frankreich) **1929/30** Zwangskollektivierung der Landwirtschaft in der UdSSR	**1929** Beginn der Weltwirtschaftskrise
1932 NSDAP stärkste Fraktion im Reichstag; Staatsstreich in Preußen.	**1932** Konferenz von Lausanne: Ende der deutschen Reparationszahlungen	

Deutschland	Europa	Welt
1933 Hitler wird Reichskanzler (30.1.). Ermächtigungsgesetz (23.3.) Erste KZs der SA **1934** Gesetz über den Neuaufbau des Reiches (30.1.); „Röhm-Putsch", Entmachtung der SA (30.6.); Tod Hindenburgs, Hitler Reichspräsident (2.8.)	**1933–74** Einparteiendiktatur in Portugal (bis 1968 unter Salazar)	**1933–45** Franklin D. Roosevelt Präsident der USA **1933** Beginn des „New Deal" in den USA
1935 Nürnberger Gesetze (Rassengesetze)	**1935–38** Italien besetzt Äthiopien.	
1936 Zweiter Vierjahresplan (verstärkte Kriegsvorbereitung) **1938** Reichsweites Pogrom gegen Juden (9.11.)	**1936–38** Massenterror und Schauprozesse in der UdSSR **1936–39** Spanischer Bürgerkrieg **1938–75** Franko-Diktatur in Spanien **1938** „Anschluß" Österreichs (13.3.) Münchener Abkommen (29.9.)	**1937** Japan greift China an.
	1939 Überfall Deutschlands auf Polen (1.9.) **1940** Kapitulation Frankreichs (21.6.); „Battle of Britain" **1941** Überfall auf die UdSSR (22.6.)	**1939–45** Zweiter Weltkrieg **1941–45** Krieg im Pazifik **1941** „Pearl Harbor"; Kriegseintritt der USA (Dezember)
1942 Wannsee-Konferenz: Vorbereitung der Vernichtung der Juden in Europa **1942–45** Luftkrieg der westlichen Alliierten gegen das Deutsche Reich **1944** gescheitertes Attentat auf Hitler (20.7.) **1945** Kapitulation Deutschlands (7./8.5.)	**1943** Kapitulation der 6. Armee in Stalingrad (Januar) **1944** Landung der Alliierten in der Normandie (6.6.) **1944–49** Bürgerkrieg in Griechenland **1945** Konferenz von Potsdam (17.7.–2.8.)	**1941–43** Krieg in Nordafrika **1945** UN-Charta (26.6.); Atombomben der USA auf Hiroshima und Nagasaki (6./9.8.) Kapitulation Japans (2.9.)

259

Deutschland	Europa	Welt
1945/46 Enteignungen u. Verstaatlichungen in der SBZ; Gründung der SED (1946)		**1946–54** Indochinakrieg Frankreichs
1947/48 Bi- und Trizone im Westen	**1947** Marshall-Plan	**1947** Unabhängigkeit Indiens und Pakistans; Truman-Doktrin
1948 Währungsreform (20.6.); Berlin-Blockade (ab 24.6.)	**1948–52** Anti-Titoismus-Kampagne im Ostblock	**1948** Gründung des Staates Israel
1949 Gründung von BRD (23.5.) und DDR (7.10.)	**1949** Rat für gegenseitige Wirtschaftshilfe (RGW)	**1949** Nordatlantikpakt (NATO); Gründung der Volksrepublik China
1949–63 Ära Adenauer in der BRD		
1950–71 Ulbricht Generalsekretär der SED in der DDR	**1951** Europäische Gemeinschaft für Kohle und Stahl (EGKS)	**1950–53** Koreakrieg
1952 Lastenausgleich in der BRD; LPGs in der DDR		
1953 Arbeiteraufstand in der DDR (17.6.)	**1953** Tod Stalins	**1954–62** Algerienkrieg Frankreichs **1954** Indochina-Konferenz
1955 BRD in der NATO; DDR im Warschauer Pakt	**1955** Warschauer Pakt **1956** XX. Parteitag der KPdSU; Aufstände in Polen und Ungarn	**1955** Konferenz von Bandung **1956** Suezkrise
1957 Rentenreform in der BRD	**1957** Verträge von Rom: EWG und Euratom **1958–69** De Gaulle Staatspräsident in Frankreich	**1957/58** Liberale Phase in China („Laßt 100 Blumen blühen") **1959** Revolution in Kuba
1961 Bau der Berliner Mauer (13.8.)		**1961–73** Amerikanische Phase des Vietnamkriegs
1962 „Spiegel"-Affäre	**1963** Deutsch-Französischer Freundschaftsvertrag	**1962** Kubakrise; Unabhängigkeit Algeriens
1963–66 Kleine Koalition in der BRD (CDU/CSU – FDP)	**1964–82** Breschnew-Ära in der UdSSR	**1964** Gesetzliche Aufhebung der Rassentrennung in den USA
1966–69 Große Koalition in der BRD (CDU/CSU – SPD)		**1966–69** Kulturrevolution in China
1967/68 Studentenunruhen in der BRD	**1967–74** Diktatur in Griechenland	**1967/1973** Kriege zwischen Israel und den arabischen Nachbarn